UNIVERSO PROFUNDO

Universo Profundo
Por instruções de Erasto
Pedro de Campos
Copyright © 2019 by Lúmen Editorial Ltda.

4ª edição - Fevereiro de 2019.
4-2-19-2.000-8.400

Coordenação editorial: *Ronaldo A. Sperdutti*
Projeto gráfico e arte da capa: *Juliana Mollinari*
Diagramação: *Juliana Mollinari*
Assistente editorial: *Ana Maria Rael Gambarini*
Impressão e acabamento: *Paulus Gráfica*

```
Dados Internacionais de Catalogação na Publicação (CIP)
        (Câmara Brasileira do Livro, SP, Brasil)

   Erasto (Espírito)
      Universo profundo : seres inteligentes e luzes no
   céu / instruções de Erasto ; [psicografado por] Pedro
   de Campos. -- 4. ed. -- Catanduva, SP : Lúmen
   Editorial, 2019.

      Bibliografia.
      ISBN 978-85-7813-188-3

      1. Cosmologia 2. Espiritismo 3. Objetos voadores
   não identificados 4. Parapsicologia 5. Psicografia
   6. Vida extraterrestre I. Campos, Pedro de.
   II. Título.

   19-23393                              CDD-133.901
```

Índices para catálogo sistemático:

1. Inteligências extraterrestres : Visão espírita :
   Doutrina espírita   133.901

Cibele Maria Dias - Bibliotecária - CRB-8/9427

LÚMEN
EDITORIAL

Rua dos Ingleses, 150 – Morro dos Ingleses
CEP 01329-000 – São Paulo – SP
Fone: (0xx11) 3207-1353

visite nosso site: www.lumeneditorial.com.br
fale com a Lúmen: atendimento@lumeneditorial.com.br
departamento de vendas: comercial@lumeneditorial.com.br
contato editorial: editorial@lumeneditorial.com.br
siga-nos no twitter: @lumeneditorial

2019
Proibida a reprodução total ou parcial desta
obra sem prévia autorização da editora

Impresso no Brasil – *Printed in Brazil*

UNIVERSO PROFUNDO
SERES INTELIGENTES E LUZES NO CÉU

PEDRO DE CAMPOS
DA SÉRIE SOBRE ÓVNIS DA HISTORY CHANNEL.

INSTRUÇÕES DE **ERASTO**

LÚMEN
EDITORIAL

ÍNDICE

Nota do autor... 7

Introdução 10

1 - Conexão Cósmica 24

2 - Panspermia e Geração Espontânea............ 37

3 - Vida Inteligente Menos Material................. 55

    O peixe de Kardec...................................... 57

    Seria uma revelação perturbadora em 1857 59

    Nos mundos transitórios não há corpo 61

    Contato pelo pensamento.............................. 62

    Servidores inteligentes – elementais 63

    Reencarnação, mas não na carne.................... 64

4 - Teoria do Universo Profundo.................... 69

5 - Planetas de Vida Ultraterrestre 85

    Vênus –a fornalha de 470 graus 88

    Marte – um deserto hostil 90

    Júpiter – a gigantesca bola de gás.................. 99

    Saturno – uma beleza tormentosa 105

6 - Intrusos e Atividade Paranormal 109

    Grau de avanço científico 114

    Nível de maturidade moral e social 120

    Assistência espiritual ao abduzido 126

    Enquadramento na escala espírita 128

7 - Ensaio sobre Extraterrestres 133

    Um estudo das naves 137

    O dilema das viagens extrassolares 138

    Nossa mensagem a "eles" 141

    Uma viagem no hiperespaço 143

    Em busca de sinais de rádio 146

    Sinais na Terra de outra civilização 150

    Abdução e fenômeno de transporte 152

    Materialização ufológica............................... 154

"Eles" não incorporam médiuns 155
A grande família universal 157
8 - Casuística dos Espíritos 159
Caso Home –levitação 161
Testemunho Wallace –materialização 164
Testemunho Villas Bôas –Caso Tacumã 171
Um exorcismo de poltergeist 176
Artefatos parasitas e implantes alienígenas 185
Aparelhos luminosos e transfiguração 191
Agêneres – seres não gerados 196
9 - Emancipação da Alma não é Abdução 201
10 - Projeto Contatos Imediatos 210
Apêndice – semelhanças e contrastes 243
Bibliografia 248

NOTA DO AUTOR

Além da Ufologia científica, conhecida também como "militar", a Ufologia mística tem sido divulgada no Brasil por diversos autores norte-americanos e europeus, mas ambas apresentam tanta divergência com os postulados espíritas que dificilmente se encontra alguém no meio espiritista satisfeito com as interpretações apresentadas. O livro *Universo Profundo* foi escrito com a pretensão de resolver isso.

A primeira edição deste livro saiu no final de 2003, em seguida houve uma segunda tiragem. Não havia até então uma obra que conciliasse Espiritismo e Ufologia. Antes, os aficionados liam os livros especializados, mas a conexão ficava apenas no íntimo de cada um. Embora o leitor pudesse ser estudioso de ambos os temas, ainda assim, no mais das vezes, encontrava sérias dificuldades para encadear os estudos. O que de início lhe parecia simples e natural, no final tornava-se complexo e fantasioso, difícil de conciliar.

Após o lançamento de *Universo Profundo* não foram poucos os que puderam interpretar satisfatoriamente parte importante dos enigmas ufológicos, alcançando com satisfação *uma visão espírita da Ufologia*.

Em razão do sucesso deste livro, estamos lançando agora nova edição. Ao longo das primeiras, recebemos comunicados solicitando mais explicações sobre certos temas, o que pudemos fazer em cada nova edição, estendendo os conceitos; aproveitamos para atualizar a obra nos argumentos científicos de nossa autoria, para detalhar os pontos tidos como resumidos ou para exprimir algum pensamento de modo mais completo. Atendemos também à nova reforma ortográfica. Um novo projeto gráfico foi realizado, mostrando, inclusive, com mais ênfase, os pontos em que o autor espiritual coloca sua fala direta. O propósito foi esclarecer o leitor naquilo que ele mesmo sentiu necessidade, associando a casuística ufológica ao postulado espírita dos mundos habitados.

Os relatos de contato com outras civilizações, ainda que insólitos e discutíveis ao extremo, confirmam a tese espírita de que não estamos a sós no universo – a evolução do espírito se faz nas muitas moradas do cosmos, numa sucessão de vidas físicas e ultrafísicas nas quais o espírito se faz presente.

Nas primeiras edições deste livro, sobretudo nos meios contatistas da Ufologia, notamos grande interesse no postulado espírita sobre a encarnação menos material, chamada aqui ultraterrestre, termo este que define a vida do espírito "encarnado" num corpo sutil.

Sem dúvida, a palavra extraterrestre deve ser reservada para expressar eventuais astronautas de constituição sólida, ficando reservada exclusivamente a "eles". Mas, se as evidências do fenômeno ufo denotam manifestações de outra dimensão, o termo ultraterrestre é o mais adequado e deve ser usado.

Embora o autor espiritual desta obra seja pouco conhecido na Ufologia, na Doutrina Espírita, ao contrário, ele é célebre e tem grande reputação. Sua objetividade e clareza nos argumentos foram capazes de despertar no meio espiritista grande interesse sobre a elucidação de certos fenômenos ufológicos, na conexão destes com a ciência espírita e com seus postulados sobre os mundos habitados.

Notamos, também, que enquanto os estudiosos se detiveram no conteúdo das mensagens e procuraram observar o que elas lhes traziam de útil, os céticos, por sua vez, continuaram a duvidar de tudo.Mas quanto a isso não há o que fazer, pois o propósito deste livro não é convencê-los.

Em ternos de contato espiritual, cada qual deve julgar por si mesmo. Quanto a nós, podemos afirmar que somos muito criteriosos, adeptos da boa pesquisa e não tivemos ao longo desta obra nenhum motivo para duvidar da veracidade das informações que nos foram transmitidas, quer em termos da pesquisa indicada quer das mensagens diretas do espírito mentor.

Ao final, inclusive desta atual revisão, vendo que seu conteúdo é elevado e nos acrescenta o conhecimento a que se propôs, sem julgamento apressado decidimos dá-lo a público. O trabalho está feito, convidamos o leitor a observá-lo.

Pedro de Campos

INTRODUÇÃO

Cabe a mim, como espírito encarnado, fazer na introdução deste livro algumas considerações sobre como tudo começou para escrevê-lo. No ano de 2002, mais precisamente a 11 de outubro, tive a oportunidade de fazer o lançamento do meu primeiro livro psicografado – *Colônia Capella*.[1]

Naquele dia, alguns exemplares foram autografados por mim e ofertados pela editora a ilustres personalidades. Aos poucos, fui recebendo vários cumprimentos, o que me estimulou a dar continuidade à tarefa de escrever.Contudo, na confecção deste presente livro, em que a atuação do mentor espiritual fora decisiva e sem a qual não me seria possível escrevê-lo com tais nuances, a ocorrência de alguns eventos constituiu importantes alavancas que me impulsionaram a desenvolver ainda mais o tema iniciado naquele meu primeiro livro. Por essa razão, faço questão de mencioná-los aqui.

---

[1] CAMPOS, Pedro de. *Colônia Capella: A outra face de Adão.* Cf. Bibl.

Após o lançamento da obra anterior, em ato contínuo fui convidado pelo radialista Jether Jacomini Filho para participar de seu programa *Nova Consciência – a força das ideias*, realizado em uma sexta-feira, 18 de outubro, na Rede Boa Nova Rádio, Fundação Espírita André Luiz, em Guarulhos.

A entrevista foi numa manhã ensolarada, em que "choveram" telefonemas de todo o Brasil, uns para concorrer aos livros sorteados no programa e outros para me fazer perguntas. Fiquei surpreso com algumas indagações dos ouvintes, pois elas estavam diretamente relacionadas à Ufologia, tema não tratado naquele primeiro livro.

Embora eu estivesse satisfeito com o desenvolvimento do assunto a que me propus realizar na rádio, saí de lá com o tema ufo na cabeça. Afinal, o Espiritismo é uma doutrina evolucionista, está fundamentado na vida em outros mundos e seria impensável não desenvolver mais o tema, em especial numa época como esta, em que as incursões espaciais são cada vez mais frequentes na tentativa de o homem encontrar outras formas de vida no cosmos e desvendar os enigmas de sua existência na Terra.

Temas enigmáticos, como a suposta vinda de naves espaciais e de seres extraterrestres que surgem de modo intrigante e fazem estranhos contatos com o homem, em várias partes do globo, devem ser discutidos à luz da Doutrina Espírita. Ela pode explicar sua relação de proximidade com o estudo atual dos objetos voadores não identificados, expressões da pluralidade dos mundos habitados que ela postula.

Na ocasião, o que eu tinha em mente era desenvolver ainda mais o meu trabalho inicial. Pretendia avançar a Teoria Evolucionista do Espírito com hipóteses plausíveis, em conformidade com o desenvolvimento das ciências afins, procurando dar ao público uma alternativa de entendimento ufológico conectada às coisas do espírito, capaz de abrir o misterioso arquivo X de aparições insólitas, por assim dizer, com nova ótica de estudos.

A questão ufológica está intimamente ligada aos preceitos espíritas de vida universal. Entretanto, o fenômeno espiritual, presente na Ufologia sem que seja nitidamente percebido,deve ser estudado de modo claro, tendo o cuidado de não causar fobias que possam resultar em desarranjo psíquico, em pensamento fixo indesejável, semelhante a certos distúrbios que estamos acostumados a ver em casos de obsessão.

Contudo, a falta de um livro com suporte confiável para sustentação dos argumentos ufológicos impossibilitava-me, na ocasião da entrevista, a falar do assunto de maneira bem fundamentada. Afinal, como fazê-lo? – eu me perguntava.

Kardec tocou a questão "habitabilidade dos mundos", mas não poderia desenvolvê-la cientificamente, porque, em 1857, falar sobre extraterrestres seria uma "perturbação indesejável", como observado pelos espíritos codificadores na pergunta 182, de *O Livro dos Espíritos*.

Todavia, nos dias atuais, observando a obra codificada por Kardec, nota-se que seus fundamentos são perfeitamente válidos para se desenvolver ainda mais a questão da "vida em outros mundos", responder com lucidez muitas indagações e satisfazer os anseios de conhecimento do público atual, sensível às coisas do espírito. Afinal, hoje, a ciência e a cultura do homem estão muito mais desenvolvidas. Neste estado atual de avanço podemos compreender o que no passado seria difícil.

Em *Colônia Capella*, sob as instruções espirituais, a temática "vida em outros mundos" foi desenvolvida de maneira relativa, com foco de visão concentrado no evolucionismo espiritual do homem. A casuística ufológica e suas conotações não foram abordadas ali. E, devo reconhecer, era isso que parte significativa dos ouvintes daquele programa de rádio queria conhecer. Com certeza, eles representavam parte considerável da população interessada em saber mais sobre o tema, fato que não poderia ser desconsiderado.

A 24 de outubro, tive a honra de receber um telefonema do doutor Hernani Guimarães Andrade, diretor fundador do Instituto Brasileiro de Pesquisas Psicobiofísicas (IBPP). Ele havia recebido o meu livro e escutado o programa de rádio do qual eu havia participado. Dois dias depois, presenteou-me com seis livros de sua extensa lavra literária, todos autografados e com belíssimas dedicatórias.

Conversamos longamente e voltamos a nos falar ainda outras vezes. O interesse mútuo em assuntos sobre *poltergeist*, psicobiofísica, reencarnação e evolução do espírito fez o tempo passar rapidamente em nossas conversas.

Em determinado ponto, com sua grande generosidade, o doutor Hernani felicitou-me:

— Professor Pedro, eu acho que estudamos na mesma escola extrafísica do infinito, pois você psicografou o livro que eu gostaria de ter feito. Meus parabéns!

Tais palavras estimulantes, vindas de quem veio, foram para mim motivo de grande júbilo, pois tocara de profunda felicidade o meu sentimento. Entretanto, considerando as obras desse ilustre escritor[2] e o trabalho edificante desse conceituadíssimo cientista espírita brasileiro, cujo valor das realizações atravessa fronteiras e com muita justiça reponta com fulgor a esfera internacional, sem dúvida procurei, ainda mais, a partir de então, estudar e espelhar-me em seu trabalho.

Tal estudo foi providencial para tratar o intrincado tema desta obra, dentro, é claro, de condições próprias, mas com a visão firme na ocorrência dos fatos, os pés no chão e a mente aberta para reexaminar os posicionamentos doutrinários já consagrados antes de validar as ideias e grafá-las neste livro.

Tudo isso me possibilitou extensa pesquisa bibliográfica, referida inclusive em notas de rodapé, quer por minha escolha, quer por indicação do mentor espiritual.

Foi também com muita satisfação que, em 30 de outubro, recebi uma carta do editor da Revista UFO, Ademar José Gevaerd, em que ele me agradecia o livro encaminhado e convidava-me a desdobrar ainda mais o assunto.

---

[2] Lendo a *Folha Espírita* de maio de 2003, tive conhecimento de que o doutor Hernani Guimarães Andrade desencarnara na madrugada de 25 de abril de 2003, em Bauru, São Paulo, às vésperas de completar 90 anos. Registro aqui as minhas honras.

UNIVERSO PROFUNDO

Em uma resenha publicada por essa conceituada revista de Ufologia, o editor assim se expressou:

"A obra discute o que o autor chama de Teoria Evolucionista do Espírito, baseada nas ideias de Allan Kardec, precursor da Doutrina Espírita. Essa teoria fora publicada pela primeira vez em 1857 e desde então passou a dividir as crenças. Enquanto as ideias existentes [criacionista e evolutiva] se repeliam, a opinião de Kardec era a sensatez num meio em que tudo era branco ou preto. Pela primeira vez, uma religião considerou a existência de vida inteligente em outros planetas. A obra [*Colônia Capella*] alia o conhecimento espírita a inúmeras teorias defendidas pelos ufólogos, entre elas a existência de seres inteligentes extrafísicos, com os quais o homem poderia comunicar-se. As semelhanças, nesse caso, não são meras coincidências".

Com sua habilidade, o editor pressentiu que este novo livro já pairava no ar, arrematando:

"Este é o primeiro livro do pesquisador autodidata que marca o início de uma longa pesquisa sobre a existência de vida em outros planetas, sob um novo olhar".[3]

Em suma, tais fatos estimulantes provenientes das pessoas mencionadas, sem que talvez elas se dessem conta disso, juntando-se às instruções espirituais anteriormente recebidas, fizeram-me refletir sobre os fenômenos espirituais presentes na Ufologia e contribuíram para a iniciativa deste presente livro. Então, de ânimo sereno e mente favorável levei adiante o novo trabalho.

A presente obra busca aprofundar estudos sobre inteligências extraterrestres e suas manifestações, articulando com mais abrangência a Teoria Evolucionista do Espírito, tendo como fundamento a Doutrina Espírita.

Não se trata de incentivar o espírita a ser ufólogo, tampouco de converter ufólogo em espírita, mas sim de mostrar

---

[3] Gevaerd, A. J. Editor da *Revista UFO*, n. 83, dez. 2002.

PEDRO DE CAMPOS INSTRUÇÕES DE ERASTO

uma visão espírita da Ufologia com argumentos lógicos, racionais e científicos, procurando aclarar o entendimento de tão intrincada questão.

Estou consciente de que a tarefa que me foi proposta pelo plano espiritual poderá ser árdua e geradora de relativo desgaste, talvez proveniente de meio cultural mais conservador; de pessoas cuja marcha dos acontecimentos científicos apenas vibrou, mas não foi capaz de sensibilizar o suficiente para que o testamento de Kardec – exarado no *Caráter da revelação espírita*, expresso em *A Gênese*(I:55), associado ao conhecimento da vida corpórea dada na mesma obra (XIV:8) e em *O Livro dos Espíritos* (P.188, nota de rodapé) –, seja aberto para esclarecer o público sobre a habitabilidade de mundos tão insólitos, como os informados ali pelos espíritos codificadores.

Entretanto, tenho o feliz consolo de não estar sozinho em meio a esse mar de esperanças renovadoras, pois uma onda de progresso científico se levanta em toda parte para banhar as praias da modernidade religiosa com a grandeza dos tempos do porvir. Evoluir sempre, esta é a lei.

No início de 2003, quando comecei a escrever este livro, fui informado pela espiritualidade de que uma pequena divulgação do trabalho já poderia ser feita, para que eu mesmo pudesse avaliar a repercussão do assunto, sob diversos ângulos.

De fato, em 15 de fevereiro, a convite de um confrade participei de programa especializado, na Fundação Espírita André Luiz, tendo como fundo o livro *Colônia Capella*. Desta vez, o nosso foco estaria centrado no público simpatizante de Ufologia. Fui orientado pelo Plano Maior para tratar o tema ufológico de maneira mais aberta.

Uma semana antes, várias entidades me foram apresentadas pelo mentor da presente obra. Eram espíritos conhecidos, colaboradores ligados a mim desde há muito. Embora estando hoje em condições diferentes, ainda se apresentaram a mim com seus antigos nomes, realizando cada qual uma tarefa específica, devidamente planejada na esfera espiritual.

Eu não estava sozinho, mas com trabalhadores espirituais especializados. Os ambientalistas: Suan Maria do Deserto e seus cães de guarda – entidade de pequena estatura, com dois cães enormes; Sudão, o Núbio – entidade religiosa de uma antiga cidade no Alto Egito; Manoel Shina – antigo trabalhador das fazendas de café, um tipo gigante, vestindo chapéu de abas largas. Os benfeitores: doutor Roberson – entidade médica; O Mensageiro – espírito de conhecimento amplo que trata também de Ufologia; Yehoshua – autor espiritual do livro *Colônia Capella*.

Tudo fora feito pela espiritualidade para êxito do intricado assunto ufológico com interpretação espírita, visando compensar a minha falta de prática. Tarefa difícil também pelas características íntimas, pois uma linguagem de novos padrões deveria ser articulada, correndo-se o risco de uma ou outra incompreensão. Uma nova perspectiva de visão espiritual seria mostrada, abolindo a ineficácia da mesmice que nada acrescenta. Afinal, a proposta do atual livro é interpretar os fatos ufológicos. E, indiretamente, uma pequena amostra de seu conteúdo seria mostrada, num ensaio, antes da conclusão.

Após a participação no programa observei a repercussão no meio ufológico – fora grande (assim como no meio espírita). Recebi inúmeros telefonemas, cartas e apertos de mão. Fui convidado a escrever sobre o assunto em conceituado veículo de comunicação, onde me foram dadas as coordenadas para fazê-lo. Também observei com naturalidade a preferência manifesta de poucos recaindo sobre uma ou outra figura de divulgador consagrado, na procura que fizeram de norteamento seguro para entender a questão ufológica.

Debalde, há pouco, os meus olhos também procuraram esse norte. Empunhei o farol da razão, alicerçando-me nas coisas do espírito, e busquei incessantemente a luz da ciência na minha caminhada. Encontrei, então, a auxiliar-me, a sutileza dos ensinos espirituais para a confecção da presente obra.

Distante do privilégio da exclusividade fui informado de que outras entidades, conhecedoras do tema, estavam também sendo convidadas a dar sua contribuição nesta e em outras questões intrigantes, por intermédio de médiuns distintos, sérios e competentes, para que o entendimento se fizesse nos moldes da universalidade, conforme estabelecido na Doutrina Espírita. O presente trabalho reponta como um deles.

É prudente afirmar que a superação das dificuldades inerentes ao tema não é fácil de ser realizada. Mesmo existindo relato pormenorizado de muitos avistamentos, a sociedade tem o fenômeno ufo como produto da imaginação ou de algum desarranjo psíquico do observador. A resistência humana para estudar esse pretenso "desarranjo" ou aceitar o fenômeno avistado é deveras grande e aumenta, ainda mais, quando o enigma está vinculado às coisas do espírito.

Esse posicionamento pode ser justificado pela prudência, querendo evitar que uma falsa interpretação do fenômeno leve pessoas bem-intencionadas a cometer erros de consequências imprevisíveis. Afinal, a pessoa que sofre algum desconforto ufológico, digamos assim, deve ser adequadamente assistida e orientada. O próprio fenômeno, para ser compreendido, deve ser visto com outros olhos, investigado por órgãos oficiais e estudado de modo acadêmico. Contudo, os ufólogos parecem estar convictos de que isso, hoje, não acontece.

Não obstante os comentários, ainda paira no ar o desconhecimento de como tratar o fenômeno ufo. Para constatar isso, basta refletir sobre estas indagações: Como você entende os enigmáticos avistamentos de naves espaciais e de seres extraterrestres? De onde você acredita que "eles" vêm? Existem mesmo? "Eles" estão entre nós? As pessoas que se dizem abduzidas estão sendo atendidas de maneira correta? Se um abduzido procurasse a sua ajuda, o que você faria?

O intuito aqui é refletir sobre essas e outras indagações para trazer à luz possibilidades esclarecedoras de cunho filosófico e científico. Quanto ao aspecto doutrinário, para superar obstáculos e realizar esta complexa tarefa, recebo

UNIVERSO PROFUNDO

a sustentação necessária do plano espiritual, porque a espiritualidade se me apresenta quando o labor clama o seu concurso para dar contornos atuais a certos temas.

Fui instruído a realizar pesquisas com a finalidade de aumentar meu conhecimento sobre o tema e para perquirir com mais propriedade as coisas da alma. Dessa maneira, reuni condições apropriadas para dialogar com o autor espiritual. Não se trata de entendê-lo, porque não há dificuldade para isso, mas para refletir melhor sobre as teorias e matérias que me seriam comunicadas, as quais, para mim, seriam novas.

Desconhecendo o teor do assunto, não me seria possível registrar informações sem nada saber ou questionar, porque somente posso grafar o que me convença dentro de uma lógica previamente assimilada. Assim, grafando comigo, dentro de certos limites, a principal intenção do autor espiritual fora mostrar em livro sua interpretação ufológica, mas não totalmente desvinculada da minha. Os espíritas, de modo geral, têm plenas condições de entender isso;[4] quanto aos incrédulos, não é propósito do espírito nem meu, neste trabalho, convencê-los.

Em razão da peculiaridade do assunto, após a psicografia de partes distintas desta obra, visando assegurar a qualidade das informações foram realizadas 25 sessões espíritas, em que o autor espiritual esteve presente incorporando médium,[5] por intermédio da qual, em fenômeno profundo, respondia às minhas perguntas e dialogava comigo sobre o tema.

Algumas terminologias foram introduzidas pelo autor espiritual para facilitar o entendimento. Dentre outras, a expressão espiritista *corpo menos material* – aparato sutil no qual o espírito renasce em mundos dimensionais –, aqui recebeu o nome sinônimo *ultraterrestre*. O mundo invisível, por

---

[4] O papel do médium nas comunicações, sua marca pessoal na forma e no estilo e o processo empregado pelo espírito na geração do conteúdo, podem ser mais bem estudados em *O Livro dos Médiuns* (XIX, 225).

[5] Trata-se principalmente de Ana de Campos, saudosa mãe deste autor, nascida em 29 de dezembro de 1923, em Kaunas, Lituânia, e desencarnada em 1º de abril de 2011, aos 87 anos, em Guarulhos, São Paulo, Brasil.

sua vez, recebeu uma estratificação chamada *mundo dimen-sionalista*, na qual vivem os seres encarnados numa forma corpórea *menos material*, porque a esfera invisível abriga seres diferentes na substância e na condição vibratória, entidades encarnadas, embora sejam para nós tão invisíveis quanto os espíritos.

O autor espiritual é uma entidade que outrora estivera presente na Doutrina Espírita colecionando fundamentos inaugurais. Desta feita, retorna argumentando mais sobre os alicerces básicos, para entendimento de temas que a evolução humana contempla no palco da atualidade.

Fui informado por ele de que a atuação da espiritualidade não cessa, mas prossegue em trabalho constante com o objetivo de descortinar ao homem, à medida que este progride, novos cenários da imensidão cósmica em que o espírito imortal evoluciona. Diante das possibilidades de vida em outras moradas do universo, o conhecimento espírita, divulgado de maneira lógica, séria e atual, é caminho seguro a ser percorrido pela alma sequiosa da verdade.

Em sessão realizada a 12 de dezembro de 2002, Ana de Campos (1923-2011), médium de incorporação, vidente e auditiva, por meio do fenômeno de psicofonia possibilitou ao espírito, O Mensageiro,[6] manifestar-se.

Em conversa que tivemos naquela ocasião, o espírito comunicou-me, entre outras coisas, que gostaria de escrever este livro, dando sua contribuição ao entendimento do tema. Após refletir detidamente sobre esta e outras manifestações, considerei a oportunidade de trabalho e coloquei mãos à obra.

Posteriormente, quando já estávamos terminando o quarto capítulo deste livro, em sessão realizada a 10 de maio de 2003, manifestando-se por psicofonia mediúnica, o espírito que

---

[6] "O espírito apresenta-se na forma da figura humana que movimentara na época inicial do cristianismo. Possui fisionomia hebreia, porte alto e magro, usa barba, veste-se com toga folgada de tom claro, estilo greco-romano, e sandálias antigas". (Nota da médium.)

desde 1963, em ocasiões esparsas, identifica-se em nossos trabalhos como O Mensageiro, comunicou-se. Dessa vez, visando dirimir qualquer entendimento indevido por parte de outros quanto à sua verdadeira identidade, pois se trata de um espírito e não de um ser ultraterrestre, deu-me instruções e liberou seu nome de épocas passadas para ser dado nesta obra.

Erasto, o companheiro de Paulo, assim chamado pelo povo em razão de sua proximidade com o Apóstolo dos Gentios, foi um dos primeiros seguidores e divulgador convicto da mensagem de Jesus Cristo, numa época inicial em que os caminhos da fé cristã precisavam ser abertos e os primeiros pergaminhos da Boa-nova ainda deveriam ser escritos para divulgação do cristianismo nos vários pontos da Terra.

Erasto fora descendente da tribo de Benjamim. Nascera no ano 13 da Era Cristã. Sua família e a de Saulo de Tarso, mais velho que ele alguns anos, eram conhecidas e mantinham laços de amizade. Na infância, em anos distintos, ambos receberam formação religiosa da mesma escola judaica, a dos fariseus, cujo mestre maior naquele tempo era Gamaliel, o Velho.

Durante a juventude, compromissos familiares o levaram para Éfeso, movimentada cidade portuária da Ásia Menor (oeste da atual Turquia), centro próspero de comércio e de cultura grega, com milhares de habitantes, onde a dominação romana oferecia melhores perspectivas de vida.

Em seguida, no ano 32, sequioso de trabalho e falando perfeitamente o grego, Erasto deslocou-se para Corinto, importante colônia romana no coração da Grécia, cidade mais requintada depois de Atenas, centro cosmopolita, onde traços da exuberante cultura helênica ainda despontavam. Ali conheceu e manteve amizade com a família da moça que seria em breve o grande amor de Paulo. Trabalhou na administração pública da cidade até o ano 58 e, no seguinte, foi Edil da colônia por um ano.

PEDRO DE CAMPOS INSTRUÇÕES DE ERASTO

Quando o procônsul Marcus Annaeus Novarus, irmão mais velho de Sêneca (preceptor de Nero), assumiu o governo da Acaia no verão do ano 51, tomando o nome de Gálio, por ter sido adotado por Lucius Junius Galion, Erasto foi nomeado administrador do erário de Corinto, vinculado ao questor romano da província. No exercício de seu trabalho, Erasto deliberou a realização e efetuou o pagamento de inúmeras obras destinadas ao povo.

Nos meandros da influência política, Erasto colocou o ilustre Gálio a par da religiosidade cristã de Paulo, que naquela época habitava Corinto exercendo a profissão de tecelão e fundava na cidade uma controvertida igreja. Quando na primavera do ano 52, em juízo, diante de Gálio, o rabino Sóstenes acusou Paulo de persuadir os homens a servir a Deus contra as Leis de Moisés, a autoridade assessorada providenciou a defesa do Apóstolo que, sem proferir palavra alguma, foi absolvido por Gálio, que sentenciou:

— Visto que a questão é de palavras, de nomes e da vossa lei, disso cuidai vós mesmos. Eu não serei o juiz dessas coisas (At 18,12-17) – disse Gálio, dispensando os litigantes.

Anteriormente, no início da idade juvenil, Erasto tomara conhecimento das pregações do Cristo. Depois, na maturidade, ao passar por Jerusalém, no curso do ano 49, Erasto reviu Paulo, seu companheiro de anos passados, que estava na cidade para participar do Concílio apostólico. Voltou a encontrar-se com o ele em Corinto, durante a segunda viagem missionária do convertido de Damasco. O cargo público que Erasto ocupava na administração da cidade não lhe permitia maior exposição para realizações apostólicas. Por essa razão, abraçou publicamente o cristianismo no ano 54, em outra cidade, Éfeso, quando hospedou o Apóstolo dos Gentios em sua casa.

Dos primeiros cristãos da Antiguidade, Erasto foi o mais abastado em bens materiais e cidadão que ocupou função pública de relevada importância sob as ordens romanas. Foi discípulo de Paulo enquanto viveu o apóstolo e membro fundador da Escola de Tirannus, em Éfeso.

UNIVERSO PROFUNDO

Nessa cidade, a família bem-sucedida de Erasto houvera adquirido muitas propriedades. Dentre elas, no centro cultural da metrópole, despontava o edifício de uma antiga associação, cujo terreno possuía grandes jardins que afrontavam o movimentado passeio público. Tal ginásio foi transformado em uma verdadeira academia de ensino cristão. Ali, Paulo reunia os discípulos, ensinava a palavra do Cristo e fazia prodígios. A expulsão de espíritos inferiores e a cura de doenças fizeram de Paulo a figura religiosa mais discutida de Éfeso. Distante do clima contrário das sinagogas, a escola fora o seu recanto de reflexão, de caridade e de profundo recolhimento na fé em Jesus Cristo.

Conforme dissera o espírito Yehoshua:

"Erasto foi um judeu da dispersão, contemporâneo do apóstolo Paulo. De início, foi seu aristocrático anfitrião na cidade helenística de Éfeso, onde Paulo ensinou a Boa-nova por dois anos e abalou a hegemonia do prestigioso templo de Diana, existente na cidade, ensejando aos contrários pedir seu sangue como pena. Posteriormente, Erasto tornou-se um dos grandes iniciadores do cristianismo primitivo. Foi encarregado por Paulo de obter os recursos necessários para fundar as primeiras igrejas. De Éfeso foi mandado para Tessalônica, na Macedônia, para ali organizar a igreja. Habitou em Corinto, onde foi encarregado de combater a imoralidade, a idolatria e a magia que influenciavam negativamente o povo da região. Terminou seus dias como bispo da igreja da cidade de Felipos, a primeira do cristianismo primitivo fundada na Europa. É mencionado de passagem na *Bíblia* em At 19,22; Rm 16,23; 2Tm 4,20. Comparece na *Revista Espírita* de outubro de 1861, comunicando a *Epístola de Erasto aos Espíritas Lionenses*, onde se apresenta como discípulo consagrado pelo apóstolo Paulo".[7]

A passagem de Erasto pela antiga cidade de Corinto foi confirmada por arqueólogos da Escola Americana de Estudos Clássicos de Atenas, em 1929 e 1947. Ao ser escavado um caminho datado do primeiro século da Era Cristã, foram achados nele uma praça e um bloco de pedra calcária, contendo a seguinte inscrição: *Erasto, Comissário de Obras Públicas...*

---

[7] Campos, Pedro de. *Colônia Capella*, nota da p. 105. Cf. Bibl.

PEDRO DE CAMPOS INSTRUÇÕES DE ERASTO

Na condição de espírito desencarnado, como protetor do médium que lhe serviu de intérprete (senhor d'Ambel), Erasto recebeu instruções para participar das obras da codificação, registradas por Allan Kardec, na Sociedade Parisiense de Estudos Espíritas.

Na atualidade, como apóstolo do Espírito Verdade, Erasto trabalha para unificar e expandir o movimento espírita. Nessa empreitada, conserva a mesma postura evangélica que marcara sua personalidade nas épocas iniciais do cristianismo, ensinando que *"nas batalhas da vida, um soldado de Cristo, embora ferido e de coração sangrando, jamais perderá, sempre sairá vencedor"*.

Caro leitor, não cabe alongar mais. Boa leitura.

Pedro de Campos

1

CONEXÃO CÓSMICA

Há certo consenso entre os estudiosos apontando como marco inaugural da Ufologia o dia 24 de junho de 1947.

Aquele foi um dia especial, porque, finalmente, uma pessoa séria e de reputado prestígio declarou abertamente ter visto aquilo que muitas outras haviam presenciado antes, sem a ousadia de relatar o que viram.

Kenneth Arnold,[1] respeitável executivo norte-americano, proprietário de uma empresa especializada em extintores de incêndio em Boise, Idaho, foi protagonista do marcante acontecimento.

Logo no início da tarde, às 14 horas, quando o sol de verão na América estava quase a pino, ele alçou voo do aeroporto de Chehalis, em seu avião particular, rumo a Yakima, em Washington.

---

[1] Os depoimentos assinados e o relato completo constam da documentação oficial da Força Aérea dos Estados Unidos (USAF), no *Projeto Livro Azul*, divulgado em livro por Brad Steiger. Cf. Bibl.

PEDRO DE CAMPOS INSTRUÇÕES DE ERASTO

— Naquele dia as condições atmosféricas eram tão boas que o voo fora um verdadeiro prazer – contou Arnold.

Contemplando as belíssimas imagens que a natureza celeste lhe oferecia, sua atenção voltou-se em direção ao monte Rainier. Notou que, por um instante, a fuselagem do avião refletiu fachos de luz em abundância, sem que ele pudesse distinguir a fonte da radiação. Foi aí que tudo começou.

Olhando à esquerda, por alguns segundos, Arnold avistou nove objetos que voavam em alta velocidade, em direção ao monte Rainier. Pensou, num primeiro momento, tratar-se de aviões a jato. Entretanto, à medida que se aproximavam de seu aparelho, o perfil das aeronaves tornava-se distinto. Tratavam-se efetivamente de objetos voadores não identificados (*unidentified flying objects*– ufos), veículos sem cauda, semelhantes a pires voadores (*flying saucers*).

Após o voo, durante os relatos de Arnold, um dos jornalistas presentes ao evento alcunhou aqueles objetos de "discos voadores". A denominação pegou, e o caso ganhou destaque mundial. Assim, o fenômeno ufo teve o seu batismo.

Eram objetos luminosos que voavam em composição diagonal, semelhante aos pássaros que migram alçando voo alto numa formação de cunha, e cobriam uma área aproximada de oito quilômetros. Cada objeto tinha o tamanho de dois terços de um avião DC-4.

Utilizando-se de um cronômetro, Arnold calculou a velocidade daqueles aparelhos em 2600 quilômetros por hora, até antes de desaparecerem por completo. Ao contrário de hoje, tal velocidade não poderia ser conseguida com a tecnologia disponível na época.

A ocorrência fora deveras intrigante. Afinal, Arnold era homem sério e respeitável, executivo de responsabilidade e piloto experimentado. Não precisava de publicidade, tampouco pretendia ficar exposto ao ridículo.

Naquela tarde, falando aos jornalistas, ele declarou:

— Teria sido uma deslealdade para com a minha pátria se eu tivesse deixado de notificar esse acontecimento.

A partir de então, num piscar de olhos o mundo considerou os discos voadores obra de extraterrestres. E as conotações feitas ao Caso Arnold retornaram ao passado remoto para, nas longas distâncias da evolução humana, tentar observar ocorrências semelhantes.

Foi lembrado o caso dos combatentes fantasmas (foo fighters) da Segunda Grande Guerra, quando pilotos de bombardeiros das Forças Aliadas descreveram estranhos objetos que dançavam acima das asas do aparelho ou acompanhavam o voo a pouca distância, alternando-se à frente e atrás com incrível rapidez e facilidade de manobra.

O comando Aliado considerou que as Forças do Eixo tinham desenvolvido novos aviões. Terminada a guerra, o exame de documentos alemães e japoneses revelou que eles também haviam avistado os mesmos objetos, creditando ao inimigo a engenhosa construção. E como nenhuma das forças beligerantes detinha tecnologia capaz de produzir tais objetos, as aparições foram dadas como alucinação coletiva. Mas agora, com os relatos de Arnold, o quebra-cabeça começava a ser montado.

Após os depoimentos de Arnold, as Escrituras Sagradas foram atentamente relidas pelos interessados em desvendar as enigmáticas aparições. Muitos concordaram que a linguagem testamentária, tida como figurada, quando tomada ao pé da letra delineava um monumental quebra-cabeça relatando com sutileza a vinda de astronautas de outras civilizações à Terra.

Lendo as Escrituras com olhos voltados à investigação, os estudiosos concluíram que o personagem bíblico Elias teria sido levado aos céus por uma nave espacial extraterrestre, e que outras figuras mencionadas na Bíblia também fariam parte de um grande esquema alienígena, cujo propósito ainda não estaria bem definido.

Hoje, mesmo com o passar de décadas, ainda vemos o mesmo quebra-cabeça não resolvido pairar como enigma na mente de conceituados pesquisadores. Enquanto alguns procuram entender a questão conservando a mensagem religiosa, outros se tornaram porta-vozes da mensagem materialista, advogando, inclusive, que Jesus Cristo fora figura de comando na empreitada alienígena de transformar a Terra.

Mas, ainda assim, estudar as Escrituras Sagradas era somente parte da investigação; seria preciso voltar mais no tempo para que o alcance do fenômeno fosse realmente entendido.

As pinturas pré-históricas nas cavernas durante o Paleolítico Superior deveriam ser reexaminadas, e o foram. A análise mais detida revelou que certos desenhos apresentavam sugestivas evidências. Contudo, se alguns especialistas viram na falta de técnica das pinturas a possibilidade de uma interpretação surrealista atual, desprovida da verdade, fruto da imaginação, outros concluíram que ali estava o registro do homem pré-histórico contando a presença de astronautas na Terra, os quais teriam recebido o nome de deuses[2] e interferido na evolução humana em épocas remotas.

Tal fato veio estimular ainda mais a pesquisa. Em 1968, um colecionador de fósseis divulgou ter encontrado perto de Antílope Springs, Utah, Estados Unidos, a marca de uma sugestiva sola de calçado, num solo endurecido de piçarra, com idade estimada de 500 milhões de anos. O achado datava do período de surgimento dos primeiros animais invertebrados na Terra, época em que o homem ainda não existia – mas não houve confirmação oficial do achado nem de ser ele realmente uma marca de calçado fossilizado.

A formação da Terra e a evolução humana também foram investigadas a fundo. Imaginou-se a possibilidade de interferência alienígena na constituição do ecossistema terrestre e homens importantes da ciência concluíram que a semeadura da vida poderia ter sido obra de astronautas vindos de paragens distantes do universo.

---

[2] "A palavra 'deus' tinha entre os antigos uma acepção muito ampla. Não indicava, como no presente, uma designação do Senhor da natureza. Era uma qualificação genérica de todos os seres não pertencentes à condição humana. Ora, tendo as manifestações espíritas lhes revelado a existência de seres incorpóreos que agem como forças da natureza, eles os chamaram 'deuses', como nós os chamamos 'Espíritos'. Pura questão de palavras" registrou Allan Kardec, em *O Livro dos Espíritos* (P. 668).

UNIVERSO PROFUNDO

Contudo, as hipóteses formuladas com essa volta ao passado, cuja intenção fora buscar evidências da presença alienígena na Terra, careceram todas de melhor comprovação científica. Nada foi definitivamente comprovado, senão que o homem pouco sabe de sua verdadeira origem. Não obstante o esforço de investigação, ela quase nada contribuiu para resolver o enigma das aparições de ufos a partir da Segunda Grande Guerra.

Em 23 de setembro de 1947, três meses após as declarações de Arnold e o recebimento de 156 relatórios oficiais, o tenente-general Nathan V. Twining, chefe do Comando de Material Aéreo (Air Material Command – AMC), assinou relatório encaminhado ao comandante da Força Aérea do Exército dos EUA, dando conta de que:

– O fenômeno observado se trata de realidade, não de imaginação ou ficção – escreveu.

O relatório ensejou a criação do Projeto Sinal (UFO – Projet Sign), revestido de sigilo militar. Portanto, assunto sério e de importância máxima.

As aparições surgidas posteriormente ao marco inicial da Ufologia foram inúmeras, ensejando sérios estudos para desvendá-las. Contudo, todas as tentativas científicas convencionais para compreendê-las foram inglórias, não lograram êxito.

A humanidade concluiu ser possível a real existência dos fenômenos ufológicos; os homens que os avistaram, têm certeza da existência deles; mas, estranhamente, a ciência ainda nada afirma positivando a incidência. Indaga-se:

– Será que a ciência ainda não positivou porque os ufos seriam oriundos de outras dimensões e esse campo abstrato ela ainda não é capaz de investigar? Eis a questão.

Todavia, com a aderência das Forças Armadas de países adiantados, os estudos de objetos voadores não identificados e de seres inteligentes comandando supostas naves espaciais extraterrestres caminharam confrontando o preconceito geral de classificar os avistamentos como produto da alienação mental de alguns aficionados.

A Ufologia foi, assim, de maneira gradual, ganhando respeito na sociedade. E uma parte considerável de estudiosos, formados nas mais variadas universidades do mundo, principalmente em países como Estados Unidos, Canadá, Itália, Inglaterra, França, Rússia e Brasil, passou a entender o fenômeno ufológico de modo semelhante aos fenômenos físicos observados no Espiritismo.

Surgiu então o evento paranormal de cunho ufológico. Nesse ponto de convergência, Ufologia e Doutrina Espírita deram explicações próximas entre si para explicar parte dos fenômenos. Utilizando caminhos diferentes de investigação, ambas se depararam com a vida inteligente de outras esferas.

Em razão disso, cabe-nos mostrar aqui os pontos de conexão, porque certos fenômenos comuns ao estudo, na Doutrina Espírita são elucidados com fundamento na Teoria Evolucionista do Espírito, resolvidos à prova do efetivo experimento ou decifrados à luz do raciocínio filosófico. O estudo da possibilidade de vida em outros planetas e em outras dimensões do espaço-tempo ajuda-nos a entender melhor os fatos insólitos observados na Ufologia.

Embora nenhum ufólogo saiba ao certo o que é efetivamente o fenômeno ufo, duas grandes escolas de pensamento se erguem na Ufologia, cada qual divulgando as suas convicções.

A primeira delas é a *escola extraterrestre*[3]. Ela considera que o fenômeno ufo não seria oriundo de qualquer planeta do nosso Sistema Solar, mas proveniente de outros sistemas distantes anos-luz do nosso. Os ufos seriam fenômenos produzidos por seres inteligentes de aparência física semelhante ao homem, embora muito mais evoluídos e conhecedores de tecnologia

---

[3] Conhecida também como *Nebecista* ou *Nebecismo*, segundo definição de BRIA-ZACK & MENNICK, cf. Bibl. Também são usados outros neologismos, como: *Sedop* (ou ET) – Seres de outros planetas (do inglês: *Being from another planet – Befap*), de onde vem *Sedopiano* (ou extraterrestre); *Manodim* – Manifestação de outra dimensão (*Manifestation from another dimension - Manadim*), *Outricon* – Outras inteligências conscientes (*Another conscious intelligence – Aconin*).

que estaríamos ainda muito distantes de obter. Contudo, de modo intrigante e por razões completamente desconhecidas, os alienígenas não querem fazer contato oficial conosco. Esse fato enigmático nos faz cogitar inúmeras razões para desvendar o porquê dessa conduta estranha, muito diferente da humana em termos sociais. A escola considera também que astronautas extraterrestres teriam comandado a colonização da Terra desde o seu início ou a partir de algum ponto no decorrer da evolução do homem. As premissas dessa escola distanciam-se muito dos preceitos consagrados pelo Espiritismo. Assim, somente algumas de suas teorias podem ser aceitas e, de maneira geral, a escola é rejeitada com argumentos mais convincentes à razão espiritualista.

A segunda é a *escola dimensionalista*. Ela considera que, em razão de haver imensas distâncias separando as civilizações do cosmos, os espaços monumentais impediriam a viagem de seres dotados de corpo frágil e ciclo vital limitado, como o homem, pois uma constituição corpórea equivalente seria obstáculo insuperável à realização de tais viagens, mesmo com tecnologia avançada. Juntando essas dificuldades à realidade fugaz das aparições ufológicas e ao modo incomum de agir dos alienígenas, o fenômeno ufo para ela seria originário de outra estratificação física, mais sutil que a nossa. Para ela, os aliens seriam inteligências suprafísicas de outras dimensões do espaço-tempo, possuidores de corpos e de tecnologia muito distantes do saber humano. Por essas razões, a *escola dimensionalista* identifica-se com os postulados do Espiritismo.

Como se nota, a *escola extraterrestre* está mais próxima do materialismo que a dimensionalista, a qual se aproxima dos valores espirituais postulados pelo Espiritismo.[4]

Embora com certas diferenças radicais, ambas as escolas parecem estar de acordo em considerar alguns pontos convergentes de observação prática na Ufologia. Para ambas:

---

[4] Para aprofundar estudos sobre a Teoria Evolucionista do Espírito, ver livro *Colônia Capella*. Cf. Bibl.

1. Os ufos são engenhos produzidos e operados por seres inteligentes;
2. Os ufos e os alienígenas são concretos quando fazem contato;
3. Alguns ufos emitem radioatividade e deixam sinais de pouso;
4. O eletromagnetismo está presente de alguma maneira nos engenhos;
5. A comunicação à distância entre ufos diferentes não foi ainda observada;
6. Os aliens produzem transmutação insólita, ou seja, podem converter energia em matéria e reverter o processo num curto lapso de tempo;
7. No voo do objeto, há certa relação entre cor emitida e alteração de velocidade;
8. O alienígena predominante nos contatos é um humanoide de baixa estatura, magro e de cabeça volumosa;
9. Os aliens pretendem mostrar sua presença, mas de maneira estranha não querem contato oficial;
10. A comunicação com os humanos se dá mais por meio de telepatia do que pela forma verbal;
11. "Eles" estão interessados em estudar o sistema reprodutor da espécie humana;
12. Fazem implantes de objetos no organismo humano, sem informar o motivo;
13. Nos exames corporais, não demonstram nenhuma consideração para com o homem, podendo prejudicá-lo se for necessário aos seus propósitos;
14. Após o contato, utilizam da hipnose para apagar lembranças da mente humana.

Não obstante as diferenças e as precauções de uma e de outra escola, ainda assim existem muitas conexões entre Ufologia e Espiritismo. A *escola dimensionalista* é o ponto de contato mais aderente.

Vamos observar alguns conceitos ufológicos para identificá-los melhor. A Ufologia estuda os objetos voadores não identificados. Segundo alguns ufólogos de prestígio, ela seria derivada de outra ciência que lhe absorve, denominada "Nafologia"[5].

A Nafologia metódica se dispõe examinar fenômenos inexplicados pela ciência oficial, o que engloba reencarnação, mediunidade, Espiritismo, Ufologia e outros. A falta de conhecimento científico abre campo à Nafologia para formular hipóteses, desenvolver teorias racionais, organizadas e sistemáticas, fornecendo elementos para investigações científicas. O fato por ela estudado, quando comprovado positivamente, sai de seu domínio e passa a pertencer à ciência experimental. Portanto, em Nafologia, o fenômeno carece da prática cientifica tradicional, constituindo-se, no início, um "talvez científico", em razão da dificuldade que o cientista encontra para produzir, controlar e refazer o experimento. O estudo da *manifestação de outra dimensão*[6] é exemplo clássico dessa dificuldade.

O dimensionalismo é o seu ramo que estuda outras estratificações do espaço-tempo em que se formam os universos rarefeitos. Localidades em que seres inteligentes *menos materiais* de alguma maneira eclodem, evolucionam e produzem objetos ultrafísicos para uso próprio. Utilizando técnicas que desconhecemos por completo, essas entidades se fazem presentes materializando não somente os seus corpos, mas também os seus objetos ultrafísicos, dentre os quais estão os ufos avistados com frequência. A passagem de uma dimensão para outra não é ainda muito bem compreendida. Porém, dentre as forças atuantes, o magnetismo parece desempenhar função relevante. Tais entidades podem ser contatadas, e como exemplo a escola cita o Espiritismo, que contata inteligências interdimensionais. Considerando

---

[5] Termo empregado por BRIAZACK & MENNICK, cf. Bibl. Usado também por outros ufólogos, como: Otto Binder, Maurice Chatelain, Richard Mooney e Erich von Däniken.
[6] Manifestação de outra dimensão – Manodim, cujos agentes podem ser desde princípios espirituais no início da caminhada evolutiva até espíritos muito evoluídos, quer desencarnados e estagiando nas esferas espirituais ou "encarnados" nas esferas ultrafísicas numa vida de curso limitado.

PEDRO DE CAMPOS INSTRUÇÕES DE ERASTO

que seres inteligentes muito adiantados teriam boa índole, presume-se que não praticariam atos contrários à vontade do homem. Por conseguinte, a abdução, as experiências invasivas, as frivolidades e os atos nocivos ao ser humano somente podem vir de inteligências ainda não adiantadas na moral, embora avançadas na ciência para produção dos fenômenos.

Os dimensionalistas explicam que tal inteligência pode apresentar-se por meio de materializações sólidas, de imagens holográficas, de clarividência mediúnica e de mensagens telepáticas. Pode também materializar suas criações, como aparelhos diversos e objetos voadores observados pelo homem. A entidade é chamada genericamente de *manifestação de outras dimensões*. É inteligente, mas de moral não muito elevada, ainda maliciosa e disposta ao mal. Parte dos ufólogos dimensionalistas acredita que tais entidades sejam responsáveis pela magia e por demais práticas fenomênicas de cunho espiritualista. Entretanto, outra parte da escola não pensa assim, atribuindo-lhes a condição de seres imperfeitos, em curso evolutivo na esfera extrafísica, bem como considera a existência de outras entidades ainda mais inferiores que povoam aquelas regiões, tais como os chamados *elementais*.

Os *elementais* são considerados inteligências suprafísicas com capacidade inferior à do homem, mas de maneira desconhecida agem sobre a natureza física da Terra e nos reinos vivos inferiores. Os elementais da natureza física agem na terra, na água, no ar e no fogo. Os dos reinos vivos inferiores agem nas moneras, nos protistas, nos fungos e nas plantas. No mundo extrafísico, são dominados por entidades mais elevadas, as que chamamos *manifestações de outra dimensão*, mas também podem ser dominados pela força do pensamento humano. Acredita-se que, baixando a frequência vibratória da criatura extrafísica, por assim dizer, como num salto quântico, essas entidades se façam visíveis ao homem. Estando ainda num grau evolutivo inferior, são dóceis e podem ser manipuladas para enganar e pregar peças sem maldade, mas o mesmo não se pode dizer dos que as manipulam, como os seres humanos e as entidades mais inteligentes de outras dimensões. Contudo, outras inteligências conscientes, mais evoluídas, também povoam as dimensões paralelas.

Considera-se que o universo seja povoado por seres inteligentes. Nos mundos tridimensionais onde exista vida física, os seres seriam chamados *extraterrestres – ETs*, enquanto que nas esferas dimensionais rarefeitas, seriam denominados *ultraterrestres – UTs*. Embora de natureza diferente, ambos poderiam atingir um grau científico capaz de desmaterializar e rematerializar corpos vivos e objetos.

A *transmutação insólita*[7] é um termo técnico que define matéria e energia permutáveis entre si. Ou seja, é a conversão de partículas quânticas em átomos físicos similares e vice-versa, sem perda nenhuma de energia ou de características próprias originais. Trata-se de uma transmutação rápida, insólita, em que seres vivos e coisas inertes poderiam passar inúmeras vezes, sob uma ação inteligente oculta, da condição de existência física para a de extrafísica, e vice-versa. Em outras palavras, controlando e manipulando a energia subatômica, seres inteligentes, cada qual segundo a sua capacidade, seriam capazes de materializar na Terra, temporariamente, objetos, corpos vivos e aparelhos extrafísicos. Os espíritos, os seres alienígenas e os ufos seriam todos resultados dessa técnica quântica, cujos fenômenos produzidos precisam ainda de acurado estudo para decifração.

No dimensionalismo, o fenômeno parapsicológico e o parapsíquico são considerados separadamente, segundo sua fonte de origem. Considera-se que a fonte dos parapsicológicos seja a mente humana, como a telepatia, a psicosinesia, a clarividência e a clariaudiência; e que os fenômenos parapsíquicos sejam originários de seres invisíveis, agentes postados em outro plano de vibração, sem que se saiba qual,

---

[7] Anglicanismo de *transmogrification*, do verbo inglês *transmogrify*, é terminologia científica que define manipulação de energia. Em razão de o termo "transmogrificação" não estar consagrado em português, ampliamos sua definição e substituímos o nome pela expressão similar "transmutação insólita", dando a ela o significado expresso no texto.

mas responsáveis por criar fenômenos físicos de materialização e aparecimento de *poltergeists*.

Para concluirmos estes pontos de aderência, é preciso refletir sobre a figura dos seres a quem a *escola extraterrestre* atribui responsabilidade pela casuística ufológica– os ETs, astronautas de outros planetas[8] distantes do Sistema Solar.

A sigla ET é uma abreviação criada para definir seres efetivamente físicos, criaturas de outros orbes que poderiam aportar à Terra ou teriam estado aqui no passado, influindo na evolução humana. Seriam astronautas de paragens cósmicas distantes, que aqui aportariam com naves de tecnologia avançadíssima, longe sequer de imaginarmos o princípio de construção e o funcionamento de suas naves, pois tal conhecimento científico estaria anos-luz à nossa frente. Em razão do alto grau evolutivo, os ETs seriam entidades benévolas, embora nisso não haja consenso entre os estudiosos.

Diferente da *escola dimensionalista*, a extraterrestre considera a existência dos ETs e a "eles" dá como origem os planetas do espaço exterior, não outras dimensões do espaço-tempo. Por conseguinte, como há testemunhos de várias espécies visitantes, "eles" devem ser originários de planetas e civilizações distintas no universo.

A concepção religiosa dada nas Sagradas Escrituras, segundo os ufólogos da *escola extraterrestre*, fora produto de astronautas de outros planetas que vieram à Terra, os quais o homem primitivo chamara de "senhor", "deus", "anjo", "profeta", "gigante", "Jesus" etc. Teriam "eles", a seu tempo, se elevado às "carruagens" celestes – esferas brilhantes que os esperavam nos céus –, transfigurados em corpos luzentes. Foram teleportados às suas naves para retorno à Pátria celestial de origem, em meio às muitas moradas da casa celeste.

Os ufólogos oponentes da *escola extraterrestre*, por sua vez, não negam a existência de vida física em outros orbes, mas consideram inviável realizar extensas viagens espaciais, pois o ET de constituição física similar à humana teria

---

[8] Seres de outros planetas ou *Sedopianos* (extraterrestres – ETs), conforme explicita o neologismo.

UNIVERSO PROFUNDO

as mesmas limitações do homem, já bem conhecidas e consideradas restritivas para viagens cósmicas tão longas.

Com esses conceitos gerais da Ufologia, o nosso caminho foi aplanado para fazermos incursões à ciência espírita, desenvolvida e estudada por notáveis personalidades, bem como à sua filosofia, cujos pontos de contato e conclusões ainda vamos relatar mais à frente.

No próximo capítulo, vamos observar o que é geração espontânea e a tão comentada semeadura alienígena, conhecida também como panspermia e postulada por inúmeros cientistas adeptos do evolucionismo.

2

PANSPERMIA E GERAÇÃO ESPONTÂNEA

Num verdadeiro achado de pensamento, embora não tenha desenvolvido suficientemente o tema, o pensador Anaxágoras (500-428 a.C.), fundador da primeira escola filosófica de Atenas, pouco antes de Sócrates considerou a vida uma semeadura universal. Sem definir quem teria lavrado o terreno, deixou claro que a vida seria o resultado de uma lúcida consciência atuando na matéria inerte. Para ele, matéria e essência pensante teriam existências distintas e, juntas, formariam o que chamamos vida.

Em seus estudos, chegou à conclusão de que as matérias universais, antes de terem sido separadas na origem, estavam todas juntas em somente uma. Nessa época não havia branco, preto, cinza. Tudo era uma mistura única. Em outras palavras, as formas materiais, derivadas na origem, por conterem em si tudo, brotariam de si mesmas, e em sucessivas transformações comporiam todas as matérias conhecidas.

O princípio de raciocínio era que o nada, nada pode produzir. Por conseguinte, o surgir de tudo seria apenas um novo vir-a-ser daquilo já existente na origem, embora, para o homem, tal fato fosse imperceptível em razão de sua pequenez para observar o invisível.

O raciocínio de que o universo físico é procedente de uma única emanação primordial, de origem etérica, emanação esta que o Espiritismo mais de dois mil anos depois viria chamar de *fluido cósmico universal*, fora concebido por Anaxágoras na Grécia Antiga, mas de modo algum fora entendido na época.

Além dessa emanação primaz que formaria todas as matérias físicas, Anaxágoras criou também outro princípio. Para ele, somente a razão contida num psiquismo independente poderia dar causa ao mundo dos seres vivos.

Ele concebeu que o espírito, o qual chamou de *nous*, teria separado a matéria e com ela formado vivências distintas, dando uma ordenação aos elementos e gerando um perfeito relacionamento entre eles na torrente da vida.

Assim, divulgava que todos os princípios da matéria subsistem e se conservam latentes, até que a consciência os ligue na eclosão da vida. Portanto, a mente brilhante de Anaxágoras concebera que *quem vivifica é o espírito*, como viria ensinar Jesus quase meio milênio depois.

Refletindo, Anaxágoras considerou que a natureza faz, com sua ação transformadora, a árvore causar o fruto, mas sua ação não pode produzir a essência da árvore, que para ele era o espírito (*o nous*).

Esse espírito, para ele, seria o ser individual que move a si mesmo. E dizia:

— É o pensar da matéria e o movimento. É a vida que existe, trabalha e tem instintos. Os instintos têm seus fins, mas o espírito nada sabe de seus fins, apenas vive. Porque o nous é vida. É a consciência universal que vibra em todo o cosmos.

Todavia, Anaxágoras não se detinha somente na filosofia. Era um pesquisador prático, tal como os homens atuais da ciência. Por isso, aos seus alunos, demonstrou em laboratório que os gases se elevam no ar mais que as matérias sólidas, assim como o vapor de água e a fumaça de combustão.

Para demonstrar sua ideia de que a Terra era uma massa sólida e achatada, que flutuava sustentada no espaço por alguma força imponderável e concentrada, Anaxágoras encheu de ar um odre de pele, fazendo dele um colchão de ar comprimido, rígido. Colocou em cima objetos pesados e demonstrou como a atmosfera rarefeita podia sustentar o peso da matéria sólida.

Considerou, também, que tudo na natureza é indestrutível. Que se as árvores fossem cortadas e queimadas, parte delas subiria ao espaço e, como chuva, tornaria a semear a terra. Assim, os germens etéreos da vida, substâncias espermáticas invisíveis, subiriam aos mundos do universo e semeariam as terras do infinito. Nessa ideia, notamos o conceito inicial de Panspermia.

Quase um século depois surgiu nova hipótese, com Aristóteles (384-322 a.C.), um dos grandes cérebros da Antiguidade. Em decorrência de seus estudos de anatomia e fisiologia comparada, divulgou sua Teoria da Geração Espontânea, onde a vitalidade apareceria naturalmente, por si mesma.

Como exemplo, era dado o surgimento da vida num pedaço de carne morta, apodrecida, em que dela apareceriam vermes. Sua Teoria permaneceu inabalável por mais de dois milênios, mas enfraqueceu na época de Pasteur, quando a pasteurização demonstrou que os vermes somente surgem após as moscas depositarem larvas na carne em decomposição. Embora enfraquecida, a Teoria prosseguiu com firmeza e ainda permanece válida, mas com outros desenvolvimentos, sem o exemplo da decomposição.

Cerca de meio milênio depois, na Era Crista, Santo Agostinho (354-430), espírito que no século XIX participaria da codificação kardecista, na época inicial da Igreja, quando fora um dos maiores nomes do catolicismo, abraçou a Teoria

UNIVERSO PROFUNDO

da Geração Espontânea ensinando que o mundo era pleno de germens ocultos da vida (*oculta semina*). Esses germens seriam sementes espirituais invisíveis que da terra, da água e do ar fariam eclodir os seres vivos.

A doutrina de Santo Agostinho nunca foi contestada pela Igreja, mas sim por cientistas do final do século XIX, que discordaram da geração espontânea, ou seja, do nascimento de seres vivos sem pai nem mãe. Os argumentos eram fortes. E as explicações deveriam ser reformuladas.

No princípio do século XIX, a ideia da Panspermia voltou com novos contornos, elucidada agora por Sales-Gyon de Montlivault, e prosperou ainda mais na mente de brilhantes pensadores. Contudo, somente no início do século XX ela seria desenvolvida com mais propriedade pelo célebre físico-químico sueco, Svante Arrhenius (1859-1927), nos livros que publicou, tendo conquistado grande popularidade.

A Teoria da Radiopanspermia de Arrhenius considerava que a vida poderia ter prosperado em algum planeta cujas condições fossem semelhantes às da Terra. Para ele, os germens vivos de plantas e os micro-organismos seriam levados pelo vento às alturas, a radiação solar os empurraria para outras paragens universais e daqueles ermos estelares seriam pulverizados, chegando ao solo de outras esferas planetárias. Nos orbes do infinito os esporos ficariam ali adormecidos. Quando o solo de um planeta reunisse condições favoráveis para desabrochar vida, os esporos acordariam de sua dormência, iniciando ampla reprodução. Desse ponto em diante, a Teoria Evolucionista de Darwin entraria em ação, encarregando-se de explicar a evolução da vida mediante a seleção natural e a mutação de organismos. Assim, concebia-se a eclosão da vida em outros planetas além da Terra.

A Teoria de Arrhenius fora aceita de maneira entusiasta. Vários cientistas concordaram que os esporos vivos poderiam ter entrado na Terra por meio de um enxame de poeira cósmica ou de uma chuva de meteoritos.

Contudo, quando se tratou de explicar melhor os mecanismos de transporte desses esporos, as objeções foram muitas. Não havia maneira de entender como os esporos poderiam manter-se vivos em condições atmosféricas e radioativas tão contrárias à sua geração. O frio e o calor intensos matariam os germens da vida.

Para comprovar a Radiopanspermia, passou-se a estudar os meteoritos, procurando a existência de micro-organismos. Afinal, os meteoritos são pedras não terrestres suscetíveis de exame, e, se realmente são de planetas desintegrados, a possibilidade de achar esporos não deve ser descartada a priori.

A hipótese estava fundamentada nas descobertas de meteoritos em meados do século XIX, onde foram encontradas substâncias carbonadas (base da vida na Terra) próximas das dos hidrocarbonetos.

Todavia, as pesquisas de laboratório mostraram que as substâncias orgânicas presentes eram o resultado de uma reação entre o carbono e o bisulfato de ferro. Alguns hidrocarbonetos eram análogos aos obtidos na fundição do ferro. Após as análises químicas, concluiu-se que as substâncias achadas nos meteoritos não eram provas de vida em corpos celestes.

No entanto, as investigações continuaram. Alguns pesquisadores europeus voltaram a examinar outras amostras de meteoritos, supostamente marcianos, encontrados em locais sugestivos para análise. Algumas declarações davam conta de que neles havia traços de vida. Entretanto, outros cientistas alertaram para a possibilidade de haver contaminação procedente da própria Terra.

Observando-se detidamente os traços de vida existentes, as provas não foram confirmadas e a incógnita permaneceu. Mas, ainda assim, apesar das posições em contrário, a Teoria da Panspermia perdurou como possibilidade. Alternativas deveriam ainda ser testadas.

No final do século XIX, o materialismo dialético propagado por Friedrich Engels (1820-1895), começou a ganhar terreno no meio científico da velha Europa. A Teoria da Geração Espontânea voltou à baila.

A ideia então divulgada era de que a vida não seria transportada por corpos celestes viajantes do espaço sideral, tampouco seria caso fortuito, isolado, fruto de um feliz acidente. Mas a vida seria um fenômeno submetido a leis bem definidas, podendo ser cultivada cientificamente. Assim sendo, seria preciso produzir o fenômeno em laboratório.

Em 1924, o bioquímico russo Alexander Oparin (1894-1980) e, posteriormente, o biólogo inglês J. B. S. Holdane (1892-1964) ventilaram a hipótese de gerar vida a partir de uma solução química concentrada, uma composição primordial denominada *caldo pré-biótico*.

Esse caldo fora composto inicialmente de ingredientes como metano, amoníaco, hidrogênio, vapor de água e atmosfera com pouco oxigênio. Tal composição revelou-se insuficiente para gerar vida, razão pela qual seria alterada inúmeras vezes pelos biólogos que se detiveram no processo.

Partindo da hipótese de Oparin, o pesquisador Stanley Miller fez suas experiências ao longo de 40 anos. No início de seu trabalho, obteve em laboratório a formação de algumas substâncias que, presumivelmente, poderiam compor a molécula primitiva, responsável por desencadear a matéria orgânica. Foi uma euforia sem igual no mundo da ciência. Parecia que a vida estava prestes a ser eclodida em laboratório.

Grande importância foi dada então à descoberta, pois ela abria novas possibilidades ao cultivo da vida. As experiências prosseguiram. Contudo, após quatro décadas de testes, Miller declarou que nenhum de seus experimentos produzira biomoléculas autorreprodutoras.

Considerou que o acoplamento espontâneo de sistemas moleculares e sua produção organizada, gravada e interpretada em modelos genéticos como se encontra perfeitamente sintetizada no DNA, continua sendo um grande mistério que permanece desafiando o pensamento científico. Em suma, o materialismo dialético fora impotente, não produzira com Miller a vida em laboratório, a partir da massa inerte.

PEDRO DE CAMPOS INSTRUÇÕES DE ERASTO

As teorias propostas de eclosão da vida nunca chegaram a ser realmente comprovadas. A hipótese da Panspermia, por sua vez, adormeceu. A ideia materialista de geração espontânea, por seu turno, após exaustivas experiências ao longo do século XX, não logrou êxito de eclodir vida em laboratório. Com tais insucessos, por consequência, a Teoria Evolucionista de Darwin ficou inacabada.

A exemplo dos meteoritos, experimentos com amostras de solo lunar demonstraram não existir quaisquer sinais de micro-organismos. Este fato, associado às observações das sondas espaciais, veio confirmar não apenas as suspeitas do passado de que no nosso Sistema Solar não há vida inteligente além da nossa, mas também que não haveria espécies do reino animal inferior.

Admite-se, atualmente, a hipótese de que possa haver somente algum tipo de vida microscópica nos demais planetas e nas luas do nosso Sistema. Tais fatos vieram complicar ainda mais a hipótese materialista de eclosão da vida, mas a situação estava prestes a dar outra guinada, pendendo agora para o outro lado, dessa vez em favor de uma Panspermia dirigida.

No ano de 1953, aconteceu algo que faria uma reviravolta em tudo. A conceituada revista *Nature*, na edição de 2 de abril, publicou a descoberta da estruturada dupla hélice do DNA, formada à semelhança de uma escada caracol. Nos degraus dessa escada, estão as substâncias químicas, chamadas bases; nos corrimãos, os açúcares e fosfatos.

Os descobridores foram o biólogo norte-americano James Watson e o físico-químico britânico Francis Crick. Fundamentados nas observações de raios X do inglês Maurice Wilkins, construíram um modelo de molécula do DNA, teorizando sobre o seu funcionamento na formação das células e na transmissão dos caracteres genéticos de uma geração a outra. Esse feito valeu aos três cientistas o prêmio Nobel de Medicina e Fisiologia, em 1962.

Com a magnífica descoberta, foi verificado que o metabolismo e a composição da vida são realizações tão complexas

UNIVERSO PROFUNDO

que aquilo que antes parecia ser difícil de obter sem uma inteligência soberana gerindo o arranjo da vida, agora, conhecendo a complexidade de estruturação do DNA tornava-se simplesmente impossível conceber a vida como obra do acaso.

Em razão disso, aconteceu um fato inusitado. Francis Crick e o especialista em química pré-biótica, Leslie Orgel, aliaram-se para divulgar na prestigiosa publicação científica *Icarus*, em 1973, que, diante da imensa complexidade da vida, a Terra teria sido semeada por seres inteligentes de outro Sistema Solar.

Façamos aqui um raciocínio para entender melhor o porquê dessa divulgação de a vida ter sido semeada por seres extraterrestres.

Se você, caro leitor, estivesse num jogo de dados e o dado a ser arremessado possuísse milhões de faces, somente seria possível acertar a face única da vida se o dado fosse arremessado bilhões de vezes.

Essas tentativas todas levariam um tempo infindável para premiar a vida, ou seja, um tempo tão extenso quanto à idade do próprio universo, o que seria absurdo. Porque o universo passou largo período em estado de energia e a vida física nesse estado não poderia ser tentada.

Portanto, nesse jogo, para ter êxito com alguma lógica seria preciso estender as chances de uma geração ocasional da vida para os infindáveis planetas da imensidão cósmica, e não simplesmente ficar restrito apenas a uma casa planetária, a nossa.

Afinal, a Terra se formou há cerca de cinco bilhões de anos e a vida mais rudimentar surgiu nela após 1,5 bilhões de anos da sua formação, tempo considerado insuficiente para a vida ser gerada. Nesse tempo, a natureza não poderia arranjar, por si só, a complexa estruturação da vida contida no DNA achado pelos cientistas.

E como para Crick, Deus não joga dadinho e nem sequer existe para gerir a complexa estruturação do DNA recém-
-descoberto, a explicação da origem da vida deveria recair

sobre algo mais concreto do que Deus, para não confrontar suas convicções materialistas.

Não podendo atribuir ao sobrenatural a semeadura da vida, considerou ele que a vida deveria surgir por si mesma, por um processo estritamente natural que possibilitasse seu estudo acadêmico. Ocorre que isso não fora obtido nos experimentos levados a efeito em laboratório.

Então, para que a ciência tivesse tempo de formular novas hipóteses e testá-las em laboratório, demonstrando assim o surgimento espontâneo, Crick preferiu postular a existência de *seres de outros planetas*, de astronautas que com suas espaçonaves avançadíssimas teriam vindo à Terra fazer uma Panspermia dirigida, verdadeira semeadura da vida.

Contudo, não explicara como a vida teria surgido em outras paragens do universo. Simplesmente, empurrou para lá o seu aparecimento. Preferiu apenas teorizar a evolução da vida na Terra, episódio este muito mais fácil de realizar.

Por consequência, segundo Crick, todos nós seríamos originários de seres inteligentes de outras imensidões cósmicas, de alienígenas avançados tecnicamente, mas misteriosos, que para a Terra teriam vindo e resolvido o enigma da vida.

É provável que ele não tenha refletido detidamente sobre os desdobramentos desse seu postulado. O fato de astronautas intergalácticos chegarem a Terra viajando à velocidade da luz, é totalmente desconhecido da ciência terrestre. Isso porque seria preciso considerar que para uma viagem à velocidade da luz, um conjunto sólido deveria passar ao estado de energia, conservando-se organizado nesse estado, depois, então, teria de voltar ao estado sólido inicial, sem perder nenhuma de suas características, algo impensável à nossa ciência atual.

E quanto ao ser vivo continuar vivendo em estado de energia, para depois voltar a ser matéria sólida novamente, isso exigiria desses viajantes cósmicos o domínio de técnicas avançadíssimas, algo semelhante aos enigmas espirituais que as religiões ensinam, pois, do contrário, não poderiam operar essa transmutação – Crick encontrara o seu "deus".

UNIVERSO PROFUNDO

Para nós, terrestres, essa vida, ora numa dimensão ora na outra, existente nos dois planos de vibração da matéria, seria como a vida do espírito. Portanto, postular a existência de vida sólida que se torna imaterial e ainda é capaz de voltar à condição anterior de matéria sólida com o uso de tecnologia, isso é uma hipótese tão subjetiva quanto à existência do espírito ou a de seu criador – Deus.

Assim, renegar a alma e a existência de Deus com a hipótese extraterrestre, como o cientista fez questão de fazer e além dele, outros, é procedimento contraditório em si mesmo, é criar outro deus, que no fundo poderia ser o das religiões.

Contudo, o desdobramento que haveria de ter tais afirmações ainda estava para vir. A enigmática semeadura postulada por Crick e Orgel foi rapidamente encampada no meio ufológico.

Mesmo antes desse postulado, vários pesquisadores, revirando as Sagradas Escrituras, acreditaram ter montado o fabuloso quebra-cabeça. A linguagem figurada da Bíblia dera-lhes margem de interpretar várias passagens testamentárias como alusões à presença alienígena na Terra, reforçando a posição de Crick.

Assim fora sacramentado a hipótese de a raça humana ser filha de *deuses astronautas*. E a semeadura dirigida fora revigorada como nunca, com a adesão de cientistas, místicos e literatos que dela levantaram bandeira, encontrando respostas para os seus anseios de conhecimento.

Ainda depois, ela voltou à baila pelas declarações de seus mais ilustres defensores. Na revista *Scientific American Brazil*, em abril de 2003, comemorando o cinquentenário da descoberta da dupla hélice do DNA, Watson considerou que se os pássaros migram para um local certo, previamente concebido, sem nunca terem ido para lá, tal fato somente poderia dar-se em razão de um mecanismo herdado. Portanto, a herança genética não seria somente física, mas de valores intelectuais pretéritos.

Em suma, os pássaros herdariam de seus pais uma memória já gravada e poderiam acrescentar algo mais a ela, para legar

PEDRO DE CAMPOS INSTRUÇÕES DE ERASTO

aos filhos; assim, a cada passo, de geração a geração, progrediria ainda mais o intelecto.

Em sendo assim, o DNA teria de ser muito mais complexo do que se pensava antes. Diante da inclusão dessa suposta *sabedoria intelectual herdada*, por nominar, surge uma complexidade ainda maior para arranjar a já refinada organização da vida expressa no DNA. E, não podendo a vida ser arranjada em laboratório, conforme observara Crick e Orgel, a semeadura dirigida por ETs ganhou força ainda maior.

Francis Crick, então com 86 anos, por ocasião da mesma comemoração de aniversário do DNA, pretendendo "matar" definitivamente a alma, declarou ao jornal *Nature Neuroscience* que sua equipe houvera encontrado as células responsáveis pela geração da consciência. Afirmou que a consciência surge de reações bioquímicas dentro do cérebro e que a ciência e a religião entram em conflito porque ambas tentam explicar o mundo físico, mas a maioria das religiões sugere que há alguma intenção suprema nisso, enquanto não há evidências disso na ciência.

— A religião é uma hipótese que não se pode comprovar cientificamente – afirmou.

Mesmo sem apresentar prova dessa *descoberta da consciência na célula* para constatação de outros cientistas, o conceito de semeadura dirigida fora revigorado, pois as pretensas *células da alma* confrontariam a existência de Deus e tudo passaria a ser herdado. Estaria codificado no DNA o saber completo acumulado em existências pretéritas de todas as espécies de vida, obedecendo à mesma linha de pensamento de Watson. Certamente, os ilustres cientistas não consideraram outras possibilidades para entender as aves de arribação.

A *célula da alma* é apenas uma teoria especulativa. É certo que a comunicação dos pássaros não há que ser a dos homens, mas alguma linguagem rudimentar entre eles deve existir.

De alguma maneira instintiva, os pássaros podem se comunicar entre si para expressar necessidades prementes.

UNIVERSO PROFUNDO

Isso é percebido quando estão agrupados em bando. Se o perigo é iminente, eles se previnem de maneira mútua dando demonstração clara de que entre si se comunicam.

Essa expressão não está restrita à segurança do grupo, mas é observada também na hora do alimento e na procriação da espécie. Os pássaros possuem maneiras de se prevenir e transmitir à sua coletividade as suas sensações, dando mostras do que podem fazer em outras situações variadas da vida.

Com certeza, os mais jovens obedecem ao guia mais experiente, que os conduz durante o voo migratório, aprendem praticando com o líder do bando e se capacitam a transmitir a outros o conhecimento adquirido.

É possível e parece mesmo certo que alguns de seus sentidos sejam muito apurados, que tenham capacidade para detectar as sutis vibrações do ar e tenham maior senso de direção do que as espécies não aladas.

Seja como for, meios de entendimento mútuo não faltam aos pássaros, e sua migração não significa herança intelectual gravada no DNA. Essa herança nunca foi encontrada pela ciência, nem mesmo pelos ilustres cientistas descobridores do DNA.

Os espiritistas, por sua vez, pleiteiam que tal herança esteja gravada no *cérebro espiritual* da ave que antecede o pássaro na sua formação corpórea tridimensional, e que dali chegue ao cérebro da carne comandando o voo. Pleiteia-se a existência de uma memória imaterial, que daria formação ao DNA da matéria. Em suma: tudo verteria do espírito criado por Deus.

Em 1979, o astrofísico Fred Hoyle (1915-2001) também revitalizou a Panspermia. Estudando a poeira da galáxia, notou que o seu reflexo de luz sugere uma formação baseada em água e em compostos de carbono, talvez grafite. As tentativas de reprodução dessa poeira em laboratório não lograram êxito. Suas partículas, do tamanho de um mícron, eram muito pequenas.

— Mas o que poderia ser tão pequeno assim? – indagou.

E, num repente, exclamou ele mesmo:

— Uma bactéria!

Demonstrar que a poeira galáctica está impregnada de bactérias, é missão difícil. Embora tenha sido demonstrado que as bactérias refletem luz num espectro semelhante, ainda assim é preciso coletar poeira do cosmos para testá-la em laboratório.

Embora Hoyle tivesse sido contestado na época, até hoje não se teve uma explicação melhor para o caso. E essa foi uma das razões que estimulou a ciência a lançar naves espaciais com a finalidade de coletar poeira cósmica e amostras de meteoro, interceptando-os durante sua trajetória de voo nos céus.

Em 1996, examinando um meteorito de 4,5 bilhões de anos, proveniente de Marte, que caíra na Antártida há 13 mil anos, o então presidente norte-americano Bill Clinton, declarou que pesquisas efetuadas no meteorito revelaram ser possível algum tipo de vida simples em Marte.

Curiosamente, duas décadas antes dessa declaração, as sondas Vikings analisaram a superfície marciana. Fizeram dois testes: um deu positivo e outro, negativo, para traços de molécula orgânica. Então ficou a dúvida: já houve ou não vida em Marte?

Em razão da incerteza, o mesmo teste seria repetido na Terra, na região da Antártida. O resultado foi o mesmo de Marte: um teste positivo de vida e outro, negativo.

Naturalmente, com o teste negativo, teria de ser dito que não há vida na Terra – um absurdo! Com efeito, o teste em Marte se revelara precário para detectar a presença de vida na sua superfície. Nesse aspecto, o trabalho das Vikings fora insuficiente. E o meteorito de Marte achado na Terra foi considerado bem-vindo, pois deixou claro que a questão somente poderá ser respondida com outros projetos espaciais.

A possibilidade de existir vida fora da Terra desde há muito tem fascinado o gênero humano. Afinal, se a vida surgiu e aqui se desenvolveu, por que o universo não teria gerado

UNIVERSO PROFUNDO

outros planetas com as mesmas chances da Terra? Ora, um evento único de geração de vida num universo infinito não é somente improvável, mas sim impensável.

De acordo com alguns dados da astronomia, o universo conhecido do homem seria composto por 100 bilhões de galáxias e cada uma delas teria em média esse mesmo número em estrelas. A Terra é apenas um planeta na periferia de uma galáxia – a Via Láctea, onde se estima haver 200 bilhões de estrelas.

O radioastrônomo Frank Drake, da Universidade da Califórnia, em 1961, fez estudos no Observatório da Virgínia Ocidental para tentar uma comunicação via rádio com civilizações distantes.

Drake formulou uma equação que define, em teoria, o número de civilizações tecnicamente avançadas possível de existir no universo. Em particular, equacionou a nossa Via Láctea. Após os cálculos efetuados, concluiu que a probabilidade de vida inteligente no universo, na forma de uma civilização tecnicamente avançada, pode variar numa escala que vai desde um planeta em cada dez galáxias até 100 milhões de planetas numa só galáxia.

Portanto, considerando a estimativa científica de existir no universo observável 100 bilhões de galáxias, mesmo no ponto mínimo dessa escala encontraríamos 10 bilhões de planetas com vida semelhante à nossa.

Contudo, em seguida, focando somente a nossa galáxia, a Via Láctea, Drake calculou ter nela ao menos 10 mil planetas com civilização extraterrestre, podendo, inclusive, chegar esse número 1,5 milhão de civilizações.

É importante destacar que Drake fazia referência exclusiva ao espaço extrassolar, porque nos planetas do nosso Sistema a ciência não tem esperança nenhuma de encontrar vida inteligente, talvez apenas vida de micro-organismos.

Desse modo, notamos que as chances de vida no cosmos são imensas, e a Panspermia, uma possibilidade fascinante. Mas, ainda assim, tal hipótese não explica o surgimento da vida na Terra nem em qualquer parte do universo, apenas transfere o fenômeno para outras paragens siderais.

Em meio a essas possibilidades, emergiu uma de conteúdo imaterial, por assim dizer. Nesta, a vida seria criada por uma consciência que se estende pelo universo, denominada Deus. Trata-se da Teoria Evolucionista do Espírito, abraçada por espiritistas e por ufólogos espiritualistas.

É preciso considerar que o mundo da ciência altera continuamente o saber humano, com novas descobertas que modificam antigos conceitos, num processo constante de rejuvenescimento, mas ainda insuficiente aos anseios do homem que questiona a razão de sua própria existência na Terra. Nesse questionamento, o evolucionismo espiritual vem explicar ao homem como surge e progride a vida não somente na Terra, mas também em todo o cosmos. Mostra de onde ele veio, por que está aqui e para onde vai.

Essa Teoria é parte integrante de um amplo contexto espiritual que a absorve por completo: a Doutrina dos Espíritos. Ela encontra nesse manancial os fundamentos de sustentação para articular novos pontos e desenvolver ainda mais a Teoria, sem que isso comprometa a fonte de onde ela emergiu. Trata-se de produzir ensaios que devem ser provados com o tempo, nos moldes estabelecidos pela Doutrina, sua fonte de origem.

O evolucionismo espiritual fundamenta-se na existência de Deus e em suas criações: Espírito e matéria.

Deus é inteligência suprema e causa primeira de todas as coisas; nele, está a origem de tudo.

Espírito, por sua vez, é foco inteligente, entidade imaterial criada por Deus. Emergiu sem conhecimento algum de nada, mas com potencial psíquico autoexpansivo para aprender e evoluir sempre. O espírito é constituído da sublime quintessência psíquica, partícula consciente, refinada, indestrutível. Povoa todo o cosmos. Nos mundos universais, faz eclodir a vida e nela evoluciona. Para isso, obedece à *Lei dos renascimentos*,

UNIVERSO PROFUNDO

organiza a vida nos reinos inferiores e neles prospera. Atinge o reino hominal e evolui em mundos físicos, como a Terra, e em mundos ultrafísicos, corporificando-se num plasma sutil, sua "matéria" corpórea de outra dimensão do espaço--tempo. Para escolher seu rumo na vida, possui livre-arbítrio. Exercendo a sua escolha, fica sujeito à *Lei de causa e efeito* para aprimorar a si mesmo, de modo que em suas vidas sucessivas a semeadura que faz é livremente, mas a colheita do que plantou se torna obrigatória ao aprendizado. Utilizando-se da mediunidade e do pensamento, comum aos seres viventes, da dimensão espiritual comunica-se com o homem para que em ambas as esferas prosperem o amor e o entendimento, sempre necessários na jornada de progresso.

Matéria é o terceiro fundamento. Diferente da consciência espiritual, a matéria é uma concentração de átomos derivados do *plasma universal*. Dessa emanação primaz derivam todas as energias formadoras das dimensões sutis. E desse plasma, baixando a vibração, formam-se as matérias pesadas, constituintes de todos os mundos físicos. Assim, energia e matéria são os estados diferentes de um mesmo plasma, com o qual tudo no universo é formado. Surgem dessa emanação infindáveis habitações visíveis e invisíveis ao homem, mundos físicos e ultrafísicos na imensidão cósmica. O plasma universal possibilita ao espírito renascer corporificando-se em substâncias mais ou menos materiais, encontradas na ampla gradação da escala energia–matéria desses mundos. Vivendo nessas habitações, a entidade "encarnada" produz um sistema capaz de dar a si mesma o aprendizado de que precisa para evoluir até atingir a perfeição.

A Panspermia, por sua vez, no evolucionismo espiritual, não é a criação da vida, mas a maneira que tem a natureza criada por Deus de transladar os micro-organismos a outras paragens cósmicas. É uma semeadura natural, cujas substâncias espermáticas podem ou não frutificar nos orbes em que irão assentar-se, dependendo das condições para germinação encontradas em cada orbe. A Panspermia, além de um postulado científico e ufológico, é também divulgação espírita.

PEDRO DE CAMPOS INSTRUÇÕES DE ERASTO

— Quanto aos cometas, estamos hoje plenamente convencidos de que a sua influência é mais salutar do que perniciosa, parecendo eles destinados a reabastecer os mundos, se assim nos podemos exprimir, trazendo-lhes os princípios vitais que acumularam no seu curso através do espaço e nas vizinhanças dos sóis. Assim, pois, seriam antes fontes de prosperidade do que mensageiros de desgraça – registrou Kardec.[1]

Numa frase: Panspermia é a capacidade que tem a natureza de semear o princípio vital nos orbes do universo, independente de explicar como a vida fora gerada.

A vida é uma metamorfose na matéria provocada pelo espírito, é o psiquismo que desperta irradiado na massa, é a consciência que ilumina infindáveis horizontes. A vida é a voz misteriosa de uma multidão de seres que emerge das águas para marchar na terra com vontade própria de existir, é a voz do espírito que sabe se apropriar de um plasma vital para despertar na vida física. A vida física, por sua vez, é a voz da criatura espiritual personificando a sua existência num corpo passageiro, é a voz do espírito imortal que sopra é vivifica a matéria temporária.

A *Geração Espontânea* da vida, segundo ensina a Doutrina dos Espíritos,[2] é preparada nas profundezas etéreas do cosmos. O fluido cósmico universal, plasma Divino de que todas as substâncias físicas e ultrafísicas são derivadas, penetra os corpos como um oceano imenso. É nele que reside o princípio vital que dá origem à vida dos seres e a perpetua em cada globo, conforme a condição deste – princípio que, em estado latente, se conserva ali adormecido enquanto a voz de um ente não o desperta. E a Doutrina prossegue ali ensinando:

— Cada criatura – mineral, vegetal, animal ou qualquer outra (porquanto há muitos outros reinos naturais de cuja existência nem sequer suspeitais) – sabe apropriar, em virtude desse princípio vital universalista, as condições de sua existência e de sua duração.

---

[1] *A Gênese*, Cap. IX:12.
[2] *A Gênese*, Cap.VI:18.

Explica que as moléculas do mineral têm certa soma dessa vida, do mesmo modo que a semente e o embrião, e se agrupam, como no organismo, em figuras simétricas que constituem os indivíduos.

— No início, a matéria cósmica primitiva se achava revestida não só das leis que asseguram a estabilidade dos mundos. Mas também do princípio vital cósmico que forma as 'Gerações Espontâneas' em cada mundo, à medida que se apresentam as condições de existência sucessiva dos seres e quando soa a hora do aparecimento dos filhos da vida durante o período criador – registra Kardec.

E continua explicando que assim se efetua a criação universal. Considera que:

— É exato dizer que sendo as operações da natureza a expressão da vontade divina, Deus tem sempre criado, cria sem cessar e criará eternamente.

O que realmente a vida nos tem revelado é que ela é um fenômeno fantástico, apresenta-se disseminada por toda a Terra. Está presente nas regiões dramaticamente enregeladas, nas profundezas abissais dos oceanos, no cume nevado das altas montanhas e na boca fumegante dos vulcões. Onde haja uma pequena oportunidade a vida desabrocha, dá o seu sorriso, mostra a sua face jovial e prospera.

De que modo ela surgiu não é fácil responder, mas certamente, para o cientista, a resposta ainda deverá ser buscada – não se descarta que ele possa ser um dia o seu cocriador–, enquanto que para o crente, a questão é elementar – a própria natureza denuncia o criador – Deus.

No próximo capítulo, vamos tecer considerações sobre a vida inteligente dotada de *corpo menos material*, que povoa as profundezas etéreas do cosmos, segundo o Espiritismo.

3

VIDA INTELIGENTE MENOS MATERIAL

Os espíritos ensinaram e Kardec registrou a existência de mundos e de seres inteligentes no cosmos, ambos menos materiais que a densidade planetária e os seres humanos que povoam a Terra. Trata-se de uma dimensão menos material, dotada de orbes e de habitantes cuja química da vida para emergir, replicar e evoluir é diferente da nossa baseada no hidrogênio, no oxigênio, no nitrogênio e no carbono.

No dizer da Doutrina Espírita, nesses mundos menos materiais os espíritos encarnam em corpos também menos materiais para evoluir. Cabe-nos, então, de início, fazer uma pergunta para reflexão:

— Como entender o *menos material*?

Essa indagação é pertinente, pois a busca da resposta irá possibilitar-nos a compreensão da vida nas profundezas etéreas do cosmos com fundamento no Espiritismo. Vamos ver isso mais de perto.

O termo menos material não significa ter menos matéria, mas sim que ela seja mais leve que a nossa, seja sutil, etérea, por assim dizer.

Como exemplo, dizemos que a formiga tem menos matéria que o gato, mas não é menos material que ele, porque a matéria de ambos é densa. Não nos é possível dizer também que o chimpanzé seja menos material que o gato; tampouco que o homem seja menos material que o chimpanzé – a diferença entre eles está na espécie, na evolução do intelecto, não na carne formadora dos corpos. Neles, a carne é densa e nenhum é menos material que o outro. Então, indaga-se:

— Como entender a expressão *menos material*?

Todo estudante sabe que existe certa similaridade entre matéria e energia, que uma se transforma na outra. A água se transforma em vapor, e o vapor, em água; as partículas de energia (prótons, nêutrons, elétrons), devidamente arranjadas, formam o ferro, o carbono e os outros elementos, os quais também retornam à energia. Portanto, a matéria é mais leve quando se apresenta em estado volátil, como o gás, ou em fluxo dinâmico, como a energia. De maneira simples, podemos dizer que o estado menos material é aquele em que a matéria se apresenta em estado etéreo ou dinâmico.

Do lado oposto à escala sutil está o microcosmo *mais material*, no qual está postado o pequeno mundo dos cristais, onde vamos encontrar o vírus abrigando em si informações genéticas destituídas de força vital própria, um enigma codificado para transmutar a vida.

A escala de progresso se desloca em direção ao macrocosmo, no qual está postado o mundo material pesado, constituído pelas matérias densas de planetas como Mercúrio, Vênus, Terra e Marte, do nosso Sistema Solar. Na Terra, a vida material emergiu em formas microscópicas e prosperou até o estádio inteligente.

Prosseguindo em escala ascensional, vamos encontrar o mundo material gasoso, constituído pelas matérias leves no exterior de planetas como Júpiter, Saturno, Urano e Netuno.

A escala prossegue rumo às dimensões imponderáveis do cosmos, nas quais estão os mundos etéreos, menos materiais, esferas que avançam na escala sutil culminando por atingir a singularidade do mundo espiritual.

Em cada uma dessas esferas sutis, constituídas por partículas de energia numa vibração cada vez mais intensa, vamos encontrar vida, segundo a Doutrina Espírita, porque é nas profundezas imponderáveis do cosmos que está a essência imortal inteligente – o espírito.

O PEIXE DE KARDEC

Falando sobre tudo que existe no cosmos, Kardec disse:[1]

— O universo abrange a infinidade dos mundos que vemos e dos que não vemos fisicamente, todos os seres animados e inanimados, todos os astros que se movem no espaço, assim como todos os fluidos que enchem o cosmos.

Considerou que no universo cada mundo tem sua constituição física peculiar e perguntou aos espíritos se os habitantes de mundos diferentes teriam também constituição corporal diferenciada:

— Sem dúvida – obteve como resposta. — Do mesmo modo que no vosso mundo os peixes são feitos para viver na água e os pássaros, no ar.[2]

Num contato posterior, Kardec obteve desenvolvimento ainda maior do que seria essa constituição física diferente da nossa. Uma indagação feita pelo próprio espírito deixou as coisas mais claras:

— Pensais, então, que não há outras fontes de luz e de calor além do Sol e em nenhuma conta tendes a eletricidade?

Aqui aparece a *energia* como importante componente na formação dos mundos e dos seres viventes que deles emergem. E

---

[1] Os fundamentos deste capítulo estão contidos principalmente nas perguntas e respostas de *O Livro dos Espíritos* (LE), de forma exclusiva em "segmentos" que corroboram o tema em elucidação, não prescindindo, portanto, da leitura integral para entendimento das questões colocadas por Kardec, razão pela qual foram mencionadas no texto.

[2] *O Livro dos Espíritos*, P.57.

UNIVERSO PROFUNDO

o espírito comunicante explica sobre essa importante *força elétrica* que ainda desconhecemos na Terra:

— Em certos mundos, ela [a eletricidade] desempenha um papel que desconheceis e é bem mais importante do que esse que cabe a ela desempenhar na Terra.

Mas a informação não parou aí. A diferença da matéria formadora dos corpos vivos, e nestes a existência de órgãos diferentes dos nossos, foi ressaltada pelos espíritos:

— Demais, não dissemos que todos os seres são feitos de igual matéria que vós outros e com órgãos de conformação idêntica à dos vossos.[3]

Com tais explicações, Kardec concluiu que:

— As condições de existência dos seres que habitam os diferentes mundos hão de ser adequadas ao meio em que lhes cumpre viver.

E reforçou ainda mais a existência de seres vivos vivendo num ambiente completamente adverso ao dos seres humanos:

— Se jamais houvéramos visto peixes, não compreenderíamos que pudesse haver seres vivendo dentro da água. Assim acontece com relação aos outros mundos, que, sem dúvida, contêm elementos que desconhecemos.

Em consonância com as divulgações atuais da Física teórica, não é demais pensarmos que no cosmos possa mesmo existir mundos postados numa outra vibração, em que a "matéria" seja diferente da deste planeta e de seus habitantes. Mundos de energia, em outra dimensão fora do alcance visual humano.[4] Mundos invisíveis, semelhantes à eletricidade, como os espíritos ensinaram a Kardec.

Dentre as possibilidades, um *mundo menos material* poderia ser formado por partículas altamente dinamizadas, quase sem massa, e do feixe dessas partículas seriam formados os seres viventes daquele mundo. Um corpo *menos material*, diferente da carne, numa outra vibração, revestiria o espírito; seria um corpo plasmado na *energia*, por assim dizer, aproveitando dos espíritos o termo *eletricidade*.

---

[3] *O Livro dos Espíritos*, P.58.
[4] *O Livro dos Espíritos* P.22.

De acordo com os registros de Kardec, trata-se de um corpo vivo que mantém a forma humana, mas nada tem do peso e da materialidade da carne. É corpo luminoso, de peso específico leve e fácil deslocamento nas alturas, onde pode atuar sem esforço algum, apenas impulsionado pela força do pensamento. Trata-se de corpo que nasce, desenvolve-se facilmente e a morte não causa horror aos viventes nem aos espíritos, porque a alma não fica encerrada na matéria compacta.[5]

Essa corporificação menos material e de aparência semelhante à humana, nasce naquele imponderável mundo etéreo; cresce, ama, procria, envelhece, morre e o espírito renascede novo num corpo ultrafísico para continuar progredindo, na conformidade da lei evolutiva universal.

Embora tal mundo não seja um mundo espiritual na sua plenitude, porque não é o do *espírito errante*, mas sim o do *espírito renascido* num corpo menos material, para nós, seres humanos de carne e osso, é como se fosse – ambos nos são invisíveis. Por isso, genericamente, tais mundos podem ser chamados de *mundo espiritual*. Contudo, é preciso lembrar que no mundo dos espíritos não há replicação de corpos. Assim, em mundos suprafísicos, esferas em que haja procriação, a vida é diferente da espiritual e muito diversa da densidade terrestre.

SERIA UMA REVELAÇÃO PERTURBADORA EM 1857

Kardec quis saber dos espíritos se os seres que habitam os diferentes mundos têm corpos semelhantes aos nossos, tendo obtido a explicação:

— É fora de dúvida que eles têm corpos, porque o Espírito precisa estar revestido de matéria para atuar sobre a matéria. Mas esse envoltório é mais ou menos material, conforme o grau de pureza a que chegaram os Espíritos. Isso é o que torna diferentes os mundos que temos de percorrer, porque há muitas moradas na casa de nosso Pai.[6]

---

[5] Conforme ensina *O Evangelho Segundo o Espiritismo*, Cap. III:9.
[6] *O Livro dos Espíritos* P.181.

Kardec ainda quis saber mais, e indiretamente tocou num ponto-chave para entendimento da questão ufológica. Hoje, mais de uma centena de anos após, é possível entender o alcance daquela resposta dada, em 1857, pelos espíritos.

Kardec indagou:

— Nos é possível conhecer exatamente o estado físico e moral dos diferentes mundos?

—Teve como resposta:

— Nós, Espíritos, só podemos responder de acordo com o grau de adiantamento em que vos achais. Quer dizer que não devemos revelar estas coisas a todos, porque nem todos estão em estado de compreendê-las e semelhante revelação os perturbaria.[7]

Aqui é o caso de refletirmos sobre o porquê dessa afirmação de que, se nos fosse revelado, em 1857, o estado físico e moral dos habitantes encarnados nos diferentes mundos, inclusive nos menos materiais que a Terra, tal revelação seria de difícil compreensão e perturbaria a muitos. Naturalmente, o que é bom não perturba a ninguém.

Nas manifestações ufológicas é preciso refletir:

— Seriam elas de fácil compreensão? Até agora, foram compreendidas e explicadas à luz da ciência? Todas as pessoas estão no ponto de compreendê-las? As aparições são concretas ou se fazem concretas? Quando vistas de perto ou no contato efetivo, muitas não são perturbadoras? Quando perturbam, não revelam que a moral da entidade tem que melhorar? Essa moral, inserida na pergunta de Kardec, por que os espíritos não podiam revelar na época?

Efetivamente, em 1857 não fora possível tratar o tema senão daquela maneira. O marco inicial da Ufologia viria somente em 1947, 90 anos depois, com o Caso Kenneth Arnold. Agora, no início do novo milênio, a questão está sendo tratada com mais clareza pelos espíritos. A compreensão está facilitada pelo progresso científico e não deve perturbar mais como antes. Hoje, chegou a hora de o homem compreender, não

---

[7] O Livro dos Espíritos P.182.

mais apenas com a fé, mas também com a luz da ciência, que no universo, casa de Deus, há muitas moradas.

NOS MUNDOS TRANSITÓRIOS NÃO HÁ CORPO

No cosmos há mundos transitórios onde o espírito vive na erraticidade, podendo neles permanecer desde algumas horas até milhares de séculos, se for esse o caso para o seu progresso. Ou seja, o espírito não está encarnado em mundo de matéria densa, como a Terra, por exemplo, tampouco renascido em mundo menos material, como os constituídos de energia, por assim dizer, mas está livre da matéria em sentido amplo e pode visitar outros mundos distantes.[8]

Nos mundos transitórios, o espírito está somente envolvido pelo perispírito formado por ele, não por outro tipo de corporificação. É o mundo dos chamados "falecidos".

Kardec, querendo saber mais, perguntou se há mundos onde o espírito, deixando de revestir corpos materiais, só tenha por envoltório o perispírito.

— Há; e mesmo esse envoltório se torna tão etéreo que para vós é como se não existisse; é o estado dos espíritos puros.[9]

E Kardec ainda prosseguiu, indagando se a substância do perispírito é a mesma em todos os mundos. Teve como resposta:

— Não; é mais ou menos etérea. Passando de um mundo a outro, o Espírito se reveste da matéria própria desse outro, operando, porém, essa mudança em si com a rapidez do relâmpago.[10]

Com essa afirmação, observamos que os espíritos de outros orbes podem formar aqui, muito rapidamente, um corpo espiritual para atuar no ambiente terrestre.

Além deles, é certo que os seres inteligentes de outras esferas, espíritos encarnados em corpos menos materiais,

---

[8] O Livro dos Espíritos P.224,232.
[9] O Livro dos Espíritos P.186.
[10] O Livro dos Espíritos P.187.

desenvolveram técnicas de conversão corpórea que são capazes de rapidamente materializá-los. As aparições ufológicas são evidências positivas desse conhecimento técnico. Mas, quanto a esse fato, ainda voltaremos a falar quando tratarmos dos fenômenos físicos comuns ao Espiritismo e à Ufologia.

CONTATO PELO PENSAMENTO

A comunicação pelo pensamento (muito usual nos contatos de proximidade na Ufologia) foi apontada por Kardec como sendo prática comum à distância e em todos os mundos:

— O fluido universal estabelece entre os Espíritos constante comunicação; é o veículo de transmissão de seus pensamentos, como, para vós, o ar o é do som. É uma espécie de telégrafo universal que liga todos os mundos e permite que os Espíritos se correspondam de um mundo a outro.[11]

Propagando-se pelo fluido universal, a onda mental desloca-se nas imensidades, viaja passando de um mundo a outro do infinito e pode ser captada pelo receptor distante, devidamente sintonizado, sem que o emissor do pensamento esteja presente. Assim, espíritos elevados podem se comunicar com médiuns, pelo pensamento, à grande distância, sem necessidade de presença no local.

Confirmando a existência de entidades menos materiais que se projetam e se comunicam com o homem, tanto por pensamento quanto por linguagem articulada, observamos o seguinte ensinamento doutrinário:

— Nos mundos menos materiais que o vosso, os Espíritos se desprendem mais facilmente e se põem em comunicação apenas pelo pensamento, sem que, todavia, fique abolida a linguagem articulada – explica. E prossegue: — Em tais mundos, a dupla vista é faculdade permanente para a maioria de seus habitantes, cujo estado normal se pode comparar ao dos

[11] O Livro dos Espíritos P.282.

vossos sonâmbulos lúcidos. Por isso, esses Espíritos se vos manifestam com maior facilidade do que os encarnados em corpos mais grosseiros.[12]

Fica claro, neste último segmento, que em mundos menos materiais – onde os corpos naturalmente não podem ser de carne e osso, pois do contrário não seriam menos materiais –, os espíritos ali corporificados podem manifestar-se na Terra com mais facilidade do que os encarnados na matéria densa de mundos tridimensionais; confirmando-se, por via indireta, a possibilidade das comunicações ufológicas pelo pensamento.

Devemos ressaltar que a aparição de entidade em recinto fechado é algo comum no Espiritismo, mas a de uma nave espacial naturalmente não o é. Pelas próprias características do objeto, sua aparição ocorre em campo aberto, conforme registra a Ufologia. Mas se o fenômeno é oriundo das profundezas etéreas, com aparições imponderáveis, sugestivas de mundos menos materiais, então a casuística ufológica tem fundamento espírita e pode ser entendida de modo semelhante.

SERVIDORES INTELIGENTES - ELEMENTAIS

Caso deveras intrigante na Ufologia é o aparecimento de certos animais em campo aberto, cujas formas são desconhecidas na Terra. Kardec trata esse assunto de maneira indireta, mas a abordagem é elucidativa. Pergunta ele aos espíritos:

— Os animais estão sujeitos, como o homem, a uma lei progressiva?

— Sim; e daí vem que nos mundos superiores, onde os homens são mais adiantados, os animais também o são, dispondo de meios mais amplos de comunicação. São sempre, porém, inferiores ao homem e se lhe acham submetidos, tendo neles, o homem, servidores inteligentes.

Kardec depreende então que nada há nisso de extraordinário:

---

[12] O Livro dos Espíritos P.448.

— Tomemos os nossos mais inteligentes animais, o cão, o elefante, o cavalo, e imaginemo-los dotados de uma conformação apropriada a trabalhos manuais; o que não fariam sob a direção do homem?[13]

Com efeito, tanto no ensino dos espíritos quanto no comentário de Kardec observamos a figura de um *servidor inteligente* – popularmente chamado de *duende*, *"Elemental"* e outros –, tido como existente em outros mundos em posição de desenvolvimento intelectual superior ao animal terrestre, mas ainda inferior ao homem.

Se retornarmos aos primórdios da humanidade, vamos observar que há um milhão de anos o *Homo erectus* era hábil em lidar com as mãos – lascava pedras, caçava e retalhava a presa, mantinha o fogo, assava alimentos no espeto, percorria grandes distâncias e emitia alguns sons guturais para se comunicar. Era todo instinto, e a razão e a responsabilidade ainda não tinham aflorado naquela figura do gênero humano, cujo corpo se assemelhava mais ao gorila do que ao homem. Imaginemos, pois, aquela criatura domesticada e socializada interagindo com o homem e façamos uma reflexão nas indagações:

— Ela não seria bem mais evoluída do que os cães e os gorilas domesticados na atualidade? Comparada a esses animais, ela não nos seria uma espécie de servidor inteligente? Em suma, criaturas semelhantes ao nosso primitivo *Homo erectus*, que poderíamos chamar hoje de *animais humanoides*, não poderiam estar a serviço de inteligências mais conscientes do que elas? Por fim, não seriam esses *servidores* algumas das aparições ufológicas que hoje se mostram ao homem?

REENCARNAÇÃO, MAS NÃO NA CARNE

O termo *reencarnação* usado desde há muito tempo não expressa com rigor a corporificação do espírito em um *corpo*

---

[13] *O Livro dos Espíritos* P.601.

menos material e pode causar dificuldade ao entendimento – um corpo rarefeito não pode ser de *carne*.

Hoje, com a ciência admitindo existir outras dimensões em que vibram partículas, o nome *reencarnação* tende a desgastar-se, porque o mundo das partículas oferece aos espíritos amplas possibilidades para formação de corpos cujas moléculas sutis estão além da carne. Mais adequado seria empregar o termo *renascer*, ou *nascer de novo* (como ensinado nas Escrituras), em vez de *reencarnar*, quando se trata de referir vida em *mundos menos materiais* que a Terra, tal como estamos fazendo aqui.

Em sua época, querendo saber sobre reencarnação, Kardec fez várias indagações que foram respondidas pelos espíritos, ficando claro que em mundos de matéria mais sutil a reencarnação também acontece.

— Nos mundos superiores, a reencarnação é quase sempre imediata. Sendo aí menos grosseira a matéria corporal, o Espírito, quando encarnado nesses mundos, goza quase de todas as suas faculdades de Espírito, sendo o seu estado normal o dos sonâmbulos lúcidos entre vós – disseram a Kardec.[14]

É natural que o termo *reencarnação*, empregado pelos espíritos, é de ordem geral e indica *nascer de novo*, pois do contrário seria desnecessário ficar repetindo o termo *menos material* para indicar *matéria menos grosseira que a carne*. Assim, em mundos superiores, também existe reencarnação, mas não na carne.

A evolução própria de um corpo menos material pode ser percebida pela lucidez da entidade em lembrar-se de suas existências pretéritas. Isso é confirmado quando os espíritos dizem a Kardec:

— À medida que o corpo se torna menos material, com mais exatidão o homem se lembra do seu passado.[15]

É preciso lembrar que ser menos material não é ter menos matéria, mas sim ser formado de matéria sutil, para nessa

---

[14] *O Livro dos Espíritos* P.223.
[15] *O Livro dos Espíritos* P.397.

UNIVERSO PROFUNDO

vibração a criatura ultrafísica acessar de maneira mais fácil camadas profundas de sua mente espiritual, chegando, assim, usualmente, ao conhecimento obtido em vidas anteriores. Portanto, quanto menos material é o cérebro da criatura, mais fácil o trânsito do pensamento até o foco inteligente profundo – o espírito.

Kardec quis saber mais, e observou que na Terra o homem tem necessidade de dominar seu semelhante, mesmo que para isso seja preciso destruir. Desse modo, interpelou os espíritos:

— Será que a necessidade de destruição é a mesma em todos os mundos?

Na resposta, o termo *menos material* voltou à baila, agora associado à moral:

— Guarda proporções com o estado mais ou menos material dos mundos. Cessa quando o físico e a moral se acham mais depurados. Muito diferentes são as condições de existência nos mundos mais adiantados do que o vosso.[16]

E numa outra explicação, o enquadramento moral e o grau do intelecto associados a um corpo menos material é de novo acentuado:

— Nos mundos onde os corpos são menos materiais do que os da Terra, as faculdades se desdobram mais livremente. Porém, o instrumento não dá a faculdade. Além disso, cumpre se distingam as faculdades morais das intelectuais.[17]

Considerando que para chegar à Terra uma civilização extraterrestre precisaria ter um grau de conhecimento maior que o do homem, com a explicação dada pelos espíritos é possível deduzir que ela não seria tão agressiva e impiedosa, embora ainda pudesse ser imperfeita. Sua moral poderia não ser impecável, mas também não seria tão insipiente, o que já nos dá um alento, apesar dos relatos chocantes de quem já sofreu algum desconforto ufológico. É provável que, caso fosse o homem o ser alienígena intrometido, não haveria retorno da criatura abduzida para contar o episódio.

---

[16] *O Livro dos Espíritos* P.732.
[17] *O Livro dos Espíritos* P.846.

Contudo, é reconfortante saber que existem mundos menos grosseiros do que a Terra, onde constitui recompensa a reencarnação. Vejamos o que foi ensinado:

— À medida que se vão depurando, os Espíritos passam a encarnar em mundos cada vez mais perfeitos, até que se tenham despojado totalmente da matéria e lavado de todas as impurezas, para eternamente gozarem da felicidade dos Espíritos puros.[18]

Kardec fecha esse item comentando:

— Nos mundos onde a existência é menos material do que neste, menos grosseiras são as necessidades e menos agudos os sofrimentos físicos. Lá, os homens desconhecem as paixões más que, nos mundos inferiores, os fazem inimigos uns dos outros. Nenhum motivo tendo de ódio ou de ciúme, eles vivem em paz porque praticam a lei de justiça, amor e caridade. Não conhecem os aborrecimentos e os cuidados que nascem da inveja, do orgulho e do egoísmo, causas do tormento da existência terrestre.

Portanto, deste ensinamento depreende-se que tudo caminha numa ordem perfeita e que não devemos ter receio algum de nada. Marchemos, pois, com a bandeira de fé e esperança alçada num braço, mas reservemos o outro para estendermos a mão fraterna em benefício do próximo, porque somente assim haveremos de desenvolver o amor e a piedade, para podermos chegar às celestiais alturas e ali mergulhar na felicidade suprema, tendo a todos como filho querido.

A Doutrina dos Espíritos, iniciada em meados do século XIX, não ficou estacionada em tempo algum, tampouco caiu no esquecimento, mas, ao contrário, progrediu na concepção humana. Hoje, ela adentra ao campo científico através das experiências positivas realizadas por profissionais que lhe são sensíveis. Estimulados pelo desdobramento da Teoria da Relatividade e da Física Quântica eles procuram não somente

---

[18] *O Livro dos Espíritos* P.985.

UNIVERSO PROFUNDO

unificar as teorias, mas unir ciência e espírito em benefício do saber humano.

Em razão disso, sob a ótica espiritual, cabe-nos elaborar no próximo capítulo a Teoria do Universo Profundo e desdobrar ainda mais as possibilidades de vida em mundos menos materiais que a Terra, em esferas ultrafísicas postadas nas várias dimensões do espaço-tempo.

4

TEORIA DO UNIVERSO PROFUNDO

Desde as primeiras incursões do homem ao espaço os esforços científicos para encontrar vida fora da Terra têm sido intensos. Projetos espaciais de significativa expressão são responsáveis por sérias investidas nesse sentido. O homem chegou à Lua. Sondas espaciais varrem de um lado a outro os recantos planetários à procura de algum sinal de vida. De Marte, embora seu solo contenha formações em que a vida, talvez, pudesse ter existido num passado remotíssimo, as sondas espaciais Vikings e Mars Global Surveyor enviaram imagens denunciando um planeta estéril, sem vida inteligente alguma. Programas de captação de sinais de rádio, implantados em localidades sugestivas da Terra, estenderam redes de grande alcance na esperança de receptar alguma comunicação de outras paragens da nossa galáxia, mas até agora não foi captado sinal algum capaz de denotar que não estamos sós no universo. E todas as naves e sondas espaciais lançadas não lograram detectar existência de vida inteligente, embora os programas espaciais estejam num estágio iniciante diante das imensas distâncias que ainda precisam ser percorridas no cosmos.

O fato concreto admitido pela ciência é que no Sistema Solar não há qualquer tipo de vida inteligente semelhante à nossa. A esperança que a comunidade científica alimenta é a de encontrar em algum orbe vida no estádio rudimentar, na forma de singelos esporos, micro-organismos resistentes a condições extremas de vida, mananciais onde o desenvolvimento de organismos complexos como os conhecidos na Terra estaria sobejamente prejudicado. Se for encontrado algum tipo de vida do reino das plantas, por exemplo, tal achado seria admirável para o entendimento científico da vida no universo.

Contudo, mesmo sem conhecer esse panorama, o físico Enrico Fermi, quando visitava o laboratório da base militar de Los Alamos, nos Estados Unidos, em 1950, após a divulgação militar do resultado dos estudos sobre avistamentos de objetos voadores não identificados, durante um acalorado debate faria uma pergunta intrigante. Discutindo com Edward Teller, mentor da bomba de hidrogênio norte-americana, sobre a hipótese de inteligências extraterrestres estarem atuando aqui com avançadas e enigmáticas naves espaciais, com seu caráter italiano em dado momento da conversa Fermi indagou:

— Mas onde estão "eles"? Se "eles"são concretos, deveriam estar em algum lugar.

Não houve resposta!

Mais tarde, o consagrado astrônomo e escritor Carl Sagan, que não participara daquela reunião, definiria a oportuna indagação como sendo o *paradoxo de Fermi*. E, na verdade, era mesmo um paradoxo, um contraditório, porque, se são concretos, onde estão "eles"? Afinal, o homem procura fazer contato com seres extraterrestres, mas não os encontra. Não faz muito sentido que seres inteligentes como nós ajam de modo estranho, não querendo contato oficial conosco.

Na maneira humana de entender o enigma, se tais entidades não são produtos da imaginação, talvez sejam nossos inimigos e por isso mesmo não queiram contato conosco, ou, ainda, seriam alienígenas que por motivo desconhecido não podem estar presentes. Caso a opção correta seja esta última, não seria demais indagar:

— Seriam "eles" imateriais?

No caso de uma resposta negativa, seria justo, então, recordarmos o paradoxo de Fermi:

— Se são concretos, onde estão "eles"?

E a mesma indagação nos cabe fazer agora, mais de meio século após Fermi, sobre a existência de seres extraterrestres que no passado muito se falou habitar orbes como Mercúrio, Vênus, Marte, Júpiter, Saturno, Urano, Netuno e Plutão, locais em que sabemos hoje não existir vida como a da Terra.

— Então, afinal, onde estão "eles"?

A partir da Segunda Grande Guerra, os relatos de incidências ufológicas aumentaram de maneira crescente. Coincidência ou não, no entender de vários estudiosos o domínio científico da energia nuclear parece ter contribuído com o fenômeno de *luzes no céu*, culminando, às vezes, em relatos de *contato direto* com seres extraterrestres segundo as testemunhas.

Antes do século XX, tais ocorrências não eram relatadas com clareza. Por isso, tudo leva a crer que, por alguma razão presumível, mas não muito clara, as detonações nucleares foram responsáveis pelo aumento das incidências. Antes das ocorrências mais recentes, tudo parecia ter estacionado no campo das hipóteses.

Observando a Idade Média, seria difícil admitir que nela a inteligência e a cultura do homem não estavam desenvolvidas o suficiente para relatar o fenômeno ufo de maneira clara e detalhada, e não somente na forma de casos sugestivos como os encontrados recentemente. Hoje, nos parece que a casuística da época medieval fora pequena em comparação à atual, muito embora devamos reconhecer que os relatos do passado pudessem ser perigosos em razão das perseguições da Igreja.

UNIVERSO PROFUNDO

Regressando mais e detendo-nos na Idade Antiga, vemos que a farta linguagem figurada da Bíblia fora capaz de aludir presença alienígena na Terra. Embora a hipótese fosse plausível, a verdade é que jamais foi possível comprová-la cientificamente. A Ufologia quase nada avançou com essas incursões ao passado, a ponto de hoje vários ufólogos darem como absurdo atribuir aos extraterrestres as ocorrências espirituais relatadas na Bíblia. Para eles, a Ufologia deveria deter-se na casuística atual, tratando o evento de maneira científica e examinando todas as hipóteses, incluindo os casos de provável origem dimensionalista, porque somente o contato oficial poderia reescrever a história da humanidade, não outro.

Vamos observar apenas um caso dos muitos existentes nas Sagradas Escrituras que nos fazem refletir.

Nas planícies de Jericó, Josué caminhava pensativo, engendrando na mente os planos para conquistar a cidade, quando de repente se deparou, frente a frente, com um homem empunhando uma espada, porém a criatura não esboçava sinais de atacá-lo. Surpreso, mas sem hesitar, Josué se aproximou e disse:

— És tu dos nossos, ou dos nossos inimigos?

O homem respondeu-lhe:

— Sou comandante do exército do Eterno.

Notando não se tratar de ser humano e querendo ouvir a entidade que se apresentava a ele, Josué, respeitosamente, fez um ato de reverência e indagou:

— O que diz meu senhor a seu servo?

A entidade lhe respondeu de maneira grave:

— Descalça as sandálias de teus pés, porque a terra em que estás é sagrada.[1]

Então Josué compreendeu que se tratava do anjo que o Senhor houvera prometido a Moisés[2] enviar para a conquista da Terra Prometida.

---

[1] Js 5,13-15.
[2] Êx 33:2,11.

Naquele momento, Josué teve a confirmação de que não estaria sozinho na batalha de Jericó, mas acompanhado por forças sobre-humanas.

A passagem bíblica é enigmática em seu conteúdo. E não seria demais perguntarmos:

— Por que alguns acreditam que essa passagem e ainda outras em que o insólito está presente seriam protagonizadas por seres extraterrestres e não por espíritos?

Talvez a resposta fosse porque o extraterrestre é gente concreta, enquanto os espíritos são entidades de uma natureza imaterial.

Mas será mesmo que os extraterrestres são concretos? Lembremo-nos, então, do paradoxo de Fermi:

— Se são concretos, onde estão "eles"?

Como os alienígenas surgem luzindo em toda parte, mas não são encontrados oficialmente em lugar nenhum, e ainda não sendo produtos da imaginação humana, somente poderiam vir de alguma região do espaço-tempo diferente da nossa tridimensional, surgidos de uma dimensão rarefeita.

Portanto, fazem-se repentinamente concretos, mas na origem não o são, porque se apresentam invisíveis aos olhos da carne. Por isso não há contato oficial nenhum, e razão pela qual as agências governamentais nada confirmam a respeito. Cientificamente, ainda não há o que dizer de entidades imateriais que se materializam. São eventos chamados ainda de sobrenaturais, verificados no universo profundo das religiões.

Quanto a essas forças sobrenaturais, de cunho religioso, que os materialistas julgam impossível acreditar, seria o caso de indagarmos:

— Será que há algo mais sobrenatural do que acreditar que o universo inteiro fora tirado do nada, de um enigmático Big Bang? Será que há algo mais sobrenatural do que extrair vida inteligente da matéria inerte? Será que há algo mais enigmático do que falar de um inexistente cálculo estatístico capaz de formular uma equação com absoluta precisão matemática, considerando todas as variáveis possíveis e preenchendo todas as incógnitas necessárias, e calcular quantas faces teria de ter o dadinho e quantas vezes ele teria de ser lançado sobre a mesa para que a face única da vida fosse contemplada nos lances de acaso? Será que esse pretenso jogo de dados (não jogado por Deus) não demoraria mais que a idade do próprio universo para gerar vida, invalidando, assim, todo o raciocínio "estatístico" feito pelos naturalistas? Se existe de fato esse cálculo estatístico, quem o fez? Onde está ele? Em que laboratório foi testado? Qual o resultado? Gerou a vida que diz ser possível gerar? Evolucionou-a do simples ao complexo? Formou as diversas espécies e chegou ao ser inteligente?

Tais indagações são procedentes, porque falar dos enigmas fundamentais da humanidade associando-os a cálculos estatísticos somente de maneira filosófica não resolve a questão científica colocada em xeque.

De modo contrário, o enigmático sobrenatural na personalidade do espírito manifesta-se e comunica-se com o homem de modo prático, podendo ser encontrado segundo os preceitos da Doutrina dos Espíritos.

Concluindo a passagem bíblica citada, na época do povo hebreu, o exército de "seres extraterrestres" (como chamado por alguns), que perfilava ao lado de Josué era uma legião de espíritos vinculados ao povo hebreu. Casos semelhantes ocorrem ainda hoje nos fenômenos físicos de materialização e aparição de espíritos, eventos positivos já estudados e explicados fartamente nas obras da codificação espírita.[3]

Aquelas entidades marchavam numa dimensão espiritual, transmitindo aos encarnados ideias para auferir vitórias. O comandante daquelas hostes comunicava-se com Josué para afinar linhas de atuação. Embora à custa de dor e de sofrimento, a passagem bíblica nos revela a atuação de espíritos afins intercedendo a favor dos encarnados, movimentando um plano de conquista idealizado em outras esferas para

---

[3] Ver neste livro o Capítulo 8, Casuística dos Espíritos, subtítulo Agêneres – seres não gerados.

promover relativo bem-estar para uns e evolução por meio da dor para outros. Aquela fora uma maneira bruta de avançar o progresso do homem num mundo bárbaro como aquele. Era o espírito-guia de Israel que se comunicava com o líder do povo hebreu.

Entretanto, com este argumento não pretendemos dizer que seres extraterrestres não existam, porque casos positivos são testemunhados e as próprias Escrituras mencionam que "há muitas moradas na casa do Pai". Apenas afirmamos que é preciso distinguir nelas os personagens ditos "sobrenaturais".

O chamado ser extraterrestre precisa ser estudado sob uma nova ótica, mas de maneira científica, embora não convencional, porque "ele" próprio não é convencional. Todavia, um estudo aprofundado da diferença entre essa entidade e o espírito poderá melhor distingui-los. Pretendemos fazer isso no decorrer desta obra.

No próximo lance, vamos ver de perto como a Teoria do Universo Profundo (ou Teoria Ultraterrestre) resolve essa intrigante indagação de Fermi:

— Mas, onde estão "eles"?

O homem sabe que três séculos antes da Era Cristã, na Grécia, o filósofo Demócrito tinha pensado que partindo a matéria seguidamente em pedaços menores haveria de chegar a um ponto tão pequeno que ela se tornaria *indivisível* – a menor partícula da matéria viria a ser chamada de *átomo*. Contudo, em tempos mais recentes, o indivisível foi dividido.

O átomo do carbono foi transformado em partículas subatômicas de prótons, elétrons e nêutrons. E o mesmo aconteceu com outros elementos. Portanto, a matéria densa transformou-se em partículas de energia positiva, negativa e neutra, e estas em outras partículas ainda mais dinamizadas e menos conhecidas, que não podem ser vistas mesmo com a utilização de técnicas modernas de observação. A matéria indivisível desapareceu, dando lugar à desmaterialização.

Por conseguinte, tomou vulto uma nova ordem de ideias que consagrou as leis da Relatividade e da Física Quântica

UNIVERSO PROFUNDO

como possíveis instrumentos de resolução desse misterioso e fascinante enigma – o mundo das forças invisíveis.

Assim, fala-se hoje com muita propriedade em contínuo espaço-tempo; em outras tantas dimensões de vibração da matéria ultrafísica; em curvatura do espaço diminuindo as distâncias do universo; em monumentais estruturas cósmicas de energia interligando galáxias; em fantásticos sistemas vivos habitando dentro de outros ainda maiores; em hiperespaço que engloba regiões paralelas, integrando-as num gigantesco corpo único, com entradas que as conectam; em vórtices vibratórios que se constituem portais de entrada a outras dimensões de espaços paralelos em que eclodiriam essências de vida organizada formando outras civilizações de homens, de humanoides, de elementais, de espíritos, de anjos. Em suma, de outras inteligências conscientes, seres numa outra vibração da matéria, constituindo o que poderíamos chamar genericamente de *mundo espiritual*, porque nos é invisível.

Em tudo que a ciência ainda deve estudar para firmar posição quanto aos fenômenos chamados sobrenaturais e ufológicos, o evolucionismo espiritual está presente, porque somente o espírito pode movimentar a vida inteligente em quaisquer dimensões do cosmos, para nelas evolucionar rumo à perfeição – a lei dos mundos é a do progresso!

Supondo que a Teoria Unificada das Supercordas[4] e seus aprimoramentos forneçam uma descrição aceitável do universo com espaço-tempo de várias dimensões, então poderíamos cogitar que além das energias presentes em suas dez ou 11 camadas seria possível também ter eclodido algum tipo de vida. Afinal, o universo conhecido passou mais tempo em fase de energia do que a matéria em estado sólido. E durante aquela sua fase de energia, algum tipo de vida ultrafísica pode ter surgido e evolucionado, assim como, depois, surgiu e evolucionou a vida no ambiente denso da Terra.

---

[4] Para saber sobre a Teoria, ver HAWKING, *O universo numa casca de noz*, capítulo "Admirável mundo novo das branas". Cf. Bibl.

Considerando isso, naquelas camadas primitivas de energia sutil teriam emergido mundos ultrafísicos; depois, teriam sido semeados por essências de vida rarefeita. Embora genericamente tais esferas possam ser chamadas de *mundo espiritual*, em razão de seu caráter invisível a olhos terrestres, na verdade seriam diferentes na essência. Nelas, os espíritos estariam encarnados em corpos *menos materiais*; ou seja, em bioformas ultrafísicas, numa densidade muito diferente da dos seres vivos da Terra.

O termo menos material deve ser entendido como espécie de *energia*, possível de vibrar em várias gradações. As partículas e subpartículas dessas esferas sutis poderiam ser detectadas no futuro pela ciência, por meio de aparelhos dotados de tecnologia avançada, ainda não disponível. A bioforma inteligente, por sua vez, já poderia ser detectada por sua própria manifestação inteligente, assim como a verificada nos vários tipos de contato ufológico, nos quais a entidade informa ser de outra dimensão. A isso damos o nome de vida ultrafísica.

Assim, diríamos que além do mundo de três dimensões em que o homem se acha, haveria nas profundezas etéricas do cosmos outras estratificações distintas da do mundo denso terrestre. Cada uma dessas camadas ultrafísicas teria uma estrutura peculiar de vibração e um limite dimensional "demarcando" fronteiras.

Para suplantar as fronteiras dimensionais e adentrar à outra dimensão de espaço–tempo, seria preciso ultrapassar o fulcro vibracional dessas regiões por meio de velocidade cada vez maior, tendendo, assim, a uma dimensão sem tempo. Os fatores distância e tempo aos poucos desapareceriam, dando lugar à eternidade – universo do espírito.

Em cada uma dessas estratificações dimensionais, numa ampla gradação da escala física-extrafísica, que vai desde a matéria densa até o plasma inicial de energia cósmica, conhecido no Espiritismo como *fluido cósmico universal*, haveria esferas albergando vida.

UNIVERSO PROFUNDO

Nas esferas sutis o espírito imortal animaria corpos forma-dos por partículas sem massa e cada vez mais dinamizados, num estágio evolutivo rarefeito, peculiar a cada região do es-paço-tempo. Mas para evolucionar em cada uma dessas esfe-ras a bioforma inteligente manteria a sua composição espírito--perispírito-corpo, como postula a Doutrina Espírita.

O aparato corpóreo desses seres, por sua vez, seria com-posto por feixes de partículas em diferentes gradações da escala em que a energia se apresenta. O espírito, aos poucos, por imperativo das vidas sucessivas, faria sua evolução na-quelas esferas. E ao longo de sua escalada se despojaria das bioformas transitórias, galgando patamares cada vez mais sublimados da evolução até atingir o estádio de espírito puro, foco inteligente sem forma, pleno de sabedoria e bon-dade, para exercer funções na cocriação Divina, num universo organizado de vida sem tempo.

Em outras palavras, assim como da reunião de átomos emergem mundos materiais como a Terra, também, com similaridade, da reunião de partículas subatômicas emer-giriam mundos dimensionais, invisíveis a olhos terrestres, esferas nas quais viveriam seres ultrafísicos, inteligências postadas além da vibração da matéria densa – os chamados ultraterrestres (UTs).

Deve-se considerar que assim como na Terra a maturação do solo, as condições atmosféricas e o princípio vital deram aos *geneticistas do Altíssimo* todas as condições para orga-nizar vida simples, torná-la complexa e produzir no solo um ecossistema capaz de fazer eclodir um corpo inteligente de carne; de modo semelhante, também, nas dimensões para-lelas, a constituição ultrafísica daquelas esferas, associada às emanações dos orbes universais, teria dado aos geneti-cistas Divinos as mesmas chances, culminando por organizar o corpo *menos material* no qual o espírito renasce e evoluciona.

Acima das esferas dimensionalistas estariam as regiões espirituais daqueles mundos, cada qual com sua vibração própria de energia, nas quais iríamos encontrar estagiando o espírito errante. Naqueles círculos espirituais, o foco inteligente elaboraria um modelo organizador de vida, o perispírito, e com ele conformaria seu corpo menos material.

Assim, de maneira semelhante à reencarnação na Terra, nas esferas sutis o espírito também haveria de renascer. Durante a gestação, enlaçaria ondas e partículas, corporificando-se; nasceria num corpo plasmado da energia, por assim dizer sem melhor expressão, e seguiria vivendo, evoluindo, amando, reproduzindo, envelhecendo para, em seguida, desenlaçar-se do corpo com a morte; voltaria, então, à esfera espiritual do sistema que lhe é próprio, para viver ali em colônia, aguardando nova experiência corpórea. Nesta página da Teoria Evolucionista do Espírito, Erasto nos expressou:

> "A dimensão do mundo Terra não vos é senão uma folha dentre as sucessivas folhas do caderno espaço-tempo. Localidade coberta por membrana protetora, na qual o corpo físico também está confinado. Sair dessa localidade só vos seria possível por uma transmutação insólita, pela passagem do átomo à sua partícula similar organizada. Uma outra dimensão é um outro mundo!
>
> "Se num formigueiro houvesse uma formiga cientista, por hipótese ela definiria uma gota de chuva caída no chão como: 'Aparição misteriosa de grande bolha translúcida surgida do nada após estrondos e luzes no céu; uma materialização repentina de fluido viscoso e nevoento, com base plana e cúpula arredondada formando platô; não é possível subir nela, há risco de vida, porque, após calor intenso, a bolha desaparece entrando misteriosamente no mesmo nada de onde viera'.
>
> "A formiga não vê o homem, mas o homem vê a formiga e sabe que o aparecimento de uma gota de chuva não é isso. Contudo, para compreender a outra dimensão da vida, o homem é apenas formiga!".

Façamos aqui um parêntese para dizer que, com essa Teoria, é possível compreender a existência de vida nos planetas do nosso Sistema Solar, segundo as obras espíritas que tratam da Pluralidade dos Mundos Habitados, especialmente em Vênus, Marte, Júpiter, Saturno e outros. Neles, é

dito que a vida se espraia em outras dimensões do espaço-
-tempo, porque a vida no universo prospera irremediavel-
mente além dos orbes físicos, emerge e evolui também nas
profundezas etéreas do cosmos, em locais insondáveis pela ciência humana, subjugada que está pela pequenez do homem.

São mundos postados na esfera suprafísica, em outras
regiões do espaço-tempo daqueles planetas, ou simplesmente mundos paralelos circunscritos numa região espacial
sem qualquer referência física de localização. Portanto, são
moradas produzidas pela combinação de partículas ainda
não obtidas nos laboratórios do homem, mas em razão de
sua similaridade com os elementos químicos cientificamente
conhecidos, é possível materializar na Terra objetos voadores e
seres humanoides daquela origem. Para os homens, os *mundos
dimensionalistas* são análogos aos *mundos espirituais* – ambos
formam o mundo espírita.

Não obstante a dificuldade do homem para aceitar a existência de tais seres inteligentes, ainda assim "eles" emergem
daquela localidade insólita. E quando materializados, através
de efeitos físicos produzidos por "eles", segundo denotam
as incidências, tornam-se concretos e diferem dos falecidos
pela constituição corporal nitidamente não humana.

Tais incidências possibilitam ao homem uma tomada de
consciência quanto à vida em outra dimensão, além de possibilitar estudo científico para decifração do intricado enigma.
Ignorá-los simplesmente revela falta de sabedoria para entender o insólito e desrespeito às pessoas que, de alguma
maneira, fizeram contato com o fenômeno ufo e tiveram a
coragem de se expor publicamente relatando o fato.

O moderno espiritualismo postula que a maior parte dos
contatos imediatos na Ufologia seja de entidades oriundas
de esferas dimensionais. Contudo, não se descarta a hipótese de eventuais ETs sólidos também chegarem à Terra.
Afinal, os ETs podem estar presentes nos mundos tridimensionais do universo e até mesmo em supostos mundos de
universos paralelos.

PEDRO DE CAMPOS INSTRUÇÕES DE ERASTO

De modo conceitual, as chamadas dimensões paralelas (origem dos UTs) são diferentes dos chamados universos paralelos.

As *dimensões paralelas* são camadas do espaço em sentido profundo, em que o átomo subdividido dá lugar a partículas e subpartículas cada vez menores e dinamizadas.

Os *universos paralelos*, por sua vez, seriam como o nosso universo, formados supostamente pelo conteúdo expulso dos Buracos Negros, mas estariam permeados por matéria escura, que impediria a nossa visualização por instrumentos, embora, neles, as dimensões também existam e sejam invisíveis. Em qualquer universo, poderia haver ETs e UTs.

Modernamente, ficou mais harmonioso considerar que os chamados ETs chegariam à Terra viajando pelos sugestivos Buracos de Minhoca.[5] Não se trata de ficção, mas de teoria científica conhecida também como *Warmholes* e defendida por físicos de expressão.

Nessa viajem incomum, a diferença básica entre a entidade sólida e a sutil é que enquanto o ET teria de transportar seu corpo denso para chegar à Terra numa viagem quase instantânea e vencendo monumentais distâncias em nave espacial, o UT, por sua vez, teria de transpor as dimensões e materializar aqui seu corpo e seu engenho de partículas, revertendo depois o processo para voltar à sua esfera.

Nas regiões suprafísicas há também várias colônias espirituais, as quais alguns médiuns, em estado emancipado, as confundem e descrevem-nas como sendo iguais ao nosso mundo, quando são diferentes na substância e no propósito da existência.

Para o espírito, a morte do corpo não cessa a vida. Quando o desenlace ocorre, a essência inteligente despoja-se do corpo e vai viver numa dimensão espiritual. Naquela região, aglomeram-se entidades afins, formando colônias espirituais.

Trata-se de viver em regiões naturais ou em cidades suprafísicas com estruturação e atividades semelhantes às da

---

[5] HAWKING, S. & MLODINOW, L. *Uma nova história do tempo.* Cf. Bibl.

UNIVERSO PROFUNDO

Terra, nas quais é possível ao espírito errante prosseguir na jornada evolutiva sem exercer algumas funções próprias do corpo, aprimorando os bons sentimentos sem os prazeres ilusórios de comer, beber e procriar.

Alguns espíritos permanecem ali por longos períodos em trabalho específico de aprendizado, enquanto a maioria se recupera de jornadas anteriores e prepara-se para reencarnar na Terra ou renascer em outra escola do infinito, conforme seus anseios e méritos próprios.

Em certas circunstâncias, o acesso do espírito encarnado a essas colônias é possível pelas *emancipações da alma*, seja nas horas de sono ou nas induções conscientes de desdobramento. Em ambas, a alma desprendida observa aquelas regiões e as descreve de modo semelhante às cidades e pessoas que vivem na Terra, por vezes não se dando conta de que as observa com os olhos da alma.

Assim, a matéria observada, embora avistada de modo semelhante ao da Terra, é diferente por estar numa vibração própria daquele mundo transitório. Não raro, a alma emancipada incorre no engano de confundir um mundo com outro; então, descreve a vida física em planetas onde ela não existe na forma densa, porque não é produto de um meio físico-químico como o terrestre, mas de uma emanação extrafísica da esfera observada pela alma.

Segundo sua própria evolução, a alma emancipada observa a vida em outras dimensões distintas da espiritual, pois no espaço há emanações que possibilitam ao espírito progredir usando outras formas corpóreas. Trata-se de seres diferentes dos verificados na Terra e nas colônias espirituais transitórias que a circundam. Tais bioformas, de constituição humanoide, vivem e evolucionam em outros mundos.

Embora sejam esferas imateriais, por assim dizer, e postadas nas várias dimensões que a vibração das partículas lhes possibilita (fato que dificulta o entendimento do fenômeno), ainda assim são diferentes entre si e não se pode confundir

PEDRO DE CAMPOS INSTRUÇÕES DE ERASTO

colônia espiritual[6] com mundo dimensionalista – ambos são distintos e cada qual cumpre a sua função.

O progresso do espírito verifica-se em todo o cosmos: nos mundos físicos e em seus círculos espirituais transitórios, nos mundos dimensionalistas e em suas esferas espirituais.

No universo há mundos que abrigam vida em diferentes estágios de progresso. Conforme postula a Doutrina Espírita, o espírito vivifica um corpo e inicia evolucionando nos orbes Primitivos, depois passa pelos mundos de Expiações e Provas, em seguida pelos de Regeneração, segue para os mundos Felizes e atinge o ápice evolutivo nos de Celeste Sublimação. Nessas categorias de mundos, há uma gradação de progresso e uma variedade de formas físicas e extrafísicas tão grande que podemos dizer inumerável.

Segundo registrou Kardec:

— Acostumados, como estamos, a julgar as coisas pela nossa insignificante e pobre habitação, imaginamos que a natureza não pode ou não teve de agir sobre os outros mundos senão segundo as regras que lhe conhecemos na Terra. Ora, é precisamente neste ponto que devemos reformar a nossa maneira de ver.

E orienta quanto a essa reforma de visão:

— Não vejais, pois, entorno de cada um dos sóis do espaço, apenas sistemas planetários semelhantes ao vosso sistema planetário; não vejais vós, nesses planetas desconhecidos, apenas os três reinos que se estadeiam ao vosso derredor. Pensai, ao contrário, que, assim como nenhum rosto de homem se assemelha a outro rosto em todo o gênero humano, também uma portentosa diversidade de mundos, inimaginável, se acha espalhada pelas moradas etéreas que vogam no seio dos espaços.[7]

---

[6] Visando diferenciar os *mundos espirituais*, tivemos instrução para adotar o nome colônia espiritual como a morada do espírito errante em mundos transitórios, e a denominar mundo dimensionalista a morada do espírito encarnado em esfera menos material. Em razão da imaterialidade dos dois, Erasto ressalta a exatidão no uso do termo genérico vida espiritual a ambos.

[7] Maior desenvolvimento do conteúdo deste subtítulo: *A Gênese* VI:60-61.

UNIVERSO PROFUNDO

Por essa razão afirmamos, apropriando-nos do saber legado pelo Espírito Verdade, que o estudo da Doutrina dos Espíritos dá ao ser humano a compreensão da vida em todo o cosmos, ajudando a solucionar o *paradoxo de Fermi* e os insólitos fenômenos ufológicos, enigmas que preocupam parte considerável da sociedade humana.

5

PLANETAS DE VIDA ULTRATERRESTRE

Com a devida prudência, ao iniciar este capítulo gostaríamos de fazer nossas as palavras do codificador quanto à questão de cunho espiritual aqui consignada em mensagens:

— A todas as perguntas relativas à Doutrina Espírita jamais respondemos por nossas próprias ideias, contra as quais sempre estamos em guarda. Limitamo-nos a transmitir o ensino que nos é dado [pelos espíritos] e que não aceitamos levianamente e com irrefletido entusiasmo.[1]

Depois de Galileu dar início ao uso do telescópio, a melhor observação dos céus possibilitou ao mundo científico fazer prognósticos sobre a existência ou não de vida nos orbes celestes. Embora houvesse discordância entre os estudiosos, as cogitações de vida eram aceitas. A prova conclusiva não existia e o erro podia caminhar com o acerto, sem que deles

---

[1] *Revista Espírita*, março de 1858 – Júpiter e Outros Mundos.

houvesse o filtro científico fazendo a distinção. Quase tudo era válido.

Os astrônomos antigos se encarregaram de divulgar aos povos os seus pensamentos. Contemplaram Vênus e Marte com possibilidades de vida inteligente. E sob tal influência dos científicos não foram poucos os que se encarregaram de fantasiar as possibilidades, imaginando existir naqueles planetas seres quase humanos, de forma física semelhante à humana e de índole que variava entre a benevolência e a maldade.

Hoje, entretanto, a situação está diferente. O palpite não serve mais. A descrença assoma e derruba o divulgador. Qualquer prognóstico sobre a existência de vida nos orbes exteriores, mesmo feito ao rigor dos cálculos e com observação dos mais potentes telescópios, ainda assim estará condicionado à prova efetiva, seja *in loco* ou por instrumentos transmissores.

As teorias científicas não podem mais ser formuladas para satisfazer caprichos e aspirações particulares, porque hoje estão sujeitas ao fio da espada cortante das tecnologias e das espaçonaves que a modernidade coloca nas mãos do homem para superar os espaços e mostrar a verdade, seja ela qual for.

Grandes expoentes do passado ficaram diminuídos porque suas teorias foram derrubadas. As naves espaciais e as novas tecnologias trouxeram ao mundo científico informações valiosas que puseram fim à questão, divulgando que não há vida inteligente em Marte ou em qualquer outro planeta solar.

De fato, a versatilidade é uma característica da ciência. Com a mesma facilidade que ontem afirmara existir vida inteligente em outros orbes, hoje ela nega tal existência em benefício do saber humano, e o homem usufrui dessa versatilidade, porque evoluciona imerso em seu turbilhão.

Cabe-nos refletir um pouco, para tentarmos entender a vida nas "muitas moradas da casa do Pai", como dissera Jesus

PEDRO DE CAMPOS INSTRUÇÕES DE ERASTO

e, também, mais tarde, o Espírito Verdade, na revelação da Doutrina Espírita.

Segundo informações dos espíritos, em 1857, o tamanho dos planetas e a distância deles com relação ao Sol nada têm com o grau de evolução de seus habitantes, entidades encarnadas. Para os espíritos, a estrela solar seria um foco de eletricidade (energia), local não habitado por seres corpóreos, mas ponto de reunião de entidades espirituais evoluídas, enquanto os planetas seriam habitados por entidades pensantes.

Nas obras da codificação, a vida em outros planetas fora realmente confirmada, mas seu entendimento precisaria ter ainda novos desenvolvimentos, pois o progresso constante do homem e as manifestações espirituais sucessivas assim o demonstravam.

Como possibilidade de vida em outros orbes, uma nota fora divulgada pelo codificador, em *O Livro dos Espíritos* (P.188, notas de rodapé), reproduzindo informe dos espíritos. Dissera ele que, em grau de evolução, comparado ao grau da Terra, parecia-lhe que os seres de Vênus estariam mais adiantados; os de Marte, menos; os de Júpiter, muito superior em tudo; os de Saturno, mais adiantados, porém menos que os de Júpiter.

Diante de esse parecer aventado nos idos de 1857, hoje, com o progresso científico do homem, uma pergunta assoma ao intelecto:

– Poderá o homem encontrar essa vida inteligente em suas viagens espaciais?

Com o saber atual, por mais que o homem aprimore suas naves e calibre a eficiência de seus engenhos, não encontrará em seu sistema planetário a vida que muitos espiritualistas no passado previram existir sem compreendê-la, quer por falta de ciência quer por não entenderem os informes espirituais.

A vida inteligente naqueles planetas, segundo aqueles espíritos, é vivida em outra região do espaço-tempo, numa dimensão onde a matéria vibra como energia, possibilitando combinações fluídicas imponderáveis para formação de corpos e objetos. Trata-se de uma vida menos material, menos densa, de conformação sutil, diáfana. Numa frase: *vida quase espiritual*.

Segundo o codificador, é preciso considerar que outras formas corpóreas em que os espíritos renascem, povoam os planetas do Sistema Solar em dimensão além da matéria densa. Além do corpo de carne, o espírito pode também renascer em outras dimensões, num corpo menos material, para evoluir. Trata-se de uma forma corpórea sutil, que permite ao espírito encarnar em mundos onde não haja carne.

A essa criatura inteligente, cuja constituição está além da matéria que vibra na Terra, damos o nome de *ultraterrestre* (*UT*). Trata-se de uma denominação equivalente a *corpo menos material*, que dá ao aparato corpóreo rarefeito uma terminologia moderna, diferenciada da encarnação do espírito em corpo denso, e também a difere do estado desencarnado em que estão os falecidos; assim, o nome ultraterrestre facilita a compreensão da entidade encarnada num corpo além da matéria, invisível aos olhos da carne.

Em linhas gerais, vamos observar o que se sabe hoje em termos científicos dos planetas solares e quais considerações espirituais podem ser feitas sobre a vida naquelas paragens.

VÊNUS · A FORNALHA DE 470 GRAUS

Dos planetas do Sistema Solar, Vênus é o segundo em distância do Sol e o mais próximo da Terra. As sondas do projeto Venera atingiram Vênus após três ou 4 meses de viagem, mas naves espaciais modernas, deslocando-se com velocidade maior, podem fazê-lo em menos tempo.[2] O dia (rotação) de Vênus é extremamente longo, equivalente a 243 dias dos nossos; seu ano (translação) é pouco mais curto, equivale a 225 dias da Terra. Sua temperatura de 470 graus Celsius, vinte vezes mais quente que a Terra, faz de Vênus uma verdadeira fornalha.

---

[2] Para outros estudos, ver MOURÃO, Explicando Astronáutica, capítulo As Velocidades Cósmicas. Cf. Bibl.

PEDRO DE CAMPOS INSTRUÇÕES DE ERASTO

Depois do Sol e da Lua, é o corpo celeste mais visível dos céus e dos mais comentados nos enganos do fenômeno ufo. Em razão de seu tamanho quase igual ao da Terra e de sua proximidade na observação, em séculos passados não foram poucos os que acreditaram ter ali algum tipo de vida inteligente. Na atualidade, tal não ocorre mais, porém alguns ainda sugerem que Vênus poderia abrigar algum tipo de vida microscópica, adaptada ao ambiente extremo.

Enquanto a atmosfera da Terra é composta por oxigênio e nitrogênio, a de Vênus é formada principalmente por dióxido de carbono, fato que nos impediria a respiração. Sua superfície não pode ser avistada à distância por equipamentos – a atmosfera está encoberta por espessa nebulosa de ácido sulfúrico e por outras substâncias diferentes das nuvens de gotículas d'água formadas na Terra. Seu solo apenas pode ser visto quando alcançado por sondas espaciais.

De fato, o veículo orbital Magalhães fez um mapeamento completo da superfície de Vênus e demonstrou que o solo é pedregoso, sem muita erosão, com rochas altas, extensos vales, montanhas de média elevação, crateras e grandes vulcões em atividade.

A nave Magalhães conseguiu captar ali um vulcão semelhante aos da Terra, fato considerado surpreendente, pois caso comparável não fora encontrado em outro planeta. Em Marte, por exemplo, há vulcões sem atividade. Em alguns satélites eles também foram detectados, mas todos numa condição muito diferente dos da Terra e dos de Vênus. Em Io, lua de Júpiter, e em Tritão, lua de Netuno, há vulcões com muita atividade, mas operando em temperatura abaixo de zero.

Com esse cartão de visitas, Vênus não nos oferece estímulo para conhecê-lo em viagens espaciais. Mas à distância, podemos vê-lo com nitidez, fato que lhe conferiu os títulos de Estrela da manhã, Estrela-d'alva e Estrela da noite.

Pela manhã, sua figura é vista ao oeste do Sol e, ao entardecer, a leste, hora de melhor avistamento. Por ficar bem visível nos céus, quando Vênus se posiciona na linha do horizonte e recebe forte incidência solar, o planeta reflete cores que tremeluzem e são frequentemente descritas como objetos voadores; quando, na verdade, não se trata disso.

Dando interpretação atual aos escritos do espírito Georges, publicados na *Revista Espírita*, agosto de 1862, registrou Erasto:

"A vida ultraterrestre ali existente, diáfana em sua composição corpórea, tem os belos contornos da figura humana. Contudo, por ser a beleza corporal relativa à espécie, e sendo uma espécie diferente da outra, mesmo tendo forma semelhante à vossa não vos seria necessariamente bela aos olhos carnais.

"Naquela dimensão o ar é sutil. Não há doenças. As necessidades do corpo são diferentes das vossas. Os alimentos são leves, algo semelhante às vossas frutas e ao vosso leite. A natureza naquela esfera é graciosa. Os ventos transitam suavemente pelos corpos sutis. As árvores não se dobram aos ventos, porque o ar passa por elas como a energia transita o fio condutor; nem tampouco, o verão e o inverno as despojam da verdura, porque sua constituição diáfana o Sol não queima e o frio não enrijece. Um mar profundo e calmo banha com suavidade o solo etéreo daquelas paragens.

"Seres ultraterrestres envolvidos numa graciosa túnica alva, quase luminosos, vivem despojados de interesses grosseiros. A velhice é o seu apogeu da beleza. Uma calma radiante envolve a criatura, que aguarda serenamente o desenlace para sua próxima jornada.

"Os ultraterrestres nascem, respiram, se alimentam, se reproduzem e morrem. E o espírito na condição errante vive no mundo espiritual daquelas esferas até renascer de novo, para evoluir constantemente naquelas dimensões da vida."

MARTE · UM DESERTO HOSTIL

De todos os planetas do nosso Sistema Solar, Marte é aquele de que mais se falou sobre a existência de vida fora

PEDRO DE CAMPOS INSTRUÇÕES DE ERASTO

da Terra. Hoje, as informações científicas são oriundas de sondas espaciais que desceram na superfície ou orbitaram o planeta a pouca distância. Na atualidade, é o orbe mais visitado pelos engenhos do homem.

Marte é o quarto planeta a partir do Sol e o segundo mais próximo da Terra. Seu tamanho é menor: se repartíssemos a esfera terrestre em sete glóbulos iguais e tomássemos um deles, este teria o tamanho de Marte. Um dia marciano tem duração de 24 horas e 37 minutos, quase igual ao da Terra, mas seu ano é de 686 dias, quase o dobro do nosso. Enquanto a temperatura média na Terra é de 15 graus centígrados, a de Marte é de 50 graus abaixo de zero – um frio polar intenso e insuportável.

À noite, Marte é visto nos céus como objeto redondo e avermelhado. Observado ao telescópio, sua superfície é notada sem nitidez, apresentando sinais de gelo nos Polos e, nas demais áreas, manchas escuras e estranhos sinais quase retos, os quais, em 1877, o astrônomo italiano Giovanni Schiaparelli chamou de *canali* (canais). No entanto, a sonda espacial Mariner 4, enviada a Marte, em 1964, pelos Estados Unidos, orbitando o planeta em julho do ano seguinte mostrou em imagens que os famosos canais de *Schiaparelli* eram apenas alinhamentos naturais de crateras e colinas no solo marciano.

Os engenhos do projeto Mariner continuaram voando e transmitindo inúmeras imagens de formações naturais na superfície do planeta. Os dados recebidos pela NASA, antes do início da década de 1970, sepultaram de vez para o público as esperanças de vida inteligente no planeta vermelho.

A atmosfera de Marte é composta por muito dióxido de carbono (gás do efeito estufa) misturado com pouco de nitrogênio e argônio, tendo quase nada de oxigênio. Há uma pequena quantidade de vapor de água que se condensa em locais definidos, produzindo fina camada de nuvem e neblina. As calotas polares marcianas contêm pequena quantidade de gelo de água durante o verão.

Embora haja estudos para o homem alterar artificialmente a atmosfera de Marte e estabelecer ali uma base permanente

UNIVERSO PROFUNDO

de atuação, na verdade se trata apenas de estudo, pois muito ainda terá de ser feito para a concretização de tal ideia. Hoje, sabemos que a atmosfera do planeta não pode ser respirada e seu ambiente é hostil ao tipo de vida terrestre.

A superfície de Marte apresenta marcas esféricas semelhantes a crateras de impacto, tem um solo avermelhado, formado de areia fina, com muitas rochas, colinas, vales, planícies extensas, montanhas e imensos vulcões extintos, cujo maior é chamado Olympus Mons, com 25 mil metros de altura e 500 quilômetros de extensão. As tempestades de vento que batem ali varrem o solo marciano, formando nuvens de areia fina que cobrem toda sua superfície. A severidade dos ventos até 500 quilômetros por hora provoca forte erosão no solo e desgasta vigorosamente as rochas.

Marte tem duas luas: Fobos, que lhe orbita mais perto, e Deimos, mais distante. Ambas são pequenas, com menos de 25 quilômetros de circunferência irregular. Acredita-se que foram capturadas pela gravidade do planeta.

Com esse cartão de visitas, nada animador, ainda assim o que mais se pergunta é:

– Existe alguma forma de vida em Marte? Tal indagação, difícil de responder sem engano, está prestes a ser respondida.

Em 1976, com grande precisão de imagens, as sondas norte-americanas, Viking 1 e 2, pousaram na superfície de Marte e não registraram a presença de vida. Buscando micro--organismos no solo, os equipamentos nada encontraram, mas os testes não foram considerados confiáveis e a dúvida quanto à existência de vida microscópica permaneceu.

Entretanto, nessa missão ocorreu um fato intrigante. Quando a primeira Viking realizava uma série de fotografias à distância para fornecer dados de pouso à segunda nave, obteve imagens da superfície que, estranhamente, sugeriam o desenho intencional de um rosto humano gigantesco e de uma formação piramidal quilométrica. Ambas as figuras foram popularmente chamadas de *A Face de Marte* e *As Pirâmides*.

Não foram poucos os que viram nelas a intenção de seres extraterrestres mostrarem ali sua presença no passado, com marcas no solo.

De fato, o caso dava o que pensar. As fotos da Face e da Pirâmide foram obtidas numa região com mais de três quilômetros de extensão, denominada Cydonia, num planeta em que há muito se busca resposta sobre a existência ou não de vida. A NASA divulgou que eram formações rochosas naturais, mas não apresentou argumentos convincentes, dando margem a especulações de ser tudo artifício do governo para esconder a prova efetiva da presença alienígena em Marte, já que na Terra existem evidências do fenômeno ufo desde 1947 e o governo as contradiz.

Em 1997, a Mars Global Surveyor esteve na região de Cydonia e tirou fotos com mais nitidez que as Vikings, mas o ângulo escolhido não fora o melhor, e as imagens perderam muito dos aspectos sugestivos anteriores. O mistério não só permaneceu, como a expectativa aumentou ainda mais.

Em abril de 2001, a mesma região foi novamente fotografada em vários ângulos e, no mês seguinte, os resultados foram divulgados pela NASA, que afirmou não ter mais dúvida de que as figuras nas fotos eram formações rochosas naturais, não construções alienígenas. Mas como os órgãos oficiais estão desacreditados há muito por negações inconsistentes do fenômeno ufo, o caso continuou intrigante para alguns.

O que se busca atualmente são evidências de existir em Marte alguma base alienígena, construída por civilização extrassolar, onde os engenhos poderiam ficar camuflados e partirem dali para chegar facilmente à Terra. Trata-se de investigação de segurança, sugerida por órgão militar desde o antigo Projeto Blue Book (Livro Azul), que estudara os ufos nos Estados Unidos.

Nas pesquisas de vida marciana, quando os cientistas encontraram evidências de que em algum momento a água poderia ter corrido na superfície de Marte, a possibilidade de vida voltou à baila. Embora a existência de água não seja um sinônimo de vida, o fato é que a presença dela aumenta

UNIVERSO PROFUNDO

as chances de a vida eclodir. Além disso, o estudo de alguns meteoritos também confirmou a expectativa de vida em Marte.

Em 1984, uma expedição científica da NASA encontrou no campo de gelo Allan Hills, na Antártida, um pedaço de meteorito com idade de 4,5 bilhões de anos, denominado ALH 84001, que parecia conter estrutura de vida microscópica, semelhante à bactéria, e cuja datação remontava 3,9 bilhões de anos. Portanto, apresentava sinais orgânicos mais antigos do que qualquer organismo primitivo já encontrado na Terra.

Essa rocha foi guardada pela NASA no Laboratório de Processamento de Meteoritos do Centro Espacial de Johnson, em Houston, e seria parte de uma lasca maior que se desprendera de Marte há 16 milhões de anos. Após viajar pelo cosmos, caíra na Terra há 13 mil anos, mantendo-se intacta até 1984, quando foi encontrada.

Em agosto de 1996, numa publicação oficial, alguns cientistas divulgaram ter concluído estudos confirmando a existência de organismos primitivos em amostras do meteorito marciano. Entretanto, no meio científico, ficaram dúvidas sobre a real procedência da rocha e sua composição, que poderia já estar contaminada de vida terrestre. Vários cientistas disseram que essa dúvida apenas será resolvida quando amostras forem coletadas no solo marciano e examinadas em laboratório. Antes disso, nada poderá ser confirmado.

Em julho de 1997, enquanto a Mars Global Surveyor permanecia em órbita de Marte, a sonda Pathfinder pousou em solo marciano, auxiliada por paraquedas e imensos *airbags* que lhe diminuíram a velocidade e o impacto da queda. Assim, pousada em condições de operação, a sonda lançou o microjipe Sojourner, para rodar na superfície de Marte, coletar amostras do solo, analisar o material *in loco* e retornar à base para transmissão dos dados à Terra. O resultado positivo não veio. Indícios de vida não foram achados. Mas, ainda assim, não há dúvida de que o enigma da vida no planeta vermelho poderá ser solucionado em breve, talvez no curso de alguns programas espaciais nas décadas iniciais do século XXI.

PEDRO DE CAMPOS INSTRUÇÕES DE ERASTO

O projeto europeu Mars Express, lançado em 2003, fora idealizado para entender o porquê de Marte ser tão desértico e se haveria sinais de bactérias em locais onde a água marciana teria corrido no passado. Em órbita, seu equipamento qualificado para pesquisar a existência de água no subsolo e se haveria organismos abaixo do solo, de modo inusitado captou a presença de metano (gás produzido por bactérias), sem que se soubesse o motivo, exigindo novas pesquisas ao longo dos anos.

Os Mars Exploration Rovers (veículos exploradores de Marte) da NASA, robôs-geólogos motorizados, dirigidos por controle remoto e autonomia para rodar centenas de metros por dia no solo, foram idealizados para integrar missões exploratórias. Os veículos Spirit e Opportunity transmitiram a composição das rochas e pesquisaram água, sem necessidade de retorno à base na transmissão dos dados, como requeria o projeto anterior.

No final da primeira década do século XXI entraram em operação alguns robôs mais avançados, fabricados com nanotecnologia. O aperfeiçoamento dessa técnica, em missões nas décadas seguintes, poderá coletar amostras de solo marciano e transportá-las à nave, quando for possível o retorno dela à Terra.

Na atual conjuntura, está em planejamento uma série de experimentos que poderão ser levados a efeito visando à primeira missão tripulada a Marte. Uma pequena frota de naves, em operação sincronizada, poderá partir da Terra e levar o homem à sua maior façanha espacial da história.

No passado, as sondas do projeto Mars atingiram o planeta entre dez a 11 meses de viagem, mas naves espaciais velozes podem fazê-lo em menos tempo. Hoje, a velocidade alcançada nos engenhos é de 46 mil quilômetros por hora. A NASA trabalha com essa velocidade para colocar o homem em Marte. Prevê uma missão de 879 dias, sendo 150 de ida, 110 de volta e uma estadia de 619 dias. Na permanência, seriam realizadas pesquisas em solo marciano até o momento certo da partida, ponto em que a distância da Terra é menor.

UNIVERSO PROFUNDO

A dificuldade crucial da missão é o propelente da nave. O engenho não pode levar peso excessivo, por isso precisa de propelente leve, quer levado pela nave quer obtido no vácuo ou no próprio planeta. A nave não pode ser tão pequena a ponto de dificultar a longa permanência dos astronautas, nem a viagem tão extensa a ponto de colocar o organismo humano frente a radiações do vácuo que não pode suportar.

O tamanho da nave e seu tempo de viagem estão vinculados à capacidade de propulsão e ao propelente. A nave precisa acelerar e desacelerar no vácuo para cumprir sua missão, mas de modo satisfatório e suportável pelo homem, sem lhe causar dano. As pesquisas, os protótipos e as melhorias tecnológicas devem caminhar a passos largos, na tentativa de a sociedade humana colocar o homem em Marte até meados do século XXI.

É certo que se for achado vida em Marte, ela seria apenas de micro-organismos; estaria muito, mas muito distante da vida inteligente que gostaríamos de encontrar ali. Ainda assim, tal descoberta seria palpitante – iria demonstrar que a vida pode surgir além da Terra, em outras paragens do infinito, e os desdobramentos disso seriam enormes.

Dando interpretação atual aos escritos de Georges, publicados na *Revista Espírita*, em outubro de 1860, e ao ensaio intuitivo de Camille Flammarion, em *Urânia*,[3] registrou Erasto:

"Pedi ao homem do mar para descrever sua morada e tereis o casebre, os barcos e a paisagem oceânica. Pedi ao beduíno para descrever onde habita e tereis a tenda, as areias e o deserto escaldante. Pedi ao índio amazônico para descrever sua morada e tereis as matas, os corpos nus e os animais. Pedi ao esquimó para descrever onde habita e tereis o abrigo de gelo, os trenós e as roupas de

---

[3] Em Flammarion, destacamos as conclusões finais XVI e XIX nos seguintes lances: "A vida terrestre não é o tipo das outras vidas. Ilimitada diversidade reina no universo". Nele há mundos "onde os seres são tão leves e tão tênues que seriam invisíveis para olhos terrestres". Nós, terrestres, "trazemos a incerteza da imortalidade porque somos as rodas microscópicas de um mecanismo desconhecido". Cf. Bibl.

pele animal. Pedi ao mendigo para descrever sua morada e tereis as ruas, as praças e as marquises. Pedi ao rico para descrever onde habita e tereis as fazendas, as mansões e os palácios.

"Cada uma dessas moradias não é senão parte de uma morada maior: a Terra, compartimentos de uma mesma casa planetária que abriga habitantes em diferentes graus de progresso. Pedi ao matemático para estabelecer a média e ele vos dará o comum a todos, uma realidade inexistente, que não expressaria a situação de ninguém: o índio não mais seria índio e o rico não mais existiria. Os espíritos geralmente não descrevem a média, mas a condição sucinta de alguma existência real. Os espíritos sérios, quando relatam a vida nos planetas, fazem-no com propósito altruísta, são breves e referem-se à condição existente num ou noutro cômodo da casa planetária.

"É certo que a verdade não pode existir em coisas que divergem, mas deveis considerar que numa casa planetária há vários cômodos e o observador pode apenas descrever um deles.

"Em cada localidade dimensionalista encontrareis espíritos em diferentes graus de evolução, revestindo formas corpóreas distintas. A substância dessa forma corporal é matéria disposta em feixes de partículas de energia que vibram numa outra dimensão do espaço-tempo, diferente da do vosso mundo visível.

"Vossos estudiosos de séculos passados não poderiam entender essa composição corporal insólita. Não tinham as Teorias da Relatividade, da Mecânica Quântica e as tentativas de uma concepção unificada delas para auxiliá-los. A falta de melhor relação física para a correta compreensão desse corpo diferente da carne e menos material do que ela fê-los imaginar a existência em outro planeta de um corpo semelhante ao vosso, produto do meio físico-químico do planeta, mas, ainda assim, material como ele. Pensando dessa maneira, não puderam entender que quando os espíritos falavam de corpo menos material existente nos planetas do vosso Sistema Solar referiam-se a uma composição corpórea fluídica: corpo numa outra vibração da matéria, espécie de eletricidade; corpo de energia, de 'antimatéria' ou matéria ultraterrestre que está além da vossa composição molecular densa.

UNIVERSO PROFUNDO

"Assim, deveis compreender que os ultraterrestres de Marte[4] e os de outros planetas do vosso Sistema Solar estão todos numa outra vibração da matéria. A 'Teoria do Universo Profundo', esplanada em capítulo específico, retrata para vós o desenvolvimento daqueles seres invisíveis.

"Em linhas gerais, a evolução marciana é anterior à vossa. Enquanto na Terra os primatas deram origem à vossa espécie, no mundo dimensionalista de Marte foram as aves que evolucionaram e deram origem à espécie pensante mais evoluída.

"Partiram primeiro que vós na escalada. Contudo, diverso de vós, as formas evolutivas intermediárias, equivalentes aos vossos elos perdidos na escalada do primata ao homem, ali continuam a viver plenas de vigor. Assim, formas corporais menos evoluídas, componentes inferiores da extensa fieira que formou o tipo inteligente principal, ali também vivem e formam um ambiente evolutivo muito mais diversificado que o vosso.

"Podeis compreender assim o porquê do início desta dissertação e, também, da aparente divergência entre algumas comunicações espirituais que trataram da condição evolutiva daquelas criaturas. O vosso mundo material, diferente daquela esfera invisível, e o vosso sistema evolutivo, sem criaturas intermediárias viventes na Terra, não vos deram a compreensão adequada do 'fenômeno da vida' naquelas paragens.

"A vida ultraterrestre ali existente tem forma corporal semelhante à humana. Embora de estruturação diferente, por apresentar protuberâncias na região nasal e na dos ombros, ainda assim são criaturas com cabeça, tronco e membros, semelhantes a vós.

"Há ali certas espécies onde encontrareis macho e fêmea, algo semelhante ao vosso sistema procriador. Contudo, as criaturas mais evoluídas procriam de maneira muito diferente da vossa.

---

[4] Num programa de televisão, em 1971, Chico Xavier fora indagado do porquê de em 1935 ter anunciado no livro (*Cartas de uma morta*) que Marte era habitado, sendo que as sondas norte-americanas (30 anos depois) tinham comprovado que o planeta era deserto como a Lua. O espírito Emmanuel, presente, esclareceu: "Precisamos esperar o progresso da ciência na descoberta mais ampla e na definição mais precisa daquilo que chamamos de antimatéria" – e prosseguiu –, "então saberemos que o espaço não está vazio; conquanto as afirmações da ciência e as sondas possam trazer respostas negativas do ponto de vista físico, precisamos compreender que a vida se estende em outras dimensões" (*Pinga fogo*, p.82). Cf. Bibl.

"A alimentação bucal é somente para algumas espécies. Para as mais evoluídas, a própria natureza as nutre, assim como o alimento na água nutre os peixes.

"A forma de comunicação é mental. Ondas cerebrais emitidas com frequência certa sensibilizam cérebros na mesma vibração, operando numa variação de energia inconcebível à vossa apreciação. O descolamento corporal é aéreo, mas para cobrir grandes distâncias se utilizam de engenhos extrafísicos que cruzam rapidamente os ares daquela atmosfera.

"O corpo é 'menos material' que o vosso e os órgãos em nada se assemelham. A vida é vivida de maneira alada, leve como o ar e esvoaçante como a pluma. São seres incomuns. Se alguns de vós poderíeis achá-los belos, outros, contudo, os acharíeis monstruosos. Não há termos de comparação para defini-los, por isso a ideia exata para vossa compreensão está prejudicada. Não podeis vê-los, pois para vós são como 'seres espirituais'."

JÚPITER · A GIGANTESCA BOLA DE GÁS

Júpiter é o quinto planeta em distância do Sol e o orbe gasoso mais próximo da Terra. O maior planeta do Sistema Solar é 318 vezes maior que a Terra em massa, 1.323 vezes em volume e tem um diâmetro equatorial 11 vezes maior. O dia de Júpiter tem 10 horas, e seu ano equivale a 12 dos nossos.

Para entrar ou sair da atmosfera de Júpiter é preciso imprimir uma velocidade de 215 mil quilômetros por hora. Se uma nave pudesse viajar acelerando assim, Júpiter seria alcançado em cerca de um semestre, menos que os dois anos gastos pela Voyager 2.

A superfície de Júpiter não pode ser comparada à da Terra. O que se vê daqui é apenas uma capa envolvente de nuvem composta de gás metano e amoníaco. Abaixo dessa camada gasosa, há um núcleo rochoso envolvido por uma mistura de hidrogênio e hélio que, quando submetidos à alta pressão e à baixa temperatura, se juntam como metal.

Acima dessa camada metálica há uma formação líquida, também de hidrogênio e hélio, imersa numa camada gasosa externa com espessura de mil quilômetros. A temperatura no tope dessas nuvens é cerca de 120 graus negativos, mas percorrendo alguns quilômetros abaixo, ela pode subir para apenas alguns graus acima de zero.

Com efeito, trata-se de uma bola gasosa diferente da massa terrestre. Impossível de ser penetrada por astronaves com a nossa tecnologia atual, pois além de uma velocidade de 215 mil quilômetros por hora, seria preciso também criar um campo de forças, uma couraça artificial de defesa contra as condições extremas, corrosivas, e aos impactos de materiais sólidos; caso contrário, o pouso não seria atingido.

Júpiter é planeta dos mais visíveis no céu noturno, apenas superado por Vênus e Marte. Com pequeno telescópio, nota-se ser ele uma esfera achatada nos Polos, cruzada por faixas de nuvens claras e escuras, e marcada por grande mancha vermelha, três vezes maior que a Terra, que aparece em cada rotação da esfera.

A extensa família de orbes vinculados a Júpiter tem aumentado constantemente. Novos equipamentos detectaram que em órbita do planeta giram 28 satélites, 12 a mais que os 16 anteriormente conhecidos. Os quatro maiores foram descobertos por Galileu, em 1610. Ganímedes e Calisto, os maiores, têm quase o dobro da Lua, enquanto Europa e Io são equivalentes ao satélite terrestre. Os demais corpos, pequenos, foram batizados com nomes da mitologia greco-romana.

Tudo que sabemos de Júpiter e seus satélites vieram das sondas espaciais que passaram por aqueles distritos. Em 1979, a Voyager 1 mostrou Júpiter circundado por tênue anel de finíssimos fragmentos sólidos, não avistados da Terra, talvez originados pela forte atividade vulcânica do satélite Io ou, então, por restos de cometas e meteoritos.

A Voyager 2, por sua vez, fez novos estudos e constatou que há em Júpiter três anéis. O interno, conhecido como *halo*, assemelha-se a uma nebulosa; o intermediário, tido como *anel principal*; e o externo, que é transparente como *nuvem*, composto de minúsculos fragmentos oriundos do choque de meteoros contra as luas de Júpiter.

PEDRO DE CAMPOS INSTRUÇÕES DE ERASTO

Várias sondas espaciais estudaram Júpiter e enviam dados à Terra. A sonda Galileu ingressou no sistema em 1995, transmitiu fotografias coloridas, imagens infravermelhas e medições de campos magnéticos. A sonda Cassini, nos últimos dias do ano 2000, transmitiu imagens e sons espetaculares de Júpiter, depois seguiu seu rumo.

Cassini captou, no anel externo de nuvens do planeta, ondulações de campos magnéticos e as converteu em sons que se assemelham ao das baleias. Ondas curtas de rádio, também captadas, foram atribuídas às atividades de Io que, por estar dentro do campo magnético, pode ter causado as tais ondas, em forma de ruídos de rádio.

Em janeiro de 2002, seguindo seu curso e passando por Europa, Cassini transmitiu fotografias belíssimas, mostrando a monumental camada de gelo que envolve aquela lua, parecendo esconder em seu interior um imenso oceano.

Europa se tornou então o orbe do Sistema Solar mais promissor para a pesquisa de vida rudimentar. As informações de Cassini foram tão boas que o projeto da NASA de alcançar Europa ganhou novo impulso, prevendo-se estacionar uma sonda sobre Europa e procurar vida sob a sua extensa camada de gelo, com grande chance de realizar a operação com êxito a partir da terceira década deste milênio.

Concluiu-se que as quatro maiores luas de Júpiter são mais sugestivas ao estudo da vida do que o próprio planeta. A sonda Galileu mostrou que Io é fantasticamente interessante. Em razão das monumentais forças magnéticas de Júpiter e de outras luas próximas, a superfície de Io está em constante mudança. É um verdadeiro fole que sobe e desce dezenas de metros, aumentando a temperatura interna e formando vulcões em permanente erupção, que lançam magma à altura de centenas de metros.

Trata-se de um solo furioso, em permanente atividade vulcânica, com lagos de lava a 1650 graus de temperatura, enquanto ao lado, o termômetro cai para 160 graus abaixo de zero. É um inferno quente e gelado de gás venenoso, com cadeias de montanhas gigantes e fantásticos vulcões.

UNIVERSO PROFUNDO

A seu turno, as luas Calisto e Ganímedes são também sugestivas. A primeira tem a maior quantidade de crateras do Sistema Solar e parece não ter atividade geológica em seu interior. A segunda tem campo magnético próprio e parece coberta por camadas de gelo de água.

Europa é a mais sugestiva de todas para encontrar vida. Sua estrutura assemelha-se à do Polo Norte terrestre. Na superfície há vulcões em atividade e um sistema de altas formações, em alinhamento, denunciando a presença de vales extensos e de colinas repontadas que se entre cruzam. Em certas regiões, blocos congelados do tamanho de uma cidade parecem deslizar pela superfície gelada, a qual está coberta por espessa crosta de gelo liso, onde se pensa estar submersa uma quantidade de água maior que a dos oceanos da Terra.

Estima-se que no núcleo de Europa possa conter magma em ebulição; se for assim, as emanações quentes de seu organismo interno poderiam aquecer as águas oceânicas e produzir vida algo semelhante à dos oceanos gelados da Terra em regiões abissais.

Existe vida em Júpiter? – É a pergunta mais frequente.

Vida inteligente, a ciência atesta que não há. Nas luas de Júpiter poderá haver algum tipo de vida rudimentar, na forma de micro-organismos. Se, por exemplo, em Europa, o orbe mais sugestivo, for encontrado algum vegetal marinho, tal fato será surpreendente, porque o vegetal é *vida evolucionada*, embora rudimentar comparando-se com a vida mais simples do reino animal nos oceanos. Mas, ainda assim, tal fato será fantástico, face às condições extremas daquelas paragens, tão adversas à vida como nós a conhecemos na Terra.

Atualmente, as maiores esperanças científicas para encontrar vida em algum orbe do Sistema Solar estão depositadas nas luas de Júpiter.

Os comentários deste segmento são de autoria de Erasto, transcritos aqui na linguagem original do espírito, como os demais que foram dados por ele nesta obra. O espírito analisa hoje as perguntas de Kardec ao espírito Bernard Palissy, feitas nos idos de março de 1858, publicadas na *Revista Espírita* do mês seguinte.

Vale lembrar que no século XIX interessava conhecer a situação moral dos habitantes de outros mundos, sua forma física e o estado geológico do globo. Em não havendo na época conhecimento científico para o homem entender a questão extrafísica, os espíritos se voltaram à questão moral, porque somente ela seria capaz de evidenciar o real propósito de outras civilizações atuando na Terra e, caso fosse ela elevada, poderia influenciar positivamente o homem na sua evolução.

Hoje, o saber científico é bem maior do que antes, por isso a análise, além do aspecto moral, avança no conceito físico-corpóreo, mas não o resolve; porque, quanto ao entendimento da matéria invisível o estágio científico é ainda insuficiente. A moral, por sua vez, continua alvo para melhoria do homem.

> "Observai de início o comentário de Kardec: 'Em Júpiter está o repouso dos espíritos mais elevados, cujo envoltório etéreo nada mais tem das propriedades conhecidas da matéria.'[5]
>
> "Assim vos é possível compreender que naquele mundo o espírito se une a um novo corpo para evoluir, corpo diferente do vosso, um envoltório etéreo, com outras propriedades diferentes da vossa composição material. Portanto, renasce em corpo ultraterrestre que não pode ser visto pelos vossos olhos.
>
> "Considerai que o mundo dos espíritos é formado por entidades desprendidas dos liames corpóreos. É composto por todas as entidades em estado errante, englobando as da Terra e as de todos os outros orbes do universo, sejam eles sólidos, gasosos, radiantes, sejam das profundezas etéricas. Conforme o grau de progresso alcançado nas experiências corpóreas, os espíritos errantes gravitam nas esferas do espaço-tempo, obedecendo a seu peso específico. Os mais evoluídos orbitam em esferas mais sutis, e os menos

---

[5] *Revista Espírita*, março de 1858, Júpiter e Outros Mundos.

UNIVERSO PROFUNDO

evoluídos, em regiões mais condensadas. Com exceção da classe dos espíritos puros, todas as demais devem renascer em formas corpóreas para evoluir.

"Assim, considerai que as almas presas aos liames corporais evoluem nos orbes mais diferentes do cosmos. O mundo dos seres corpóreos é composto por todas as almas em 'estado encarnado', isto é, 'unidas a um corpo num mundo qualquer'[6] do universo. Esses mundos podem ser sólidos como a Terra, de onde germina o corpo de carne, ou ser gasosos, radiantes ou das profundezas etéreas, mundos onde tem origem variedades de corpos menos materiais, semelhantes à energia, por assim dizer. Cada alma estagia segundo seu grau de progresso e avança subindo a escalada nas imponderáveis esferas da casa de Deus.

"Júpiter é um desses mundos. Habitado por espíritos de segunda ordem, entidades que chegaram ao meio da escala evolutiva, ali predomina o desejo do bem. Alguns de seus habitantes dominam as ciências, enquanto outros dominam a sabedoria e a bondade, os mais adiantados juntam a essas suas qualidades morais.

"Em Júpiter, os espíritos renascem numa composição corpórea que não lhes oculta o perispírito. Embora para eles os corpos sejam compactos e impenetráveis, para vós são absolutamente invisíveis. Seu tipo corporal vos assemelha, embora mais altos e belos, porque a evolução do espírito se reflete no corpo que ele produz. A composição corpórea é menos material, menos densa e de peso específico leve; flutua de um lugar para outro, quase sem fadiga, diferente da vossa que pesadamente caminha na Terra. A matéria não lhes causa empecilho ao deslocamento.

"A vida animal é mais desenvolvida, não há confronto entre elas. Animais mais adiantados, mas ainda desprovidos da razão, possuem habilidades manuais. O desenvolvimento da humanidade da Terra comparado ao da de Júpiter está na retaguarda alguns milhões de anos. O homem está para eles assim como os hominídeos inaugurais estão para o homem.

---

[6] Na expressão de Kardec – *Revista Espírita*, fevereiro de 1858 –, o dizer "estado encarnado" denota que a denominação *encarnado/reencarnado* é usada para definir seres habitantes num mundo qualquer; não necessariamente em corpos de carne, mas em um corpo – espírito revestido de alguma forma corpórea. Portanto, estar unido novamente a um corpo, na Terra significa *reencarnar*, enquanto em outros mundos, onde não há carne, equivale a *renascer*. Assim, em corpos menos materiais o espírito também renasce, segundo Erasto.

PEDRO DE CAMPOS INSTRUÇÕES DE ERASTO

"Como em toda parte do cosmos, o trabalho dignifica a criatura. As renascidas em Júpiter podem atravessar mundos e atuar beneficiando espíritos errantes e almas presas aos liames corporais de mundos menos adiantados. A clarividência das dimensões inferiores possibilita-lhes atuar aliviando infortunados. São aqueles a quem chamais 'bons espíritos'.

"A comunicação pelo pensamento soa como a voz humana, é realizada a grandes distâncias. Não há cansaço excessivo e o repouso se faz em condições de prazer, sem o sono que vos pernoita. A alimentação é frugal, e a doença não lhes acomete o corpo aperfeiçoado.

"Em condições diferentes da vossa se faz a união conjugal e a reprodução da espécie. A duração da vida corpórea se estende por meio milênio do vosso tempo. A matéria corporal, mais depurada, dissipa-se na atmosfera após a morte, sem ser submetida à decomposição.

"Isso vos ensina um pouco quão felizes são as paragens que estarão à vossa disposição quando subirdes na escalada do progresso. Sede determinados e marchai, porque na casa de Deus há muitas moradas."

SATURNO · UMA BELEZA TORMENTOSA

De beleza inigualável no Sistema Solar, Saturno é o planeta mais divulgado nas fotos e nas obras de arte – o orbe mais apreciado. Sua magnífica composição de anéis é responsável por tal beleza e admiração.

O segundo maior orbe do Sistema é 95 vezes maior que a Terra em massa, 744 vezes em volume e diâmetro equatorial nove vezes maior. O dia de Saturno tem 10 horas e seu ano equivale a 30 dos nossos. Para entrar ou sair da atmosfera de Saturno é preciso imprimir uma velocidade de 130 mil quilômetros por hora. Se uma nave espacial pudesse viajar a essa velocidade, Saturno seria alcançado em menos de dois anos, diferente dos três anos e meio gastos pela Voyager 1.

Tudo que sabemos do planeta menos denso do nosso Sistema é proveniente de informações das sondas espaciais.

UNIVERSO PROFUNDO

As Voyager nos trouxeram muito conhecimento de Saturno e seus satélites.

O interior do planeta parece constituído por material rochoso de massa densa e diâmetro semelhante ao da Terra. Tal massa está envolvida por líquido composto de hidrogênio e hélio, que por sua vez está coberto de atmosfera gasosa com uns mil quilômetros de espessura, na qual pairam as nuvens visíveis na superfície do planeta. A composição atmosférica de Saturno é quase toda de hidrogênio, misturada com pouco de hélio e de outras substâncias químicas.

Embora saibamos hoje que todos os planetas gasosos possuem anéis ao seu redor, Saturno é aquele que os exibe de maneira mais proeminente. Em razão disso, os anéis foram observados em princípio por Galileu e, em 1656, por Huygens. O astrônomo Cassini, em 1675, descobriu que entre eles há espaços formando largas aberturas. Hoje, contudo, o saber é mais amplo. Sabemos que os anéis estão constituídos por milhares e milhares de partículas com cerca de dez metros de diâmetro, formadas por algum tipo de gelo ou cristal reluzente semelhante aos encontrados nos cometas.

Saturno tem muitos satélites. Titã é o mais sugestivo deles; com quase o dobro de tamanho da nossa Lua, parece ser o único a satélite do sistema planetário a ter atmosfera, ainda que totalmente inóspita – formada de gás metano. Tétis e Díone são pequenos, cada qual equivalente à terça parte do satélite terrestre em tamanho. Enquanto Tétis parece estar cheio de gelo e ter algumas crateras, Díone as tem em quantidade, além de possuir grandes planícies.

Saturno pode ser visto facilmente nos céus a olho nu. No céu do hemisfério norte, no começo do ano, é encontrado entre as constelações de Órion e Taurus. É um globo circular imponente, de tom avermelhado.

O telescópio espacial Hubble forneceu magníficas imagens de Saturno. Mostrou sua belíssima formação de anéis, suas tormentas de ar quente que varrem o orbe com rajadas de vento e suas nuvens brancas de cristais de gelo, formadas quando o fluxo ascendente de ar quente abre caminho entre as nuvens altas.

A sonda Cassini-Huygens, desenvolvida pela NASA com a colaboração da Agência Espacial Europeia – ESA, em sua missão de 11 anos viajou com propósito de ampliar os conhecimentos de Saturno. Orbitando o planeta ao redor do Equador e dos Polos por uma centena de vezes, a Cassini registrou e forneceu dados científicos da atmosfera, dos anéis, dos satélites e transmitiu imagens mais detalhadas que as do Hubble. A Cassini lançou Huygens para descer em Titã, um inferno químico de 180 graus abaixo de zero, com a finalidade de registrar e transmitir rapidamente dados e imagens à Terra. Em Titã foi mostrado um insólito mar de metano liquefeito, obtido numa condição extrema de temperatura e pressão, ponteado por montanhas enregeladas.

Todos os planetas do Sistema Solar foram contemplados com incursões de sondas espaciais, as quais ainda deverão ser lançadas seguidamente pelo homem com a finalidade de descortinar não somente as paragens cósmicas, mas as possibilidades de o homem sonhar, na marcha dos milênios, com o povoamento de outros orbes. Então, em suas íntimas cogitações, haveria no futuro, no nosso Sistema Solar, outras inteligências conscientes de físico semelhante ao nosso; haveria filhos do homem povoando os planetas solares – seres humanos, mas não terrestres!

Dando interpretação atual aos escritos de Maria João de Deus, publicados em *Cartas de uma morta*, de 1935, registrou Erasto:

> "Saturno abriga uma humanidade em processo elevado de regeneração. O estágio evolutivo de seus habitantes está bem acima do dos mundos de 'expiação' e pouco abaixo do dos mundos 'felizes'. A criatura que ali estagia, em renascimento constante, ainda está sujeita às leis que regem a matéria, experimenta sensações e desejos,

UNIVERSO PROFUNDO

mas está liberta das paixões que aniquilam o corpo e embrutecem a alma. A busca do amor fraterno nas relações sociais é constante, proporcionando bem-estar no convívio e garantia segura às necessidades principais da vida. A criatura ainda está ligada aos vínculos corporais, mas seu corpo é sutil, etéreo, por assim dizer, uma forma de energia organizada.

"Tudo na vida de Saturno é de constituição fluídica: os rios, os lagos e os mares rosados; as vegetações azuladas, o solo branquíssimo e as habitações graciosas. Uma paisagem de beleza encantadora que os vossos olhos materiais não podem contemplar.

"Seres alados, cuja formação corporal é semelhante e superior à dos habitantes de Marte que vos descrevi, evolucionam nos ares, deslocando-se facilmente pelas paragens do orbe. Naquela região elevada do espírito imperam: 'inteligência', para proceder no cotidiano, 'sensibilidade', para perceber as necessidades do próximo e 'sabedoria', para solucionar as questões da vida.

"A sensibilidade mediúnica está desenvolvida o suficiente para interagir com o mundo espiritual nas horas de conforto e recolhimento. E a morte não lhes causa amargor algum, porque conhecem a vida do espírito. Não são perfeitos e não gozam da felicidade plena, mas ao homem seria motivo de grata felicidade viver naquele mundo regenerado.

"Naquela outra dimensão do espaço-tempo o desenvolvimento científico, conseguido pelas criaturas, produziu engenhos que tornaram o trabalho leve e o estudo altamente prazeroso, proporcionando, à alma, viagens encantadoras para conhecimento de outras paragens cósmicas."

Sobre as criaturas intrusas que aportam à Terra, o próximo capítulo pretende aclarar um pouco o conhecimento delas e mostrar o entendimento espírita do tema.

6

INTRUSOS E ATIVIDADE PARANORMAL

O homem já houvera descido na Lua com a nave Apolo 11, em 20 de julho de 1969, sem ter encontrado sinal de vida. A astronave norte-americana Mariner 5, que houvera partido para Vênus em 1967, já tinha transmitido seus dados à Terra. A astronave soviética Venera 6, que houvera penetrado a atmosfera de Vênus em maio de 1969, já tinha comprovado a total ausência de vida inteligente. A NASA, em agosto de 1969, houvera conseguido com a sonda Mariner 7 dados e imagens de Marte confirmando os prognósticos de não ter vida inteligente no planeta vermelho.

Com esse quadro desenhado pela NASA, mostrando a Lua e os planetas Vênus e Marte completamente desertos, no campo da Ufologia as novas investidas seriam no sentido de saber se nesses planetas haveria indícios de alguma cons-trução alienígena, de onde uma civilização extraterrestre pu-desse ter estabelecido base de atuação para fazer incursões à Terra. Mas isso seria uma tarefa somente para as primeiras décadas deste novo milênio, não para aqueles tempos.

Foi então que o secretário da Força Aérea dos Estados Unidos (USAF), Robert Seamans, em 17 de dezembro de 1969 – tendo em mãos o laudo da Comissão Condon que relatava dificuldade da Agência para divulgar resultados totalmente objetivos, examinados com critérios convencionais, e falta de base científica para explicar os fenômenos ufológicos –, veio a público é comunicou o fechamento da Agência.

Após 21 anos de investigação do fenômeno ufo, a USAF encerrava o Projeto Livro Azul.[1] As palavras foram enfáticas:

— A manutenção da Agência não se justifica nem pela necessidade de segurança nacional nem pelo interesse da ciência.

Com essa decisão, a questão insólita dos ufos ficaria ainda mais enigmática, porque "eles" não se importaram com tal decisão e continuaram a surgir nos Estados Unidos e em todo o mundo, e numa quantidade simplesmente fantástica, sem que a Força Aérea tivesse agora a responsabilidade de esclarecer publicamente os fenômenos.

Após o encerramento do Projeto, de modo curioso a responsabilidade passou às mãos da Universidade do Colorado, entidade responsável por instalar a Comissão Condon que acabaria tirando o "fardo" da Força Aérea (órgão que dera verba para contratação de seus serviços), tirando das mãos militares a incumbência de divulgar as investigações.

O trabalho acadêmico da Universidade pouco acrescentou ao que já havia de concreto nas investigações, mas haveria de incrementar a atuação dos psicólogos, conduzindo a questão ao campo da paranormalidade.

A NASA havia concluído que os fenômenos, quando não oriundos de algum desequilíbrio psíquico, somente poderiam provir de um mundo extrafísico, para o qual a ciência não tinha

---

[1] O governo norte-americano liberava então ao público as conclusões secretas dos Projetos Sign, Grudge, Blue Book (Livro Azul) e Relatório Especial n.º 14, elaborados pela Força Aérea dos Estados Unidos (USAF), nos quais constam mais de 12 mil casos de ufos. Com os documentos em mãos, o doutor J. Allen Hynek fez o livro *OVNI – relatório Hynek*, enquanto Brad Steiger escreveu *Projeto livro azul*. Cf. Bibl.

explicação objetiva. Em razão disso, a Agência oficial tinha de desdobrar-se para montar artifícios e apresentá-los ao público. Certas vezes, a Agência silenciava. Noutras, atribuía-os à ação da atmosfera. O usual era divulgar que certa porcentagem de fenômenos estava explicada e que o restante permanecia em estudo, dizendo sempre que os casos ainda pendentes quase nada representavam no total, indicando fenômenos comuns. Certas vezes, a investigação nada concluía, enquanto os porta-vozes divulgavam versões dissimuladas, enrolando o público.

O Caso Exeter, ocorrido em 3 de setembro de 1965, investigado a fundo na imprensa norte-americana por John Fuller, é exemplo interessante.

Um recruta da Marinha e dois oficiais de polícia em serviço avistaram durante a madrugada, por duas vezes, um ufo brilhante, de uns trinta metros de circunferência, que tremia luzes e voara velozmente sobre as suas cabeças, sem fazer qualquer barulho. O objeto passou tão perto, que um dos oficiais se jogou no chão e puxou a arma.

As testemunhas do avistamento eram altamente confiáveis e as investigações foram intensas. Na conclusão do caso, o relatório oficial do diretor do Serviço Administrativo da Base Pease da Força Aérea, em Portsmouth, embora nada concluísse, finalizou de modo compreensível:

— Desta vez foi impossível determinar a causa provável desse avistamento. Os três observadores parecem pessoas estáveis e dignas de confiança, especialmente os dois oficiais. Examinei a área e não consegui descobrir nada que pudesse ter sido a causa provável do incidente.

No entanto, a necessidade oficial de resposta conclusiva fez o porta-voz do Pentágono autorizar a publicação de seu pronunciamento na *Gazette de Haverhill*, cuja conclusão desprezava séculos de conhecimento científico.

Em linhas gerais, o comunicado justificava o avistamento dizendo que além de um exercício aéreo de grande altitude, realizado pelo Comando Aéreo Estratégico, um segundo fato

UNIVERSO PROFUNDO

importante também ocorrera: um fenômeno chamado inversão climática.

O porta-voz prosseguiu dizendo:

— A mudança de clima causou oscilação e cintilação de estrelas e planetas. E completou: — Acreditamos que aquilo que fora visto naquela noite eram estrelas e planetas em formações incomuns.

O professor Vallee[2] comentou que não é possível aceitar de imediato os fenômenos ufológicos, mas também uma *inversão de temperatura* não pode fazer com que estrelas e planetas assumam a responsabilidade do fenômeno, tal como dissera o porta-voz.

Oficialmente, para a Agência, os avistamentos acabavam explicados como se fossem fenômenos físicos convencionais, porque o insólito, de origem extrafísica, não podia ser interpretado à luz da ciência. Para a NASA, em público, os fenômenos não eram uma ameaça à segurança nacional, e como a ciência não podia explicá-los, as pesquisas foram dadas como "encerradas".

Os professores Jacques e Janine Vallee ainda escreveriam com muita propriedade:

"Se nos próximos anos nada for encontrado no espaço que possa ser relacionado a este problema e se nenhum indício de civilização for descoberto em outros planetas, então a responsabilidade pela análise de toda a documentação acumulada recairá no trabalho do psicólogo [e parapsicólogo]. Se, nesse ínterim, uma explicação adequada de todos os fatos for encontrada num fenômeno físico novo, então um estudo imediato de suas manifestações será de suma importância; todos os dados coletados, referentes a aparições anteriores, serão de grande valia.O fenômeno ufo representa, com todos os seus aspectos inquietantes, um desafio dos mais indesejáveis aos conceitos físicos e filosóficos do universo... Mas está aí; não podemos recusar o estudo indefinidamente."[3]

---

[2] VALLEE, 1979, p. 51. CF. Bibl.
[3] VALLEE, 1979, p.198. Cf. Bibl.

De fato, a partir de 1965 os relatos de abdução aumentaram de maneira dramática, chegando a milhares de casos[4] e fazendo muitos acreditarem que a questão ufológica era de origem paranormal.

A partir do fechamento do Projeto Livro Azul, entraram em cena especialistas defendendo a regressão hipnótica nas pesquisas de abdução, pois a técnica fora considerada das melhores para autenticar os insólitos relatos testemunhais. Em hipnose, as testemunhas podiam liberar os bloqueios e lembrar-se de episódios retidos nas camadas internas da mente.

Uma pesquisa de opinião realizada pela Gallup, em 1978, revelou que 57 por cento do povo norte-americano davam como verdadeiro o fenômeno ufo.[5]

"A maioria das vítimas de abdução costuma logo buscar os cuidados de psicólogo e o parecer de especialista em Ufologia, percebendo, por rápidos lampejos, as desconcertantes implicações de seu contato com formas de vida alienígena" – relatou Bondarchuk.[6]

Contudo, até hoje, não obstante as evidências, a prova definitiva não veio. Os governos não as divulgam oficialmente, apenas ressaltam as negações. Mas em campo ainda ficaram os ufólogos, que não satisfeitos com as conclusões oficiais procuram reunir-se em vigílias, investigações e palestras, por sua conta e risco, tentando entender os fatos e descobrir a causa dos fenômenos.

O nosso propósito aqui é dar uma visão espírita do fenômeno ufo. Mas somente podemos dá-la como teoria, porque avançamos pontos doutrinários que somente o experimento levado a efeito de modo conjunto, englobando Ufologia,

---

[4] Atualmente, entre os ufólogos, não são poucos os que consideram haver no mundo muitas abduções. De nossa parte, uma visão espírita da questão foi mostrada aqui, no capítulo *Emancipação da alma não é abdução*.

[5] BONDARCHUK, 1982, na introdução dá como fonte *The mufon ufo journal*, abril 1978, n.125, p.18, Mutual Network, Seguin, Texas.

[6] BONDARCHUK, 1982, p. 87. Cf. Bibl.

UNIVERSO PROFUNDO

psicobiofísica, Física teórica e outros ramos do saber, poderia testar os postulados espíritas aplicando-os na decifração ufológica. O espírito, de modo semelhante a alguns tipos alienígenas, é inteligente e possui um corpo imaterial, mas tal como "eles", pode se materializar e, também, contatar o homem, deixando patente sua existência numa outra esfera de vida, evidenciada amplamente na ciência espírita.

Vamos tratar deste assunto de maneira lógica, mas não convencional, fazendo uma divisão do tema em fases para melhor analisar o intrincado quebra-cabeça alienígena.

Nas duas primeiras fases vamos observar a casuística ufológica e associá-la aos preceitos espíritas de entendimento. Embora a quantidade de casos ufológicos seja fantasticamente grande, precisaremos apenas de alguns casos para montar o nosso argumento. Na terceira fase, vamos proceder ao enquadramento dos alienígenas na escala espírita da evolução.

Conforme dissemos no início, embora as escolas ufológicas vejam o fenômeno ufo de maneira diferente, elas concordam entre si na análise de certos procedimentos que são comuns aos vários tipos alienígenas. Vamos subdividir essa maneira usual de atuação alien obedecendo ao critério espírita de classificação – semelhante ao ensinado pelos professores Vallee[7] –, para vermos de perto os intrusos que mais aportam à Terra (criaturas repulsivas) e avaliarmos o seu *grau de avanço científico* e seu *nível de maturidade moral e social.*

GRAU DE AVANÇO CIENTÍFICO

Quanto ao grau de avanço científico, observações do fenômeno ufo apontam que os engenhos alienígenas são absolutamente concretos, possuem tecnologia avançada, deixam sinais de pouso, emitem radioatividade, usam eletromagnetismo, produzem a transmutação insólita materializando e

[7] VALLE, 1979, p.198.

desmaterializando engenhos e seres vivos de maneira enigmática. Vamos ver isso de perto.

Um exemplo prático, no qual é possível observarmos a maior parte dos itens científicos denotados pelo ufo, é o Caso Mirassol, ocorrido pela primeira vez na noite de 27 para 28 de junho de 1979, na cidade de mesmo nome, localizada a 12 quilômetros de São José do Rio Preto, estado de São Paulo.

Após exaustivas investigações das autoridades, de ufólogos, de um parapsicólogo e um sensitivo, concluiu-se que a testemunha ACF, então com 21 anos, realmente fizera contato e fora abduzido nas dependências externas da fábrica em que ele trabalhava.

As investigações foram detalhadas. Houve relatos de várias testemunhas, inspeções ao local do contato, medições com instrumentos, realização de 1.474 perguntas ao abduzido. As questões foram formuladas em quatro regressões, sendo: uma, com o abduzido em estado de relaxamento, mas tendo seu subconsciente rastreado por um sensitivo experiente que se encarregava de responder às perguntas; e três outras regressões tradicionais sob o efeito de sono hipnótico, nas quais o próprio abduzido dava as respostas. Após essas três regressões, houve confrontação das respostas do abduzido com as do sensitivo.

Examinando o material e procurando achar evidências do grau de avanço científico dos intrusos, anotamos oito pontos para estudo da questão,[8] para os quais tivemos comentários.[9]

1 - Uma testemunha avistou uma bola luminosa de cor vermelha, descendo sobre o local do contato.

"Tratava-se, portanto, de um engenho que emitia luz na descida. Essa luz pode ser um indicativo de desaceleração da velocidade do engenho, porque, quando acelera, desaparece."

2 - Outra testemunha disse que todos os canais de televisão saíram do ar naquele instante.

---

[8] Caso completo em PEREIRA & BÜHLER, 1985.
[9] Comentários dados por psicofonia, com perguntas deste autor a Erasto.

UNIVERSO PROFUNDO

"Se saíram do ar, é natural pensar que houve interferência nas ondas de televisão, as quais foram distorcidas pelo funcionamento do ufo e não puderam ser captadas enquanto operava. Com a energia elétrica de rede, nada aconteceu."

3 - Um motorista relatou que o motor de seu caminhão perdeu o ritmo e parou de funcionar, pegando, depois, normalmente.

"Tal fato denota que o campo magnético formado pelo engenho interfere no funcionamento de bateria elétrica [energia armazenada, sistema diferente da energia elétrica de rede, na qual a fonte geradora está distante], mas não a danifica, porque o veículo voltou a funcionar."

4 - Houve dois relatos de pessoas que escutaram um barulho forte e penetrante zunindo como algo que iria explodir.

"Portanto, o ufo operava produzindo som, algo semelhante aos vossos engenhos."

5 - Os rastros de ida e volta do abduzido, observados pelo investigador de polícia que primeiro chegou ao local, desapareciam próximos ao banheiro, local da abdução.

"Isso denota que existe alguma técnica alienígena que possibilita ao engenho subtrair o corpo humano suavemente, levando-o à nave por levitação, sem desmaterializá-lo e, posteriormente, num efeito reverso semelhante, colocá-lo de volta no mesmo local de que fora retirado."

6 - A área onde descera o engenho estava como se estivesse varrida.

"Portanto, o engenho produziu vento, houve forte deslocamento de ar durante os eventos físicos de desaceleração e aceleração do aparelho."

7 - O cão pastor que presenciara o evento foi subjugado e depois apresentou notável mudança de comportamento, que persistiu nas semanas seguintes.

"Desse modo, o objeto fora visível também para ele, que reagiu latindo, foi subjugado e teve suas emoções alteradas por semanas."

PEDRO DE CAMPOS INSTRUÇÕES DE ERASTO

8 - O ufólogo Ney Matiel Pires, usando magnetômetro, constatou que as colunas de ferro do barracão, próximo ao pouso, estavam magnetizadas. As vigas metálicas de dentro do barracão, também estavam imantadas. O cabo tirante do poste da rede elétrica estava magnetizado. O arame farpado mais próximo ao local de aterrissagem estava imantado, e seu prolongamento, numa distância maior da cerca, não apresentava imantação. Na segunda medição, 50 dias após a primeira, o arame farpado da cerca e o cabo tirante do fio ambos tinham perdido a magnetização, enquanto os outros metais permaneciam imantados, mas em menor grau.

"Esses dados denotam que o campo de força do engenho alienígena não só produziu ondas, mas também fez transmissão de partículas, impregnando de carga elétrica o componente carbono existente no ferro e produzindo a imantação verificada na medição. É possível que a composição do solo facilitasse o engenho na sua descida, porque o ferro impregnado de carbono seria base para criação de campo eletromagnético no solo, através da radiação de energia do engenho, possibilitando ao ufo pairar no alto e realizar sua missão em terra."

— De fato, observa-se que suportes de pouso apenas ajudariam o engenho a não gastar energia. Os engenhos modernos, como, por exemplo, o trem eletromagnético japonês, usa trilho para se alçar, estabiliza-se no alto e, sem tocar o trilho, permanece sobre ele imantado; ao receber carga elétrica, dispara sem atrito a alta velocidade, superando de muito os trens convencionais. A nossa engenharia está iniciando o uso do eletromagnetismo, muito embora, há tempos, os aparelhos de telex já o utilizassem na transformação de sinais elétricos em movimentos mecânicos, criando campo eletromagnético para promover a conversão do sinal receptado.

Examinando outro acontecimento ufológico, mais exatamente o Caso Alexânia, relatado pelo general Moacyr Uchôa, testemunha do evento, despertou-nos interesse o efeito de transmutação insólita[10] da nave alienígena.

Em 6 de maio de 1970, nas proximidades de uma fazenda no município de Alexânia, em Goiás, a 100 quilômetros de

---

[10] UCHÔA, *A parapsicologia e os discos voadores*, p.117-162, Cf. Bibl.

UNIVERSO PROFUNDO

Brasília, durante os episódios que marcaram as insólitas aparições que se tornariam mundialmente conhecidas, viajavam num carro o general Uchôa, sua esposa Enita e a jovem senhora Greici Guimarães.

Após uma série de avistamentos de luzes no céu, que mudavam de posição e eram emitidas ao longe como jatos de um farol, o general Uchôa recebeu uma nítida comunicação telepática, que dizia:

— Vocês nada mais terão aqui hoje, mas vamos dar uma demonstração objetiva na estrada.

Uchôa fez um comentário sobre esse fluxo de pensamento com as duas senhoras que viajavam no carro, as quais também tinham visto as luzes. Se nada tivesse acontecido depois, a intuição da promessa alienígena ficaria por conta da imaginação do general, mas o caso foi diferente.

Numa estrada de terra, há poucos quilômetros de Alexânia, três *flashes* luminosos, consecutivos e rápidos, incidiram sobre o carro, vindos pela frente do veículo, à direita, numa altura de dez a 15 metros. O general parou à beira da estrada, observou que a noite estava escura e úmida, então disse às senhoras:

— Recebi nova informação. Não é para ficarmos aqui, parados – então subiu no carro e foi adiante.

Mais à frente, em uma grande reta, todos divisaram um objeto, ao longe, na estrada.

— Que é aquilo, general? – perguntou a senhora Greici.

— Um automóvel, é claro! – retrucou o general.

Mas as senhoras acharam o suposto veículo um pouco estranho. Todos notaram no objeto uma "luminosidade lateral acentuada" e, na traseira, um pouco mais alto, "uma única luz de tom vermelho-rosa" que se "apagava totalmente" e, em seguida, "piscava com irradiação própria, nada semelhante à luz de automóvel".

No entanto, a dúvida que pairava nos observadores, relativa ao que viam, iria desfazer-se em seguida, quando o estranho objeto se tornou mais nítido e, de maneira brusca e incomum, desapareceu diante dos três observadores, deixando-os atônitos.

PEDRO DE CAMPOS INSTRUÇÕES DE ERASTO

Prosseguindo na estrada, por cinco ou 10 minutos o objeto se deixou aproximar, diminuindo sua velocidade; então, estando ele mais próximo, os estranhos detalhes da "coisa" ficaram nítidos, sob o clarão incomum de suas próprias luzes.

Quando o farol do carro bateu no objeto, a "coisa" foi vista claramente – *Sem rodas!* – Tomados do mais vivo interesse, observamos bem e comentamos entre nós o fato insólito – escreveria depois o general. Mas, naquela hora, ele acelerou ainda mais o carro, para forçar um contato com os alienígenas.

A uns 40 ou 50 metros do objeto, pairou no ar uma estranha poeira, mais precisamente uma névoa densa, que envolveu aquela coisa singularíssima, veículo absolutamente material, parecendo bem claro ser de metal, velando-lhe a forma e diminuindo-lhe o brilho das luzes por completo.

O carro do general aproximou-se. Numa distância presumível de cinco a 10 metros, sua esposa, temerosa, exclamou:

— Cuidado, cuidado! Você vai bater nisso!

— Não, não baterei! – retrucou em ato contínuo.

Então, de repente, para espanto geral, tudo desapareceu: objeto, névoa e luz.

— Restou apenas o ambiente límpido e tranquilo de uma estrada vazia, na qual desaparecera qualquer indício daquela coisa... – registrou Uchôa.[11]

Analisando com calma os dois episódios, Mirassol e Alexânia, parece certo que os alienígenas estão num estágio de conhecimento da Física que lhes permite interferir no pequeno mundo subatômico. Para "eles", onda e partícula seriam coisas distintas e manipuláveis, tanto para isolar as ondas que formam os campos de energia quanto para reunir as partículas em feixes, em uma teia, formam objetos e conjuntos funcionais, assim como as naves e os corpos de seus operadores.

Em uma *transmutação insólita*, provocada em outra região do espaço-tempo, "eles" tomariam em nosso mundo, ao baixar a vibração e estabilizar as partículas, uma forma material

---

[11] UCHÔA, *Mergulho no hiperespaço*, p.65. Cf. Bibl.

concreta; assim, formariam corpos singulares, diferentes da nossa matéria em estado natural, mas semelhantes a ela quando convertidos ao estado sólido, no qual, de fato, podem ser vistos e tocados, mas matéria da qual nós nada sabemos da origem e do como é causada.

NÍVEL DE MATURIDADE MORAL E SOCIAL

Quanto ao nível de maturidade moral e social dos alienígenas, as observações do fenômeno ufo revelaram que há certa variação. Seres com forma física humana aprimorada se apresentam de maneira equilibrada, enquanto os de aparência humanoide denotam por vezes relativa hostilidade.

Embora já tenham sido testemunhados vários tipos de seres alienígenas fazendo contato, dentre "eles" predomina um intruso humanoide de tipo definido, que faz questão de se mostrar aos homens, mas não quer contato oficial nenhum. Vamos observar esse tipo mais de perto, porque "ele" é responsável por quase 70 por cento dos casos de aparição.

Os intrusos, geralmente, procuram uma única pessoa para contato de proximidade e, também, para fazer abdução. No diálogo com os seres humanos, falam pelo pensamento, mas entre si usam uma linguagem que nos é desconhecida. Nos estudos e experiências que fazem com seres humanos, deixam claro que seu alvo principal é conhecer o sistema reprodutor do homem e da mulher. Em suas ações, não denotam consideração para com o ser humano, porque praticam raptos, fazem experiências, implantam aparelhos no organismo e apagam da mente humana os seus atos, dificultando as recordações.

Para uma análise prática dos alienígenas, neste segmento vamo-nos aproveitar das considerações do professor Vallee, registradas no seu prestigioso livro.[12]

---

[12] VALLEE, 1979, p.155-168. Cf. Bibl.

Em 200 casos estudados de aterrissagem, 42 descrevem a existência de *operadores da nave*. Desses 42 casos, em cinco as criaturas estavam dentro da nave e nos 37 restantes, fora dela. Em outros relatórios de Vallee, com casos pulverizados no mundo, 18 eventos mostram tripulantes similares aos 37 mencionados fora da nave, dando-lhe uma visão estendida a nível global. Isso lhe permitiu fazer uma descrição precisa dos tipos alienígenas que mais fazem contato.

A nosso ver, as informações são consistentes, porque as testemunhas foram de várias partes do mundo, de níveis culturais distintos, de religiões e crenças diferenciadas; são pessoas comuns e equilibradas que decidiram contar sua experiência ufológica sem outro interesse. Vallee selecionou os relatos mais confiáveis, em meio a milhares de outros.

As precauções tomadas deram-lhe a certeza de que os casos escolhidos eram muito diferentes daqueles que os psicólogos encontram antecedentes para invalidar; eram distintos daqueles em que a própria testemunha se torna a mais interessante do relato, até que venham à tona, eventualmente, evidências consistentes da presença alienígena.

Não eram testemunhas do tipo das que fazem um juízo a priori,dando tais seres como "benévolos", nossos "irmãos do espaço", que nos vieram"alertar dos males da bomba atômica"; ou se dizem convidadas a "dar um passeio" a bordo de um "disco voador" e outras coisas suspeitas, porque com seus argumentos não se fazem confiáveis. Tampouco eram charlatães tentando abusar da crença e da ingenuidade alheia.

Relata Vallee:

"As descrições sempre envolvem criaturas de aspecto quase humano, às vezes totalmente humano. Em dez casos, os operadores eram de estatura média ou acima da média, com traços caucasianos; num dos relatos, um operador humano foi visto em companhia de dois humanoides. Os humanos são sempre do tipo europeu, com poucas variações; vestem macacões, jamais usam equipamento respiratório ou traje espacial. Alguns dos humanoides, bem como os operadores humanos, foram descritos como criaturas que respiram o nosso ar. Em oito casos, havia seres de baixa estatura, com rostos e corpos revestidos de pelos abundantes. Escafandros foram mencionados ocasionalmente, mas de uso exclusivo dos humanoides".

Em outro segmento, o pesquisador informa que cidadãos psicologicamente normais e perplexos diante de caso incomum fazem descrições que devem ser consideradas. Testemunhas sérias e equilibradas dão conta de que:

> "O típico visitante é um ser de baixa estatura, veste roupagem brilhante ou, então, traje comum de uma peça só; às vezes,o traje oculta a cabeça, mas quando visível é geralmente descrita como maior que a humana, com olhos grandes e protuberantes (alien tipo Cinza). Alguns insistem que outro tipo alien, o Anão, tem pelos no rosto e, certas vezes, no corpo todo, talvez pelos dele mesmo ou de pele animal usada como vestuário".

No Caso Mirassol, por sua vez, os professores Bühler e Pereira escrevem que a testemunha vira na nave dois tipos de seres humanoides.[13] Ambos tinham cerca de 1,20m de altura. Um deles tinha cabeça grande, o dobro da humana, pele cor de chocolate, olhos grandes e pretos, puxados, nariz grande e achatado, boca grande, com lábios mais ou menos grossos, queixo fino, pontudo, cabelos tipo carapinha, na cor vermelha, orelhas grandes e pontiagudas, quase o dobro das nossas. O segundo tipo tinha pele na cor verde-folha, com cabelos pretos e lisos, nariz grande e fino, olhos verdes, puxados, boca grande e lábios finos.

Os intrusos se comunicaram com o abduzido pelo pensamento, mas falavam entre si numa língua desconhecida. Manipularam aparelhos de exame corporal. Aplicaram no abduzido uma droga injetada. Passaram-lhe uma espécie de óleo no corpo e conseguiram induzi-lo ao ato sexual, com criatura feminina, diferente do tipo deles, com 1,50m de altura, muito feia e hálito impuro. O objetivo do ato, conforme dito ao abduzido, fora realização de estudos no planeta alienígena, com

---

[13] PEREIRA & BÜHLER, 1985, p.37-39. Cf. Bibl.

PEDRO DE CAMPOS INSTRUÇÕES DE ERASTO

experiência na fecundação da fêmea alien, na sua gestação, no nascimento e vida naquela esfera.

Considerando apenas o tipo de intruso que mais se apresenta na Terra, quer nos contatos quer nas abduções, observa-se por um lado que seu *grau de avanço científico* é superior ao nosso, mas, por outro, seu *nível de maturidade moral e social* é inferior. Portanto, trata-se de uma figura incomum, não só porque sua constituição física seja aparentemente inferior, mas também porque sua moral se apresenta em franco retardo, ambos desproporcionais ao grau científico atingido.

Seus procedimentos sugerem um caráter materialista, tipo extremado, capaz de produzir no mundo em que vive um ambiente de intrigas, onde as experiências genéticas fervem num caldeirão destituído de humanidade. Criaturas propensas ao mal, aos abusos do sexo, às imperfeições advindas do orgulho, da inveja, do ciúme, do personalismo, da intolerância, da impaciência, do egoísmo e da falta de ética. Seres inteligentes, mas sem bondade no coração. Desenvolvidos na ciência, mas fracos na moral. Amam a si mesmos, mas não ao próximo de outras paragens. Alçaram com a destra a bandeira da ciência, mas com a sinistra arrancaram a fé do coração – esse o perfil dos intrusos que ordinariamente nos aportam, fazendo contatos relativamente nocivos ao homem e, também, praticando abdução.

O Caso Alexânia, por sua vez, teve particularidades específicas e distintas de outros avistamentos e contatos, sugerindo-nos a presença de "entidades muito desenvolvidas", tanto no aspecto técnico-científico quanto no progresso moral e social.

Houve contatos de proximidade com o ser materializado e seu objeto voador, antecedidos de exibições aéreas previamente anunciadas, as quais denotavam técnica refinada; as testemunhas executaram desenhos ilustrativos, fotografias, gravações de mensagens alienígenas, contatos visuais, sonoros

UNIVERSO PROFUNDO

e mentais; não houve abdução física, mas, depois das manifestações concretas, os seres informaram que por meio do desprendimento da alma seria possível adentrar à nave e fazer pesquisas. Essa experiência foi realizada com sucesso também pelo general Uchôa, ficando o Caso Alexânia devidamente registrado em seus livros.

Na ocasião dos fenômenos, as investigações de campo ficaram a cargo de pessoas abalizadas, que estiveram no local e registram os eventos. O professor Uchôa comenta:

> "Tanto quanto possa haver validade em testemunhos desta ordem, parece-me ele expressivo e credencia o que aqui fica referido, tendo em conta a representação e a responsabilidade moral dos homens que presenciaram tão extraordinário evento: um juiz do Tribunal Regional Eleitoral; um major da Aeronáutica; um membro do DASP; um alto funcionário (advogado) da Assessoria Jurídica do IBRA; um assessor (fotógrafo) do Ministério do Interior; um fiscal de rendas; um general reformado, ex-professor catedrático do Magistério Militar".[14]

Essas e muitas outras testemunhas também presenciaram os fatos e foram devidamente nominadas pelo general em seus livros. Diante disso, cabe-nos aqui indagar e refletir:

— Seria preciso contato mais oficial que esse de Alexânia? Poderíamos esperar que entidades de outra dimensão do espaço-tempo, com corpos diferentes dos nossos, transmutados de maneira insólita em uma carne que não é carne, pousassem seu engenho nos jardins do Palácio do Planalto e, com calma, subissem a rampa para apertar a mão do presidente da República?

Naturalmente que não! Por certo, não é deles a falta de contato oficial, mas nosso. Porque não os aceitamos oficialmente assim como são e não os entendemos com a nossa ciência seu *modus operandi* no mundo tridimensional.

Parece-nos que somente um conhecimento mais avançado do homem, capaz de englobar a Física das partículas

---

[14] UCHÔA, *A parapsicologia e os discos voadores*, p.111. Cf. Bibl.

em estágio avançado, associada a uma Filosofia moderna que vislumbre o espírito encarnado além da matéria sólida, poderia descortinar outras realidades nas profundezas etéreas do cosmos, nas quais estariam essas entidades que nos visitam.

Em razão dessa carência, por mais precavido que fosse o professor Uchôa em suas pesquisas, ele certamente sabia que sua experiência teria de pagar um preço, e um dos mais altos – o da incompreensão humana, característica de sua época, mas não a do general.

O ponto de observação dos fenômenos usado pela equipe Uchôa era um descampado natural e elevado, uma posição imponente de onde se divisava o horizonte distante, as elevações e os vales da região.

Vários contatos já tinham sido feitos quando certa vez, relata o general:

> "Após a recomendação de gravar, foi-nos dito que estaríamos em condições de não apenas receber e fixar por telepatia as mensagens, mas mediante aprofundamento daquele estado psíquico ver os operadores diretamente, indo, livres do espaço tridimensional, até a sua base no hiperespaço; assim poderíamos visitá-la, descrever o que iríamos ver ali, contatar em primeira pessoa os operadores do engenho, transmitir e gravar informações, diálogos e mensagens!...".[15]

De fato, quando observamos o relato dos espíritos nas obras básicas da codificação,[16] vemos que o desprendimento espiritual é próprio da alma em estado de sono ou de vigília, podendo ser consciente ou não, de acordo com a capacidade de cada um para fazer o desprendimento. Assim, aquilo que é incomum ao homem, não o é para a alma.

Em vista disso, raciocina o cientista: Se a alma pode projetar-se ao mundo dos espíritos e colher ali impressões, então seria justo pensar que ela poderia também visitar outros locais do nosso mundo e registrar, no seu retorno, as

---

[15] UCHÔA, *Mergulho no hiperespaço*, p.72-73. Cf. Bibl.
[16] KARDEC, *O Livro dos Espíritos*, capítulo VIII, "Emancipação...".

suas impressões, corroborando com provas positivas sua experiência. Isso abriria à ciência moderna um vasto campo de pesquisa para comprovar a real existência da alma. Então, os exaustivos estudos empreendidos pelo especialista em projeções da consciência, professor doutor Waldo Vieira,[17] seriam de inestimável valia científica e indispensável a todo pesquisador interessado em comprovar a existência da alma.

A alma de Uchôa, por sua vez, desprendida do corpo, avançou às regiões etéreas do mundo espiritual, fez contato com seres ultraterrestres, registrou as suas impressões e conheceu, efetivamente, outras espécies de seres inteligentes, dotados de corpos menos materiais e conhecimento superior ao homem.

ASSISTÊNCIA ESPIRITUAL AO ABDUZIDO

Por analogia, sem generalizar, podemos compreender alguns relatos de pessoas que se dizem abduzidas, quando, na verdade, fora verificado apenas um desprendimento espiritual, uma emancipação da alma à outra dimensão do espaço-tempo, ao mundo espiritual.

Nessa esfera, a mente do encarnado grava detalhes do acontecimento, que podem ser recuperados ao consciente por meio de terapias regressivas. Contudo, o terapeuta, descrente dessa possibilidade, com certeza atribuirá o fato a algum desequilíbrio psíquico ou a eventual abdução do corpo físico, cujo desenrolar, por ser irreal, poderá trazer inconveniente.

Na assistência espiritual ao abduzido, dentro do centro espírita, tal transtorno não ocorre. Vejamos o que disse um benfeitor, espírito-médico:

— Embora não estejamos sozinhos no cosmos, a primeira coisa a fazer na espiritualidade é saber se realmente ocorreu

---

[17] VIEIRA, 1982: "Proponho o neologismo inevitável 'projeciologia' para nomear o ramo da parapsicologia que estuda o conjunto de fenômenos e eventos que compõem as experiências fora do corpo físico", p.39-40. Após experiências, o autor escreveu seu belíssimo tratado – *Projeciologia*.

a abdução, porque, além dela, há outras possibilidades que nos merecem a devida atenção antes da adoção dos procedimentos adequados. No mundo espiritual, além de ser observado o efeito na carne, cada caso é devidamente tratado segundo sua causa determinante.[18]

Posteriormente, Erasto comentaria:

"Na casa espírita, a tarefa de observar a causa do inconveniente cabe aos guias espirituais. O dirigente procederá ao trabalho de afastamento de espíritos perturbadores, porque, em tal caso, sempre estarão mais ou menos presentes.

"Os ultraterrestres não conseguem permanecer materializados no ambiente da Terra por muito tempo, mas os espíritos inferiores desta esfera, em razão do descontrole emocional do abduzido, encontram campo favorável a seus propósitos.

"A fé na providência Divina, o refúgio na prece buscando socorro e alívio e a viva determinação de conduta moral edificante formam um conjunto de vibrações harmoniosas, um poderoso campo de forças, um escudo protetor invisível capaz de desligar os laços de conexão vibratória e de desbaratar a ação nefasta, promovendo reequilíbrio ao encarnado.

"Deve ter-se em mente que o verdadeiro abduzido não é um doente nem um obsidiado de espíritos inferiores, mas vítima de uma violência insólita e perturbadora, agravada pela falta de crédito humano, cujo preço, para ele, além do problema físico, é o da incompreensão de seus semelhantes, com embotamento do desconforto ufológico em seu psiquismo.

"Em geral, o abduzido tem necessidade de compartilhar sua experiência com outras pessoas de confiança, as quais, no mais das vezes, não sabem como ajudá-lo. Neste caso, poderia ser recomendado um compartilhamento de sua experiência com psicólogo clínico experimentado, para ouvir seu desconforto e procurar devolver-lhe a confiança.

"O encaminhamento ao psiquiatra, em que o médico avalia o paciente e prescreve medicação apropriada, é recomendação prudente quando houver fobia ou desequilíbrio evidente.

---

[18] Pensamento do espírito-médico doutor José Luiz – incorporado no médium Antônio Magalhães, nos trabalhos de terapia espiritual da Fundação Lar, Luz e Caridade Dr. Frantz Müller, em Mairiporã, sob a presidência de Claudete Ludscher –, dado a este autor.

"Todavia, o tratamento espiritual é de extrema valia e pode promover a recomposição do encarnado com firme propósito."

ENQUADRAMENTO NA ESCALA ESPÍRITA

Segundo o grau de evolução, os espíritos podem ser aprumados em escala, constituindo hierarquia. Instaurando uma linha evolutiva, podem ser subdivididos em diferentes ordens, mas a escala de progresso espiritual é ilimitada, por isso qualquer classificação nada poderá ter de absoluto, porque não há linhas divisórias estabelecendo barreiras. Assim, as subdivisões podem ser aumentadas ou diminuídas, objetivando instituir uma relação satisfatória de entendimento.

Conforme o grau de progresso dos espíritos, uns alcançam elevada sabedoria, enquanto outros estão em percurso na escalada, tendo desenvolvido mais certo atributo do que outro. Os atributos de elevação da alma são os inerentes ao amor, à moral, às ciências e a outras tantas qualidades enobrecedoras que denotam tanto a capacidade intelectual da alma quanto a sua bondade de coração.

Vamos aproveitar a *escala espírita da evolução*[19] para nela enquadrarmos o tipo alienígena que mais se apresenta aos encarnados e faz abdução, o qual já foi visto genericamente em lances anteriores.

Observando as qualidades demonstradas por esse intruso e suas imperfeições nos contatos, poderemos avaliá-lo por suas próprias expressões e classificá-lo por aquilo que "ele" mesmo forneceu. Assim, nos será fácil determinar a ordem e o grau de superioridade ou de inferioridade daquela criatura, podendo estabelecer-se, por conseguinte, o grau de estima ou de repulsa que nos merece. Por analogia, qualquer entidade pode ser classificada com esse método.

Como definição, todos os espíritos do universo estejam ou não encarnados podem ser reunidos em três ordens diferentes:

---

[19] KARDEC, *O Livro dos Espíritos*, Segunda Parte, Capítulo I. Cf. Bibl.

— Na 'primeira ordem' serão colocados os que atingiram a perfeição máxima: os Espíritos puros. Comporão a 'segunda ordem' os que chegaram ao meio da escala evolutiva: neles predomina o desejo do bem. À 'terceira ordem' pertencerão os que ainda se encontram na parte inferior da escala: os Espíritos imperfeitos, caracterizados pela ignorância, pelo desejo do mal e por todas as paixões que lhes retardam o progresso – registrou Kardec.[20]

Dentro dessas três ordens, há dez classes distintas, nas quais são colocados os espíritos segundo o caráter predominante de cada um, embora certos caracteres possam estar pulverizados em outras classes não predominantes.

Os intrusos que mais aportam à Terra, no que se refere ao *nível de avanço moral e social*, por suas próprias palavras e seus próprios atos podem ser enquadrados na terceira ordem da escala espírita – espíritos imperfeitos. E seus caracteres individuais pulverizados nas sexta, nona e décima classes; ou seja, são uma mescla de impureza, leviandade e perturbação.

Poderíamos enquadrá-los principalmente na sexta classe e mesclá-los com atributos de outras classes.

Assim é possível afirmar que aqueles alienígenas são entidades inclinadas ao mal, insuflam a desconfiança e usam de máscaras para melhor enganar. São grosseiros nas expressões e denotam inferioridade moral, propensos à sensualidade em suas esferas e às paixões. Nos contatos de proximidade, escolhem suas vítimas entre as pessoas simples e honestas. A linguagem que usam é quase sempre sem profundidade, superficial. Podem tomar nomes falsos e pomposos para impressionar. Certas vezes, agem de modo semelhante aos elementais, quando para se manifestar usam de efeitos ocultos e físicos, produzindo movimento anormal de objetos, agitação do ar, luzes enigmáticas, alucinações etc. Os fenômenos que produzem no ar, na água, na terra e no fogo não derivam de uma causa física fortuita, mas denotam caráter intencional e inteligente.

---

[20] KARDEC, *O Livro dos Espíritos*, P. 97. Cf. Bibl.

UNIVERSO PROFUNDO

Os intrusos que mais fazem contato e abdução, no que se refere ao *grau de avanço científico* não podem ser caracterizados como pseudossábios, porque suas realizações científicas são reais e superiores às nossas, haja vista os engenhos que conseguem materializar.

Buscando atributos na quarta classe da escala espírita, podemos atribuir-lhes aptidão pela ciência, distinguindo-se de nós pela extensão do saber científico, o qual notoriamente é desvirtuado por seus anseios nítidos de manipulação genética, destituída de senso ético. São de fato inteligentes. Em capacidade científica, podem ser classificados como seres de conhecimento, mas não como bons de coração, porque tal qualidade não fora demonstrada nos contatos. Por certo, não admitem o Criador; ao contrário, julgam-se produtos naturais do evolucionismo materialista, seres postados numa fase evolutiva superior, numa composição corpórea que os humanos também chegariam num futuro distante, desmaterializando-se por evolução e assumindo um corpo numa outra vibração da matéria, corpo de energia quântica, por assim dizer – ultrafísica.

Hoje, com os avanços da ciência e os preceitos religiosos não revogados por ela, somente é possível admitir com sensatez o surgimento da vida, em qualquer parte do universo, quando criada por Deus; porque o homem, por mais que tenha tentado, ainda não conseguiu criar em laboratório uma única molécula de vida autorreprodutora, que pudesse evolucionar a si mesma. Portanto, depois de criada, a vida deve evolucionar por milhões de anos, tem que produzir um ecossistema e nele aperfeiçoar seu *modus operandi*, por meio de novos processos evolucionários, constituindo outros seres mais inteligentes e aperfeiçoados. À luz da modernidade, com sensatez não se pode admitir qualquer tipo de vida inteligente diferente dessa concepção, na qual, de início, avulta o ato criador e, depois, a evolução natural dos seres vivos, sempre associados ao progresso espiritual, ao foco inteligente que anima todas as criaturas vivas – o espírito.

O Espiritismo é criacionista de início, mas, em seguida, evolucionista, porque o espírito, depois de criado, somente pode prosperar em conhecimento por evolução, nascendo e renascendo continuamente até atingir a perfeição.

Em todos os mundos materiais e nas profundezas etéreas do cosmos, seja em qualquer lugar em que haja vida, ela somente poderá prosperar em decorrência dos meios ali desenvolvidos para o seu progresso.

Portanto, nos mundos paralelos, de outras regiões do espaço-tempo, cuja matéria é composta por partículas de vibração intensa, imperceptível aos nossos olhos, a vida emerge, prospera, reproduz e evoluciona, possibilitando aos seres daquelas paragens, os chamados ultraterrestres, plenas condições de vida.

"Contudo, é certo que esses intrusos materialistas procuram criar em seu mundo extrafísico seres vivos de conformação híbrida. Mas sua ciência está muito aquém de conseguir tal intento, pois esse saber é reservado aos espíritos de sabedoria, entidades de conhecimento equiparado ao dos 'Gênios da genética' que no princípio atuaram na Terra para estabelecer todas as formas físicas.[21] Esses intrusos não estão sequer próximos daqueles geneticistas do Cristo.

"Quando materializados, são débeis e agenésicos; portanto, seus corpos são incompatíveis ao meio ambiente terrestre e estão impossibilitados de procriar. As experiências genéticas que fizeram na Terra para a produção de seres híbridos 'em sua dimensão' não lograram êxito, mas as aparições que fizeram foram capazes de perturbar a intimidade daqueles com quem estiveram vinculados. O desconforto produzido em suas incursões descontrolou a vida de outros e favoreceu a ação nociva de espíritos inferiores no ambiente terrestre, os quais se encarregaram de solapar a mente coletiva com fantasias destituídas de razão.

"Porém, ainda assim, tudo na casa de Deus tem bom propósito. Naquele mundo materialista de outra região do espaço-tempo, a bondade do Criador reabilita entidades geneticamente alteradas

---

[21] Para aprofundar estudos, ver: CAMPOS. Colônia Capella. Cf. Bibl.

UNIVERSO PROFUNDO

para que dirijam o rosto em busca da verdadeira sabedoria e possam encontrar as qualidades edificantes escasseadas em seus corações.

"Que esse conhecimento vos possa ensinar um pouco o quanto é difícil viver num mundo materialista; porque, quando o amor cede, a alma endurece e o corpo se deforma" – complementou Erasto.

7

ENSAIO SOBRE EXTRATERRESTRES

Quando a senhora Frederick Moreland levantou na manhã do dia 13 de junho de 1959, em sua fazenda na Nova Zelândia, certamente não imaginava o estranho caso que lhe aconteceria minutos depois, do qual o mundo tomaria conhecimento pelos relatos do jornal *Evening Mail*, da cidade de Nelson.

Como todas as manhãs, muito cedo, ainda escuro, a senhora Moreland ordenhava as vacas de sua propriedade rural. Naquela manhã, após os hábitos matinais, ela saiu da cozinha para tirar o leite. Quando atravessava o pasto que dava para o curral, deparou-se repentinamente com uma estranha luz, de cor verde, brilhante, que vinha de cima, bem do alto, parada por entre as nuvens.

Aquele estranho fulgor lhe chamou a atenção, porque ela sabia que um brilho como aquele não poderia ser o da Lua. Pensando nisso, apertou o passo e atravessou a pastagem, mas notou que duas luzes esverdeadas desceram rapidamente do céu, vindo em sua direção.

Mais tarde, ela relataria o caso à polícia e ao representante da Real Força Aérea, dizendo:

— Notei que num instante tudo ali ficara iluminado por um repentino clarão verde. Era uma luz estranha, horrível – disse ainda receosa.

Amedrontada, correu para o meio das árvores, num pequeno bosque, ao lado da pastagem, buscando refúgio atrás de um pinheiro. E ali ficou escondida, observando tudo.

Foi nesse momento que presenciou, bem acima do pasto, um brilho claro, em forma de pires, com dois jatos de chama alaranjada saindo debaixo do objeto e girando em sentido oposto um ao outro. Então a "coisa" começou a descer devagar, enquanto o ar ficava quente.

Em meio ao pasto, numa altura igual à do telhado da casa, a "coisa" ficou suspensa no ar. Era um objeto de forma circular, com tamanho de seis a nove metros de diâmetro. Então, os dois jatos de chama alaranjada pararam e uma luz foi acesa em cima, na cúpula do objeto, local que parecia ser feito de vidro ou de plástico brilhante. A parte debaixo da "coisa" parecia de metal, meio cinza. Enquanto o objeto flutuava, um zunido estranho soava no ar.

Embora amedrontada, diante do estranho engenho, ela continuou ali quieta, observando tudo. Viu dentro da nave dois homens com roupas muito brilhantes e coladas ao corpo.

— A única coisa que posso dizer para descrever aquela roupa seria folha de alumínio. As cabeças estavam cobertas com capacete opaco. Não deu para ver os rostos. Um deles se levantou, colocou as mãos para frente e inclinou-se, como querendo olhar para baixo, depois se sentou. Após uns dois minutos, os jatos recomeçaram e a coisa moveu-se para cima, verticalmente, e em alta velocidade desapareceu por entre as nuvens – contou a senhora Moreland.

Querendo saber mais, os investigadores insistiram, e ela continuou:

— Foi então que saí detrás das árvores, atravessei correndo o pasto e entrei no curral. Fiquei ali um bom tempo com os animais e, meio desorientada, fiz a ordenha, tentando acalmar-me. Depois voltei para casa e acordei meu marido, que ainda estava dormindo. Contei tudo a ele. Pensei que não fosse acreditar em mim. Mas ele pegou o telefone e logo ligou para o distrito policial.

Com efeito, a senhora Moreland tivera um contato com seres alienígenas e aquela manhã ficaria marcada em sua vida.

No entanto, esse caso fora apenas um, em meio a milhares de outros que ocorrem no mundo. De modo estranho, quase todos terminam assim, a bem dizer, "pela metade", de maneira misteriosa, sem que haja um desfecho para entendimento completo da ocorrência.

Parece certo que os alienígenas querem ser vistos, mas não desejam contato oficial nenhum. Com efeito, tudo nos leva a algo que transcenda o normal, difícil de ser explicado cientificamente – algo paranormal. E também não é possível que gente séria, como a senhora Moreland, digna de confiança, invente casos assim, para ser taxada de louca. Algo insólito realmente acontece e precisa ser investigado.

Alguns pesquisadores também sérios e merecedores do nosso respeito se posicionam de modo cético frente à questão ufológica e apresentam motivos bastante lógicos para dizer que há um grande exagero, porque há fatores estranhos.

Dentre os argumentos, há uma estimativa efetuada entre o período de 1947 até o ano 2000. Nela, chegou à cifra de 200 milhões de avistamentos relatados no mundo, equivalente a 3% da população mundial. Considerando que esse número envolve fenômenos naturais, exageros e fraudes, os especialistas purificaram a pesquisa e reduziram o total para uma cifra menor, aceitável a critérios mais rígidos. Foi proposto então o número de quatro milhões de ufos avistados (2% do total de avistamentos). Embora tal cifra ainda equivalha à

UNIVERSO PROFUNDO

média de 200 aparições por dia no mundo, esse número serviu de base para cálculos globais.

Na estimativa dos céticos, considerando uma média de 200 voos para cada nave alienígena ser colocada fora de uso, isso daria uma produção total de 20 mil naves alienígenas, desde 1947 até o ano 2000.

Apenas por curiosidade comparativa, lembramos que os nossos foguetes são descartáveis e os nossos ônibus espaciais Columbia e Challenger (este voou dez vezes) acabaram destruídos em desastres históricos, enquanto Discovery e Atlantis voaram muito menos que o planejado, sendo que Endeavour, o mais aprimorado, voou apenas 39 vezes.

Em outras palavras – os alienígenas teriam de ter uma indústria aeroespacial muitíssimo superior à nossa, com capacidade para produzir e lançar pelo menos uma nave espacial por dia. E, segundo os céticos, se esse raciocínio for estendido a outros distritos espaciais em que os alienígenas também fariam as suas incursões, não ficando restritos à Terra, outras milhares de naves teriam de ser fabricadas. O que daria uma produção simplesmente fantástica de naves, algo deveras incomum aos padrões terrestres. A indústria alienígena teria de fazer espaçonaves como a China faz hoje bicicletas. Portanto, segundo os científicos, a maneira de entender a questão ET tem que forçosamente ser repensada.

De nossa parte, consideramos que algo deveras incomum acontece. Testemunhos acima de qualquer suspeita dão que o verdadeiro fenômeno ufo não é uma fraude, uma alucinação, um evento da natureza ou algo produzido pelo homem, mas evento real, causado por uma inteligência exterior.

Portanto, as evidências nos levam inevitavelmente a pensar em outras dimensões do espaço-tempo, ao enigmático mundo das partículas que a ciência ainda não é capaz de investigar, mas que precisa chegar a ele, pois há evidências de que o enigma tenha ali sua origem.

UM ESTUDO DAS NAVES

O disco observado pela senhora Moreland era o que Vallee[1] descreve como sendo do tipo III. Segundo os estudos, as naves alienígenas apresentam formas distintas e podem ser resumidas em quatro tipos principais:

Tipo I – *Objeto esférico*, como globo. Pode ser pequeno, como bola, mas também chega à altura de dois ou três metros e a uma circunferência de cinco metros. Em geral, aparece perto do solo, à altura das árvores. Emite luzes e sons variados. Apaga, acende e faz evoluções aéreas. Fica suspenso no ar. Deixa marcas no solo. Sobe na vertical. Movimenta-se com velocidade. Pode ser transparente, metálico, prateado ou ter cores;

Tipo II – *Objeto cilíndrico*, semelhante a longo tubo. Trata-se de objeto grande, com cerca de 30 metros de altura. Recebe o nome popular de "nuvem charuto". Em geral, é avistado a 200 ou 300 metros de altitude. Movimenta-se no céu em todas as direções, traçando percurso irregular. É vagaroso, ou fica parado no ar e dá origem, pela parte inferior, a outros objetos menores, funcionando como nave-mãe em desova. Eleva-se com velocidade e desaparece rapidamente. Emite luz forte, podendo ser de várias cores, e pisca. Produz um som surdo, alto e contínuo. Dá origem a uma névoa branca, como fumaça espessa que se dispersa no ar;

Tipo III – *Objeto arredondado*, em forma de pires, chamado de "disco" ou, às vezes, parecido a um "cogumelo". Trata-se de uma volumosa massa circular. Opera descendo de maneira irregular, balança e oscila como uma "folha morta". Fica imóvel, à baixa altitude. Paira no céu, gira, move-se diversas vezes para todas as direções, aumenta a velocidade e desaparece rapidamente de vista, ao longe. Ilumina-se de forma brilhante e exibe luzes de várias cores;

Tipo IV – *Foco de luz* em movimento, semelhante a uma bólide ou a um glóbulo indeterminado. Pode ser confundido ou é realmente um fenômeno natural. Geralmente, é algo

---

[1] VALLE, 1979, p. 55-59. Cf. Bibl.

indeterminado, que com muita facilidade pode ser descrito como sendo quase tudo. Tal objeto pode ser inclusive uma aparição indeterminada ou, ainda, alguma ilusão de ótica, um balão, um satélite, um meteorito, um míssil etc. Trata-se de ocorrência registrada em grande número, que causa alarde público, mas de fácil e precisa explicação científica. Não há quase interesse da Ufologia nesse fenômeno, por suas características já amplamente estudadas.

Considerando que em outros planetas do Sistema Solar não há vida inteligente, seria natural indagarmos:

— As naves mais sugestivas, de onde viriam?

Convém lembrar que uma nave do tipo II, a chamada nuvem charuto, muitas vezes é relatada como de tamanho maior que o de uma estação espacial. Um objeto tão grande poderia facilmente ser detectado e seguido por radar até nos confins do Sistema Solar, mas isso não acontece; certos ufólogos, fundamentados em testemunhos, fotos e filmes, consideram que tais naves se desmaterializam ou ficam ocultas próximas à Terra, fazendo depois sua viagem a outras paragens da nossa galáxia ou até mesmo fora dela.

Sem explicação mais lógica, se admitirmos uma transmutação insólita da nave, não se poderia negar a chance de a vida alienígena ser de outra dimensão do espaço-tempo, diferente de tudo que conhecemos na Terra.

Assim, tais naves poderiam ser oriundas não só de mundos físicos distantes, mas também, em razão de sua natureza reversível e de seu modo incomum de operar, – de mundos imponderáveis, regiões em que a matéria ultrafísica avulta com melhor chance para formar corpos rarefeitos e objetos imponderáveis. O certo, não se sabe na Ufologia.

O DILEMA DAS VIAGENS EXTRASSOLARES

Testes realizados com engenho em forma de disco – objeto construído para girar em torno do próprio eixo –, levados a efeito em túneis de vento, demonstraram que o disco é completamente instável no voo em linha reta. Ele pode pairar no ar, se houver precisão nos centros de força, mas é catastrófico no voo em linha reta, porque o engenho "embica", adernando, descontrolado, para qualquer direção.

Em outras palavras, o princípio aerodinâmico do disco em nada se assemelha ao dos nossos engenhos aéreos, e o termo voo, na acepção da palavra, revela-se inadequado para definir seu deslocamento no ar. Portanto, por ora não nos seria possível construir nem voar com qualquer tipo de disco semelhante aos avistados.

Também seria impensável, com a nossa tecnologia, construir algum tipo de foguete para tentar viajar como os extraterrestres relatados. Resta-nos somente acender uma lanterna, mais por intuição do que por lógica positiva, para tentar iluminar o nosso caminho mais à frente e observar se haveria nele alguma saída para o nosso inexpressivo saber, diante do fenômeno ufo que se nos apresenta.

O professor Gomide faz em seu livro[2] algumas considerações oportunas sobre as dificuldades que teríamos de transpor para realizar viagens extrassolares.

A questão do combustível para propulsão da nave é caso de solução ainda não encontrada. Ele argumenta que uma velocidade com dezenas de quilômetros por segundo nada resolveria, no que estamos de acordo. Equivale dizer que viajar à fantástica velocidade de 300 mil quilômetros por hora, ou seja, 3.600 vezes menor que a velocidade da luz, nada resolveria para alcançar outros orbes além do Sistema Solar.

Embora essa velocidade fosse magnífica para os nossos engenhos viajarem dentro do nosso Sistema, ainda assim ela não poderia resolver o dilema das viagens extrassolares. Seria impossível viajar 15 mil anos para chegar a Alfa Centauro, estrela mais próxima da Terra, distante 4,2 anos-luz. Seria impossível também chegar a Capella, que está a 42 anos-luz, pois teríamos de gastar 150 mil anos apenas na viagem de ida.

---

[2] GOMIDE, 2000, p.56-61. Cf. Bibl.

Sintetizando o argumento, se em uma viagem para Alfa Centauro pudéssemos utilizar foguetes fotônicos numa nave de dez toneladas e se viajássemos à metade da velocidade da luz, ainda assim precisaríamos gastar oito anos de viagem e levar uma carga de nove mil toneladas de urânio-235 para propulsão do engenho. Com esse tempo e com tal peso, a viagem não seria possível.

Uma alternativa de cunho apenas filosófico, pois tecnicamente não sabemos como fazer, seria usar como propelente uma variação do fluido cósmico universal, cuja existência é postulada pelo Espiritismo, energia existente no vácuo, de modo a produzir energia contínua em voo, sem necessidade de levar muito combustível.

E mesmo que a propulsão fosse resolvida, ainda assim teríamos de solucionar o problema dos impactos na nave. O professor Gomide argumenta com propriedade que o impacto de um corpúsculo de 100 gramas, numa nave viajando a 60 mil quilômetros por segundo, teria o efeito de uma bomba nuclear de 40 quilotoneladas – quatro vezes maior que a força da bomba de Hiroshima, detonada no Japão, em 6 de agosto de 1945. Portanto, qualquer que fosse a tecnologia usada teria de ter ao menos um detector de objetos e um campo de força para neutralizá-los. Precisaria detoná-los à distância ou alterar a rota da nave, em desvio. Caso contrário, o impacto desintegraria a nave como poeira.

Como fator impeditivo, a manutenção da qualidade de vida dos astronautas seria um grande desafio. A nave teria de ser aclimatizada nas condições de vida da superfície terrestre, e seu pequeno espaço interno precisaria ser aumentado de muito, para manter a saúde do corpo humano.

Sabemos também que numa viagem com velocidade relativística, à medida que o objeto se aproxima da velocidade da luz sua massa expande, transformando-se em energia. Portanto, as composições físicas da nave e do corpo humano não suportariam.

Além disso, durante a viagem, desde a partida da nave, na sua aceleração e desaceleração em manobra no espaço, o estado de inércia dos órgãos e dos sistemas de vida do corpo humano seria alterado bruscamente com a fantástica velocidade, causando morte instantânea dos tripulantes.

Levando-se em conta os limites do corpo, haveria obstáculos intransponíveis. A vida na carne, por si só, independente de outros fatores, inviabiliza qualquer tipo de viagem relativística que se possa pensar hoje.

Considerando as monumentais distâncias cósmicas, de duas uma: ou se vence as imensidões estelares com a devida proteção, sem prejuízo do homem, talvez sem gastar quase tempo, ou seria preciso dar a ele um corpo quase indestrutível. São alternativas que, ao menos por ora, não há como resolver.

De fato, o nosso conhecimento científico é ainda incapaz de solucionar tais dificuldades. Estamos muito longe de compreender como seriam as tais naves extraterrestres. Tudo o que conhecemos teria de ser repensado. A verdade é que estamos no estágio do menos e não temos um padrão que nos dê ideia do que seja o estágio do mais.

Seria impossível a uma criança andar após o nascimento. Temos de crescer. Somos agora uma criança engatinhando, querendo pegar coisas que começamos a descobrir, fascinados pelo mistério do mundo das partículas e pelos singelos voos espaciais que apenas iniciamos. Já conseguimos ver que a própria velocidade da luz é insuficiente para atingirmos planetas extrassolares, no entanto, segundo as testemunhas, os ETs continuam chegando à Terra. Seguramente, ainda nada sabemos deles e, talvez, de nós mesmos.

NOSSA MENSAGEM A "ELES"

Não teria lógica pensar que, no universo infinito, haveria somente um orbe habitado – o nosso. Pensando assim, especialistas da NASA lançaram sondas espaciais a outras estrelas, na esperança de que sejam capturadas por seres inteligentes de outra civilização. O desejo do homem é penetrar o infinito e dizer bem alto:

— Nós existimos! Somos assim...! Falem conosco, o nosso endereço é a Terra!

As sondas Pioneer 10 e 11, lançadas respectivamente em 1972 e 1973, foram os primeiros objetos voadores lançados pelo homem para além do Sistema Solar. Seguiram depois as sondas Voyager 1 e 2, lançadas em 1977, também com o mesmo objetivo de cruzar o espaço exterior em busca de outras civilizações.

A Pioneer 10, lançada em 3 de março de 1972, em seu roteiro inicial teve por missão pesquisar os asteróides em órbita de Marte, depois o meio ambiente de Júpiter e, rebatida pela força do gigante gasoso, prosseguiu rumo aos confins do Sistema Solar, deixando-o em 1983. No espaço interestelar, rumou a um ponto no infinito entre o sul da Constelação de Auriga, o oeste da de Taurus e o leste da de Órion. Com velocidade estimada em 40 mil quilômetros por hora, presume-se que deva chegar a Taurus daqui a dois milhões de anos. Durante a extensa viagem, espera-se que alguma civilização extraterrestre possa recolher a nave e decifrar a mensagem do homem nela colocada.

A Pioneer 10, concebida como garrafa jogada ao mar pelo náufrago, leva dentro dela uma mensagem para quem a encontrar nas imensidões da praia cósmica. Não se sabe onde, quando ou se a nave será achada, mas resta a esperança de que se uma civilização a encontrar saiba de nossa existência e possa fazer contato conosco.

Em dezembro de 1971, o astrônomo Carl Sagan discutiu o teor dessa mensagem com o seu colega da Universidade de Cornell, o professor Frank Drake. Foi decidido fazer uma placa de alumínio, banhada a ouro, com resistência à erosão espacial por centenas de milhões de anos, e gravar nela uma mensagem com desenhos. Estampou-se o Sol e sua posição na Via Láctea, a posição da Terra, dos planetas solares, a época do lançamento da nave, as figuras desnudas de um homem e uma mulher, porque os ETs, caso tenham forma corporal diferente da humana, podem não compreender as nossas roupas.

A figura do homem tem o braço direito levantado à altura do rosto e a mão espalmada, esboçando uma saudação, enquanto a da mulher, ao seu lado, expressa delicado movimento corporal. A mensagem contém ainda outros dados, em linguagem matemática, que se presume de entendimento universal, porque os elementos químicos, a física e os cálculos matemáticos deveriam encontrar similaridade em todos os mundos densos, independente da língua falada e outras formas de comunicação entre seres inteligentes.

A placa foi aprovada pela NASA, que a enviou montada no suporte da antena da Pioneer 10, fazendo o mesmo na Pioneer 11. No entanto, as mensagens das duas Voyager foram mais sofisticadas, contendo também um videodisco com sons e imagens do nosso planeta.

Embora seja essa uma maneira humana de comunicação, na verdade o que o homem espera de outra civilização cósmica é algo semelhante – nada como os insólitos objetos voadores e os seres alienígenas que surgem misteriosamente, como por encanto, sem contato oficial nenhum.

UMA VIAGEM NO HIPERESPAÇO

Sendo as aparições ufológicas algo tão diferente daquilo que o padrão humano estabelece para contato com outra civilização, é natural que elas deem margem às mais variadas interpretações, dentre as quais avulta a suspeita de serem produtos da imaginação do homem.

Ainda assim, as possibilidades raras não são descartadas, como a enigmática teleportação física, na qual ocorreria a transmutação insólita, ou a viagem pelo hiperespaço, na qual uma civilização distante e muito avançada alcançaria o nosso mundo por caminho insólito.

Quanto à teleportação, registrou Buttlar:

UNIVERSO PROFUNDO

— Em 1974, o renomado físico nuclear professor John B. Hasted, do Birkbeck College, Universidade de Londres, iniciou uma série de experiências nos campos da psicocinesia e da teleportação, cujos resultados sensacionais chegaram a ser publicados em abril de 1978.[3]

Essas experiências consistiam em movimentar com a força da mente alguns metais colocados dentro de recipientes de vidro hermeticamente fechados. E para evitar enganadores profissionais, os agentes psicocinéticos foram crianças.

À medida que a força da mente produz alterações de dilatação ou dobra do metal, a estrutura do metal é alterada, e o resultado pode ser visto através de microscópio eletrônico. Dessa maneira, Hasted comprovou cientificamente a real eficácia da psicocinesia.

Porém, nessas experiências, ele teve grande surpresa:

— Em exatas dez ocasiões ficaram comprovadas a teleportação do metal para outra dimensão – afirmou o físico.

Sem qualquer alteração no vidro fechado, ao influxo da força dos agentes psicocinéticos as peças metálicas sumiram e reapareceram à vista de todos, havendo casos em que o desaparecimento fora definitivo, sem se saber para onde. Isso levou o professor Hasted a dizer:

— Comprovamos a existência da psicocinesia e, ainda, a da teleportação, tanto no plano nuclear como no de objetos maiores que o átomo.

Sem poder definir como tal evento acontece, Hasted cogitou a possibilidade de espaços paralelos, espécie de subuniversos por onde os objetos metálicos mergulham e desaparecem para, depois, reaparecerem ou não, sem que se saiba como.

Sobre a existência de um hiperespaço no qual os corpos sólidos poderiam de alguma maneira mergulhar e desaparecer, o cientista brasileiro, doutor Hernani G. Andrade, registra:

— Se realmente o espaço pode encurvar-se, a conclusão imediata que daí se pode tirar é que há pelo menos mais uma dimensão além das três conhecidas. Sem isso, como poderia encurvar-se o espaço? Teríamos então uma quarta dimensão.

---

[3] BUTTLAR, p.140-141.

Ela estaria fora do nosso espaço tridimensional. Pertenceria a um hiperespaço tetradimensional.[4]

Portanto, a quarta dimensão existe, pois o Sol encurva o espaço com sua enorme massa e provoca a gravitação dos planetas ao seu redor.

Uma viagem nesse hiperespaço seria possível se imaginássemos o universo como sendo um grande balão. Os mundos físicos estariam postados ao redor desse balão. Para atingir um mundo do outro lado do balão, em vez de dar a volta em sua superfície, simplesmente se passaria por dentro dele, chegando ao outro lado.

No início da viagem, para entrar no balão (hiperespaço), haveria uma energia protetora envolvendo os corpos. A viagem seria feita em seu interior e, no ponto de destino, ao sair dele, por um portal, e penetrar no mundo físico desejado, a energia protetora descobriria o corpo humano, havendo uma espécie de rematerialização, e o mesmo processo, ao inverso, ocorreria na viagem de volta. Com efeito, seria uma viagem insólita.

Apenas para reflexão, indaga-se:

— Seria esse o modo de viagem dos ETs?

Os espíritos conhecem esse enigma e nos dão a sua teoria. Mais adiante, ainda voltaremos a falar dela.

Ainda assim, seja qual for a hipótese de viagem, mesmo que fosse a mais enigmática, o padrão humano apenas pode admitir que seres inteligentes, depois de tanto viajar, se comuniquem de maneira efetiva, assim como nós o faríamos com "eles".

Tudo que estiver fora disso, como, por exemplo, os procedimentos estranhos relatados por testemunhas de contatos imediatos, somente nos faz supor que "eles" não sejam físicos como nós, mas entidades de outra natureza, menos material que a nossa. Seriam como espíritos, por assim dizer, entidades de outra dimensão que contatam o homem e cujo *modus operandi* a Doutrina Espírita esclarece de maneira ampla.

---

[4] ANDRADE, *Espírito, perispírito e alma*, p.29- 36. Cf. Bibl.

EM BUSCA DE SINAIS DE RÁDIO

Quando em 1959 os físicos Giuseppe Cocconi e Philip Morrison começaram a divulgar que haveria lógica em buscar contato por rádio com outras civilizações extrassolares, muita gente ficou surpresa, mas não houve quem contestasse o argumento, porque contestá-lo seria absurdo.

Para apresentar a ideia, a questão era simples:

— Se nós dominamos as ondas de rádio, por que uma civilização tecnicamente avançada não o faria? – indagavam.

De fato, se uma civilização distante apontar as suas antenas em direção ao nosso Sol e sintonizar a nossa frequência de transmissão, ela receberá os nossos sinais de rádio.

— Por que nós não poderíamos fazer o mesmo? – questionavam eles.

A ideia estava lançada e pegou rapidamente.

Embora haja uma longa distância interestelar impedindo um diálogo em tempo real com eventual civilização alienígena, porque teríamos de esperar pela resposta por muitos e muitos anos, ainda assim os ETs podem nos estar transmitindo por rádio há milhares de anos, sem necessidade de mandar suas naves à Terra.

As ondas eletromagnéticas foram consideradas veículos satisfatórios de transmissão de mensagens, pois elas viajam à velocidade da luz. A frequência escolhida de 1420 megaciclos, com comprimento de onda de 21 centímetros, foi considerada boa para atravessar a imensidão cósmica sem ser absorvida no vácuo. Frequências inferiores produzem ruído de fundo, enquanto as superiores são limitadas pela própria atmosfera do planeta. Portanto, a escolha se fundamentou em estudos científicos que podem ser facilmente realizados por uma civilização distante, com resultado semelhante ao nosso, para captação de sinais e transmissão de ondas.

Considerando essa ideia, Frank Drake elaborou o projeto Ozma – cujo nome simboliza um piscar de olhos ao país de

Oz e à sua rainha, Ozma, do conto de literatura infantil *O Mágico de Oz* – para detectar sinais de rádio à distância de até 100 anos-luz da Terra.

No ano seguinte, em 1960, colocando em prática tal projeto, Drake apontou o radiotelescópio do Observatório de Greebank, na Virgínia, para duas estrelas muito sugestivas: Tau Ceti, na Constelação de Cetus, a Baleia, e Épsilon Eridani, na Constelação do Rio Erídano, ambas análogas ao nosso Sol, distantes 11 anos-luz.

Durante duas semanas, Drake permaneceu em escuta ininterrupta, mas não conseguiu captar nenhum sinal daqueles distritos espaciais. Uma análise detalhada da operação revelou que o observatório não estava capacitado para levar adiante aquela missão. O programa foi interrompido em seguida, mas possibilitou a realização de outro, o chamado projeto SETI (*Search for Extraterrestrial Intelligence* – Procura de Inteligência Extraterrestre), mais ambicioso que o anterior.

Com auxílio do radiotelescópio de Arecibo, em Porto Rico, e de uma extensa rede particular de computadores para conversão de sinais, o projeto SETI pretende rastrear o cosmos distante. O projeto faz emissões de *raios laser* (amplia a luz por indução de radiação) e de *raios maser* (amplia micro-ondas por radiação), podendo ser incrementado com o uso de sondas espaciais, satélites, estação orbital e atividades em base lunar. O objetivo é atingir a monumental distância de 1.000 anos-luz da Terra. Sua operação varia conforme as verbas disponíveis e, às vezes, fica em estado de hibernação. Os resultados positivos ainda não vieram.

Em uma conferência científica realizada em 1971, na Armênia, patrocinada pela Rússia e pelos Estados Unidos, foi divulgada uma conclusão que mostra a importância das investigações de vida extraterrestre para a humanidade:

— A questão ET pode revestir-se de um profundo significado para o desenvolvimento da raça humana. Se um dia for descoberta alguma civilização extraterrestre, seu efeito na nossa capacidade científica será imenso, e essa descoberta

UNIVERSO PROFUNDO

irá influenciar o futuro da humanidade. O significado prático e filosófico de um contato bem-sucedido com civilização extraterrestre será tão formidável que se justifica o dispêndio de esforços substanciais. As consequências de tal descoberta contribuiriam expressivamente para o conhecimento humano universal – disse o consagrado Carl Sagan.[5]

De fato, a lógica humana de raciocínio tende a considerar toda aparição ufológica como fenômeno natural ou desarranjo psíquico da mente, talvez porque o próprio ufo não tenha um caráter permanente e concreto. Mas o programa SETI faria algo diferente, porque as características de comunicação por aparelhos são outras. Os sinais inteligentes, produzidos por tecnologia alienígena, poderiam ser captados por nós e decifrados com a nossa tecnologia. Se isso acontecesse, os registros concretos e repetidos do extraterrestre não poderiam ser rejeitados – a comunicação oficial, por instrumentos, seria estabelecida.

O homem, desde o nascimento da razão, esteve confinado em seu pequeno globo como um peixe dentro do aquário e até pouco tempo viveu circundado pela atmosfera de seu planeta sem que dela pudesse sair. Ainda hoje, sua visão do espaço exterior é limitada, mas a tecnologia está lhe proporcionando alternativas para descobrir se haveria lá fora outros mundos habitados. Os sinais de rádio e as ondas que atravessam os espaços poderiam viabilizar contato com civilizações distantes.

Os extraterrestres para esse contato não seriam de natureza diferente da humana. Não seriam criaturas exóticas na ciência, na tecnologia nem seres de matéria invisível, pois se supõem que criaturas assim não poderiam nos contatar de modo convencional.

Os extraterrestres mais sugestivos ao contato teriam constituição corporal semelhante à nossa, sem ser necessariamente iguais, mas teriam um modelo de evolução semelhante ao nosso, desde simples organismos até o estágio inteligente, atingindo tecnologia avançada. Seres que de algum modo, em algum planeta do espaço exterior, teriam repetido as nossas

---

[5] SAGAN, 1976, p.191-192.

condições de vida e estariam hoje num estágio de avanço que guardasse sincronismo com o nosso, para fazer contato e manter entendimento. São esses ETs que a ciência espera encontrar. Fora dessa visão científica, acredita-se que seria infrutífero buscar contato à distância com outra civilização.

Tal contato, caso fosse realizado, segundo os cientistas daquela conferência na Armênia, poderia modificar radicalmente a humanidade, tanto em termos materiais quanto nas questões espirituais do homem. Uma civilização extrassolar, semelhante à nossa, que estivesse, por exemplo, dois mil anos à nossa frente, talvez pudesse nos passar conhecimento que levaríamos centenas ou milhares de anos para conseguir.

Sem dúvida, procuraríamos saber a solução de tudo que nos aflige. Indagaríamos, por exemplo, a "eles":

— Como foi encontrada em seu planeta a cura do câncer e de outras doenças? Como foi resolvida a questão da fome? Como resolver a qualidade de vida em caso de superpopulação? E a velhice sem sofrimento, como se resolveu? Como foi obtida a paz entre pessoas e povos diferentes? Não obstante à distância, poderiam chegar aqui fisicamente com suas naves?

Como se nota, um contato com inteligência extraterrestre modificaria a humanidade por completo, certamente haveria uma alteração de vida mais intensa do que a ocorrida na época dos descobrimentos, na qual os nativos das Américas, sem preparação nenhuma, tiveram de se adaptar às novas condições de vida.

Entretanto, é oportuno ressaltar que se em vez de dois mil anos, o avanço de uma civilização extraterrestre fosse de 100 mil anos à nossa frente, é provável que a atenção dispensada a nós fosse comparável à que damos às formigas, as quais nada sabem da nossa existência.

Os cientistas daquela reunião na Armênia previram que a Era do Espaço modificará o homem e ressaltaram:

— Recomendamos a continuidade e o incremento das atividades nas áreas da química orgânica pré-biótica, da biologia

evolucionária e da pesquisa de sistemas planetários extrassolares, que estão estreitamente ligados ao problema.[6]

A essas recomendações deve ser acrescentada mais uma,
de ótica espiritista, ou seja, a procura científica do espírito.

Porque a consciência extrafísica irradiada na matéria
dá causa à vida e a faz evolucionar na Terra, nos planetas
extrassolares e nas profundezas etéreas do cosmos. Com
os estudos da Física e da Psicobiofísica aplicados às manifestações do espírito, outra civilização pode ser descoberta
pelo homem – a civilização do espírito, muito mais próxima
dele do que qualquer outra.

SINAIS NA TERRA DE OUTRA CIVILIZAÇÃO

A estrela Capella está localizada no hemisfério norte celeste, na Constelação de Auriga, quase no centro e pouco
acima da Constelação de Órion, onde encontramos em seu
cinturão a fieira das três Marias, e da de Taurus, onde observamos a belíssima estrela Aldebaran. Capella é uma das estrelas mais brilhantes do céu, distante da Terra 42 anos-luz.

Os espíritas consideram que naqueles distritos haveria um
planeta físico como a Terra, mas de grandes proporções, girando em órbita distante do sistema de Capella. Com as técnicas
atuais da astronomia, ainda não foi avistado. Contudo, a vida
inteligente nele desenvolvida fora produto de evolução mais
ou menos semelhante à da Terra.

Ressalta-se que procurar no cosmos por planetas sem
luz é tarefa até certo ponto inglória, mas estudos recentes
revelam que das estrelas pesquisadas, em 6% delas foram
achados planetas gigantes, porque os grandes corpos cau-
sam maior desvio e refração da luz, tornando mais nítida sua
existência.

Dos planetas extrassolares achados, o maior é uma bola
de gás com tamanho de 5.400 Terras. O mais antigo tem três

---

[6] SAGAN, 1976, p.191-192.

vezes mais idade, trata-se de um ancião com 13 bilhões de anos. Portanto, um planeta de grandes proporções no sistema quádruplo de Capella não seria impossível. Mas é preciso destacar que seria inútil procurar por vida física num orbe mais ou menos semelhante a Júpiter. Por certo, a vida "encarnada" ali seria diferente – ultrafísica.

Na Terra, por volta de 25 mil anos atrás, época em que o *Homo sapiens* já estava suficientemente desenvolvido e o primitivo *Cro-magnon* evolucionava dando os últimos contornos à forma do homem moderno, os trabalhadores do Cristo, segundo informes espiritistas, operaram uma transmigração espiritual que tivera por objetivo produzir melhora no ser humano. Os traços fisionômicos, belos e graciosos da humanidade atual, foram ali aprimorados, e uma nova cultura fora implantada na Terra com a finalidade de progredir a passos largos, considerando a marcha vagarosa da evolução nos milênios anteriores.

Uma colônia de espíritos degredados do Sistema de Capella, segundo a Doutrina Espírita, ao encarnar na Terra, constituiu aqui a chamada raça adâmica, mencionada nas Sagradas Escrituras.

Àquela época remotíssima, os habitantes do orbe adâmico estavam em fase de transição moral e desenvolvimento técnico semelhante aos do homem atual. Portanto, não lhes seria possível realizar viagens extrassolares como as imaginadas hoje pelo homem. A migração se dera de modo estritamente espiritual.

Apenas uma minoria de espíritos imperfeitos, cerca de sete milhões deles, segundo registros espirituais, de lá foram degredados e compelidos a viver na Terra. Após milênios de expiação para ressarcir os pesados débitos contraídos em seu orbe, no fim do Império Romano no Oriente a legião mais retardatária pôde voltar recuperada à sua esfera natal.

Contudo, no transcorrer dos milênios em que aqui estiveram encarnados, deixaram marcas inconfundíveis de sua cultura – esta a razão das enigmáticas construções e das marcas deixadas na Terra por aquela civilização de um mundo distante.

No universo há uma ordem perfeita em que todos os seres dotados de inteligência podem se agitar dentro de leis previamente estabelecidas, para que a evolução ocorra sem sobressaltos. Na Terra, não seria diferente. Há nela um governo espiritual que comanda a evolução humana. Portanto, não deve haver temor com relação à visita de outras civilizações do cosmos. Ao contrário, tudo deve ser estudado à luz da ciência para a devida compreensão dos fenômenos.

ABDUÇÃO E FENÔMENO DE TRANSPORTE

Os avistamentos de ufos são relatados por pessoas dignas do nosso profundo respeito. Mesmo retirando da enorme quantidade de casos os enganos, os exageros, as fraudes, as obsessões espirituais e os desajustes psíquicos, ainda assim os casos são tantos que é impossível ao pesquisador não os levar em consideração num estudo sério para avaliar as ocorrências.

O fenômeno ufo é sugestivamente produzido por seres inteligentes de outras regiões; portanto, precisa ser cientificamente estudado. Os eventos físicos e paranormais ligados à Ufologia deveriam ser motivo de ensino superior, inseridos em faculdades afins. Com essa iniciativa, a área médica entraria em cena para estudo e tratamento dos distúrbios causados pela abdução e outros correlatos, enquanto a psico-biofísica entraria em campo para investigar o fenômeno, sua causa incomum e propor outras medidas.

Tal iniciativa, por conta das autoridades, viria beneficiar o saber humano, pois a luz elimina as trevas e desfaz as fobias e obsessões, fazendo o homem avançar rumo à espiritualidade por meios exclusivamente científicos.

Do ponto de vista científico, a pergunta sobre como poderia ser realizada a abdução está ainda muito distante de ser respondida. As hipóteses ventiladas são muitas, mas sem conclusão cientificamente válida. Entretanto, é exatamente

PEDRO DE CAMPOS INSTRUÇÕES DE ERASTO

o pouco conhecimento que estimula as novas pesquisas, na tentativa de resolver-se a questão.

É preciso considerar que outras humanidades cósmicas com desenvolvimento técnico pouco superior ao terrestre não teriam condições de realizar o evento de abdução. Tampouco humanidades muito adiantadas o fariam, porque certamente já teria atingido um nível moral e social bem mais elevado, estágio evolutivo que lhes impediria praticar atos contrários à sua boa índole e à livre vontade alheia.

Assim, é lícito à humanidade pensar que a abdução seja obra de alguma civilização tecnicamente mais adiantada que a terrestre, mas de moral ainda fraca. É lícito pensar que essa civilização estaria postada numa outra dimensão do espaço--tempo, relativamente "próxima"; que teria dominado a técnica de materializar e desmaterializar coisas sem perda de energia e sem alterar a sua constituição originária; que teria dominado a técnica de passar para outras dimensões por entradas e saídas em vórtices transformadores do estado da matéria, fronteiras dispostas num complexo hiperespaço com tubos de ligação para dimensões sucessivas.

Enfim, com o domínio de técnicas refinadas, aqueles seres se fariam visíveis e invisíveis quando preciso fosse, obtendo uma situação repentina e passageira de estar e não estar, passando rapidamente do estado de existência para o de não existência e vice-versa, produzindo aparições físicas e contatos imediatos com os seres humanos.

Não obstante, a informação de Erasto é que o evento de abdução é fenômeno raro. Não é feito desmaterializando o corpo do indivíduo, mas por efeitos físicos operados por um ser ultraterrestre. Segundo o espírito, a entidade usa uma combinação fluídica existente em certos mananciais do ambiente terrestre, e com seus aparelhos provoca uma saturação no corpo humano, diminuindo-lhe o peso específico, reduz a força gravitacional, isola-o, e o atrai à nave num fenômeno de transporte, como os descritos no Espiritismo.[7]

---

[7] KARDEC, *O Livro dos Médiuns*, Segunda Parte, Cap. IV-V – Fenômenos de Transporte.

De fato, ao abrirmos *O Livro dos Médiuns*, no capítulo Fenômenos de Transporte, lemos:

— O Espírito pode, por meio de algumas propriedades do vosso meio ambiente, desconhecidas por vós, isolar, tornar invisíveis e fazer mover alguns objetos materiais e os próprios encarnados.

Portanto, fica claro que os espíritos podem produzir o fenômeno de transporte também nos seres humanos.

Não obstante esse poder relativo para efetuar a levitação e o transporte de objetos e de corpos vivos, seria o caso de indagarmos ao mentor Erasto, buscando a elucidação espiritual:

— Os espíritos praticam abdução do corpo físico e o levam para o chamado ufo?

"Não. Esse é um fenômeno raro, praticado por seres ultraterrestres."

— Na abdução, temos alguma possibilidade de defesa material?

"Os intrusos que praticam abdução têm receio de vós, porque quando materializados se submetem às leis da vossa Física. O aparato corporal deles, embora sutil para vós, tem composição similar à molécula densa; "ele", quando materializado, fica vulnerável. Razão pela qual "eles" são rápidos na atividade. Por conseguinte, com determinação e argumento imperativo podem ser despedidos. A vossa firmeza em despedi-los pode reverter a ação, tende certeza disso."

— O que pode ser feito para prevenir a abdução?

"No mais das vezes, eles procuram pessoas simples, que lhes sejam afins, para com elas experimentar. A priori, não deveis compactuar com o propósito deles, porque isso os atrai."

MATERIALIZAÇÃO UFOLÓGICA

"A materialização ufológica é um fenômeno físico realizado em moldes semelhantes ao executado por espíritos desencarnados.

PEDRO DE CAMPOS INSTRUÇÕES DE ERASTO

Ela procede de um hiperespaço de outra dimensão e é operada por seres ultraterrestres através de aparelhos extrafísicos, construídos por eles para esse fim.

"Para materializar e desmaterializar as coisas há que se fazer uma combinação de energias e causar nelas uma transmutação insólita.

"Agindo nos mananciais fluídicos da terra, da água, do ar e da vitalidade dos seres vivos, um substrato eterizado de elementos combinados é extraído desses mananciais e com ele se elabora uma química sutil, com a qual a composição quântica das coisas extrafísicas é envolvida para realizar o processo de materialização; após o envolvimento das coisas com esse fluido combinado, baixando a vibração das partículas através de aparelhos especiais obtém-se uma queda quântica em direção ao mundo atômico, culminando por formar no mundo físico a química similar das coisas, dando a elas consistência e funcionalidade. Sem outros termos de expressão, assim avulta na matéria densa os seres alienígenas e os objetos voadores, todos eles subjugados às leis da vossa Física. Não se trata de uma corporificação perispiritual, mas sim de corpos menos materiais convertidos à similaridade da matéria densa, por isso ficam penetráveis e perecíveis.

"A manipulação dos fluidos extrafísicos só pode ser operada com precisão por seres daquela mesma natureza extrafísica. Isso compreende a atuação de espíritos errantes e de seres ultraterrestres conhecedores do processo. Assim, compreende-se que seres extraterrestres de planetas do espaço exterior, cujos corpos são de natureza física, criaturas de corpo denso como o vosso, não podem desmaterializar seus corpos com fluidos de outra natureza diferente da sua, à qual eles não têm acesso; tampouco podem acessar um hiperespaço de outra dimensão por si sós. Aqueles que vos aportam [fazendo a maior parte das abduções] são seres ultraterrestres" – assim se expressou Erasto.

ELES NÃO INCORPORAM MÉDIUNS

"O corpo menos material do ultraterrestre é inferior em vibração ao do seu perispírito. Sua esfera espiritual é composta por energias cuja quintessência é muito mais sutil do que o mundo de 'antimatéria' onde o aparato corpóreo é organizado no renascimento.

"Nos mundos onde haja renascimento, a quintessência da matéria perispiritual proporciona não somente a conformação de corpos menos materiais, compostos por feixes de partículas quânticas, mas também de corpos materiais, compostos por moléculas pesadas, como as da carne, por exemplo, conformados em mundos físicos semelhantes à Terra.

"Por seu turno, a visão ufológica é um acontecimento comum a todos os seres portadores do sentido de visão. Não se trata de avistar o perispírito, mas sim o corpo materializado do ultraterrestre ou de seu ufo. As imagens se apresentam de maneira dinâmica, constituindo figuras tridimensionais, às vezes luzentes, emersas de um espaço aparentemente vazio, pois a falta de melhor agudeza visual não dá ao observador a percepção da origem dessas aparições. Ela é semelhante à materialização de espíritos. Geralmente se dá em campo aberto, em razão das características do objeto insólito.

"A visão espiritual do médium é algo diferente. Não se trata de um avistamento de espírito materializado ou de um fenômeno ufo. Trata-se de uma clarividência mediúnica, natural dos sensitivos. A imagem do mundo espiritual é formada na mente do médium, sem o concurso dos olhos físicos. Tem características próprias e se apresenta com variações determinadas pela própria percepção extrassensorial do médium. De maneira geral, os olhos da alma avistam uma névoa tênue, transparente e fugidia. O fluido, sob ação dos espíritos, possibilita a conformação de figuras de seres orgânicos e de objetos mais ou menos definidos, variáveis na forma segundo a capacidade do espírito motor. Para o sensitivo, essa visão pode variar numa escala ampla de percepção, segundo as suas possibilidades. Não há materialização. São os olhos da alma que enxergam as formas espirituais.

"Essa capacidade extrassensorial de vidência pode facultar ao médium perceber a presença de seres ultraterrestres em seu estado sutil original, porque seus corpos menos materiais estão dentro da escala de percepção extrassensorial.

"Contudo, é preciso registrar de modo enfático que os intrusos [os abdutores] não estão habilitados a incorporar médiuns em sessão espírita. A composição perispiritual deles e o liame corporal a que estão vinculados constituem impedimentos naturais que não lhes permitem tal propósito. Embora possam comunicar-se através do pensamento, não o fazem por incorporação mediúnica.[8] Os que assim procedem [incorporando], tende certeza, são espíritos da erraticidade terrestre" – assim se expressou Erasto.

A GRANDE FAMÍLIA UNIVERSAL

Não obstante isso, no vasto império estelar do universo há muitas humanidades, cada qual estagiando em seu grau de progresso. A Terra é uma morada das mais iniciantes:

— Acostumados, como estamos, a julgar das coisas pela nossa insignificante e pobre habitação, imaginamos que a natureza não pode ou não teve de agir sobre os outros mundos senão segundo as regras que lhe conhecemos na Terra. Ora, precisamente neste ponto é que importa reformemos a nossa maneira de ver – registrou Kardec.

E os espíritos prosseguiram detalhando a explicação:

— Não suponhais, pois, em torno de cada sol do espaço apenas sistemas semelhantes ao vosso sistema planetário; não imagineis vós sobre esses planetas desconhecidos apenas os três reinos da natureza que vive ao redor de vós. Pensai, ao contrário, que, assim como nenhum rosto de homem se assemelha a outro rosto em todo o gênero humano, também uma portentosa diversidade, inimaginável, se acha espalhada pelas habitações etéreas que vogam no seio dos espaços. Não concluais que os milhões e milhões de planetas que rolam pela amplidão sejam semelhantes a este que habitais. Longe disso, aqueles diferem de acordo com as diversas

---

[8] Note que na comunicação de Bernard Palissy [*Revista Espírita, abril de 1858*], dando resposta à sétima pergunta, ele informa: "Em vosso globo venho apenas como Espírito, e este não tem mais sensações materiais". Logo, vem como espírito, sem nada do *corpo menos material* que ficara em Júpiter. Seres dotados de corpo menos material não se comunicam por incorporação mediúnica, visto que sua própria constituição corpórea os impede, mas sim por transmissão de pensamento, segundo Erasto.

UNIVERSO PROFUNDO

condições que lhes foram prescritas e de acordo com o papel que a cada um coube no cenário do mundo. São variadas pedrarias de um imenso mosaico, flores diversificadas de um esplêndido jardim. Mas a essa ideia eminentemente justa da criação faz-se mister acrescentar a da humanidade solidária, e é nisso que consiste o mistério da eternidade futura. Uma mesma família humana foi criada na universalidade dos mundos e os laços de uma fraternidade que ainda não sabeis apreciar foram postos a esses mundos. Se os astros que se harmonizam em seus vastos sistemas são habitados por seres inteligentes, não o são por seres desconhecidos uns dos outros, mas, ao contrário, por seres que trazem marcados na fronte o mesmo destino, que se hão de encontrar temporariamente segundo suas funções vitais e se encontrar ainda de novo segundo suas mútuas simpatias. É a grande família espiritual que povoa as terras celestes; é a grande irradiação do Espírito divino que abrange a extensão dos céus e que permanece como tipo primitivo e supremo da perfeição espiritual. Marchai, pois, confiantes no vosso percurso rumo ao futuro, porque não há sombra que possa ofuscar a luz e refrear a vossa caminhada. Lembrai-vos do que Jesus, matando a morte, vos disse: *'Eu, quando for levado da Terra, atrairei a mim todos os homens. Andai enquanto tendes a luz, para que as trevas não vos apanhem. Aquele que anda nas trevas não sabe para onde vai. Enquanto tendes a luz, crede na luz, para que vós sejais filhos da luz. Alegrai-vos e exultai, porque grande é a vossa recompensa no céu; pois assim conquistaram os profetas que existiram antes de vós'.*[9] As moradas do espírito evoluído resplendem no cosmos como luzes fulgurantes a vos estender os braços e oferecer-vos a gloria da felicidade eterna.[10]

---

[9] Jo 12,32-36; Mt 5,12.
[10] KARDEC, *A Gênese*, Cap. VI - adaptação dos itens 60, 61 e 56.

8

CASUÍSTICA DOS ESPÍRITOS

O jovem Andrew Jackson Davis contava 18 anos. Nascera nos arrabaldes do rio Hudson, num distrito rural de Nova York. Era um moço de corpo franzino, mas de aguçada percepção espiritual. Nessa idade, escreveu um livro contando fatos de sua infância, a qual não fora diferente da dos demais jovens daquele distrito, mas o que o diferenciava dos outros era uma sensibilidade incomum.

Desde a infância, Davis escutara no campo vozes do além-vida e tivera notáveis visões. Na juventude, sua sensibilidade voltou-se ao diagnóstico de doenças. Ele via, com os olhos da alma, o interior do corpo humano, que se tornava transparente para ele. Uma radiação incomum envolvia o interior do corpo e cada parte doente ficava obscurecida, sinalizando-lhe o que deveria ser tratado no paciente.

Mas Davis não se limitava a diagnosticar as pessoas presentes ao seu local de trabalho. Com auxílio de um magnetizador,

UNIVERSO PROFUNDO

era capaz de desprender sua alma e arremetê-la longe, trazendo o diagnóstico de um doente que se encontrava a quilômetros de distância. Foi numa ocasião dessas que ocorreu um fato intrigante.

Na tarde de 6 de março de 1844, Davis teve uma experiência que deixou muita gente refletindo sobre a existência de vida após a morte, porque ele faria uma estranha viagem ao além-vida e contaria detalhes incomuns desse episódio, dando conta do que vira no mundo dos espíritos.

Em estado de transe parcial, Davis foi tomado por uma força que o transportou voando da cidade de Poughkeepsie para o alto das montanhas de Catskill, cerca de 60 quilômetros de distância. Ficou ausente o resto da tarde e a noite inteira. Quando voltou do transe, pela manhã, disse que havia estado com duas entidades – dois anciãos que mais tarde seriam reconhecidos por ele como as figuras de Galeno e Swedenborg.

O primeiro instruiu-o sobre medicina; o segundo, sobre o moral elevado. Durante sua vida, sentiria necessidade de subir à montanha diversas vezes, para se tratar com aquelas entidades e revigorar suas forças, visando cumprir bem a sua missão.

Embora as suas subidas à montanha tivessem semelhança com algumas passagens bíblicas, Davis as considerou absolutamente normais, não vendo nelas outra coisa senão que, além desta vida, existe outra muito maior, de onde tudo provém.

Com sua mediunidade, além de realizar prodígios na área médica, Davis foi capaz de prever as invenções do automóvel e da máquina de escrever. Em 1847, profetizou o aparecimento do Espiritismo, dizendo:

— É verdade que os espíritos se comunicam entre si quando um está no corpo e outro na esfera espiritual. Não levará muito tempo para que essa verdade seja demonstrada ao mundo. E o mundo a saudará com alegria, marcando o surgimento de uma Nova Era. A comunicação espírita será então aberta aos homens, assim como já a desfrutam os habitantes de outros planetas como Marte, Júpiter, Saturno,em suas instâncias ultrafísicas.[1]

---

[1] *História do Espiritismo*, p.67. Cf. Bibl.

PEDRO DE CAMPOS INSTRUÇÕES DE ERASTO

De fato, como predissera Davis, sete anos mais tarde, em 1854, Allan Kardec iniciaria estudos sobre os fenômenos espirituais que fervilhavam em todas as partes do mundo. E três anos depois, em 1857, Kardec publicou a primeira obra da codificação espírita, *O Livro dos Espíritos*, e logo a seguir as demais obras, até o seu desencarne, em 31 de março de 1869, vitimado pelo rompimento de um aneurisma.

CASO HOME · LEVITAÇÃO

Em outubro de 1855, chegou a Paris um jovem escocês de 22 anos, chamado Daniel Dunglas Home, médium do gênero que produz manifestações físicas ostensivas. Kardec se interessou pelo caso e tratou de estudar os fenômenos em Home.

Alguns anos depois, em sua revista, Kardec relatou que enquanto Home almoçava com algumas pessoas na casa de um amigo, de repente se ouviram batidas na parede, nos móveis e no teto. Home estava sentado num sofá, conversando com um amigo.

Um serviçal da casa entrou no recinto, trazendo na mão uma bandeja de chá que iria pôr sobre a mesa no meio do salão.

— Quando se aproximou dela, a pesada mesa se levantou por si só, a uma altura de vinte ou 30 centímetros do chão, como se fosse atraída pela bandeja – registrou Kardec.[2]

Apavorado, o serviçal largou a bandeja sobre a mesa e esta, num salto deslizante, saiu do meio do salão e foi ao sofá em que Home estava com seu amigo, sem nada desarranjar do que havia sobre ela. Embora tal acontecimento tivesse sido um caso deveras incomum, Kardec classificou o fato sem qualquer empolgação, completando:

— Não é o mais curioso do quanto temos visto, embora tenha peculiaridade digna de menção.

E realmente não fora o mais curioso, porque outros acontecimentos, ainda mais insólitos, seriam relatados por ele.

---

[2] *Revista Espírita*, fevereiro de 1858 – Home.

UNIVERSO PROFUNDO

Certa ocasião, Kardec escreveu:

— Como a mesa, Home foi elevado até o teto e desceu do mesmo modo. O que há de bizarro nesse fenômeno é que não se produz por um ato de sua vontade. Ele mesmo disse que não se apercebe do fato e pensa que está sempre no solo, salvo quando olha para baixo — são as testemunhas que o veem elevar-se. Quanto a ele, experimenta nesses momentos a sensação produzida pelo balanço de um navio sobre as ondas. Aliás, este fato não é absolutamente peculiar ao senhor Home. A história registra mais de um exemplo autêntico.[3]

Em dezembro de 1868, sob o olhar de inúmeras pessoas, Home levitou várias vezes em Ashley House. O caso foi minuciosamente estudado por Lord Adare.

Em estado de transe, Home flutuou do quarto para a sala de estar, passando pela janela, a 20 metros de altura da rua. Depois de chegar à sala, onde estava, voltou com Lord Adare para o quarto. Quando Adare declarou não compreender como Home poderia ter passado por aquela janela do quarto, apenas parcialmente aberta, Home produziu outra levitação para demonstrar como fizera aquilo:

— Ele me disse para me afastar um pouco; então passou pelo espaço aberto da janela primeiro a cabeça, muito rápido, estando seu corpo aparentemente rígido e quase na horizontal. Tendo passado, voltou para dentro de novo, com os pés para frente — relatou Lord Adare.[4]

No final de 1860, o senhor Wason, advogado de Liverpool, com sete outras pessoas, assistiu a um caso semelhante, classificado pelo Espiritismo como isolamento da ação da gravidade sobre o corpo, com visibilidade total da ocorrência e pequeno deslocamento por transporte.[5]

— Home atravessou a mesa passando por cima da cabeça das pessoas sentadas em volta dela. Alcancei sua mão a 2 metros do solo e dei cinco ou 6 passos enquanto ele flutuava no espaço, logo acima de mim, relatou a testemunha.[6]

[3] *Revista Espírita*, março de 1858 – Home II.
[4] *História do Espiritismo*, p. 176. Cf. Bibl.
[5] O Livro dos Médiuns, 2ª parte, cap. IV-V, Fenômenos de Transporte.
[6] *História do Espiritismo*, p. 176. Cf. Bibl.

A questão do peso na levitação e no transporte de objetos e de seres vivos não parece ser empecilho para os espíritos produzirem tais fenômenos.

Kardec, escrevendo sobre o Caso Bergzabern (nome do jornal em que a testemunha trabalhava), registrou:

— Nós, que vimos, podemos afirmar que quatro homens se sentaram na cama e com ela foram suspensos; não conseguiram paralisar o movimento e foram levantados com o móvel. Ao fim de 14 dias, cessou o reboliço dos móveis, e as manifestações foram substituídas por outras.[7]

Os fenômenos de levitação e transporte estudados de maneira exaustiva pelo Espiritismo desde o século XIX e verificados atualmente em casos de abdução, evento já tratado por nós, têm a sua causa numa força espiritual poderosa e desconhecida da ciência. Quando, pela primeira vez, a força invisível do imã moveu a agulha e outros corpos mais pesados, o magnetismo até então desconhecido causou enorme sensação, mas foi compreendido pelo conhecimento de sua causa e da reprodução científica dos fenômenos. Contudo, o mesmo não acontece com as forças espirituais, porque elas estão no domínio de seres inteligentes oriundos de uma natureza diferente da nossa. Não há, por agora, como conhecer tais forças espirituais, senão recorrendo à própria espiritualidade motora dos fenômenos, tendo o cuidado de isolar os espíritos de ordem inferior que se manifestam, porque eles podem também produzir tais fenômenos, mas enganam, perturbam e nada explicam de maneira lógica as ocorrências. A Ciência Espírita, por ora, é a que se encontra em melhores condições para fundamentar, com segurança e conhecimento relativo de causa, o pesquisador em sua tarefa.

Quando o apóstolo Pedro, duvidando que pudesse andar sobre as águas começava a afundar, em seu socorro intercedeu Jesus, fazendo-o levitar, assim como Ele.[8] Tal fenômeno se deu à vista dos apóstolos e sob a ação de Jesus. Com

---

[7] *Revista Espírita*, junho 1858, O Espírito Batedor de Bergz. 1.
[8] Mt 14,22-33.

o advento do Espírito da Verdade,[9] cuja vinda fora profetizada pelo Cristo, os fenômenos de levitação foram explicados e inseridos nas obras da codificação espírita, desfazendo o mistério do passado, embora ainda enigmáticos.

TESTEMUNHO WALLACE · MATERIALIZAÇÃO

De maneira semelhante ao que já houvera acontecido com a alquimia, que cedera lugar à química, o magnetismo estava sendo destronado pelo hipnotismo, após a metade do século XIX, tendo em Jean-Martin Charcot seu principal protagonista.

Na mesma época, em 1869, Edward von Hartmann lançara sua célebre *Filosofia do Inconsciente*, considerando mera ilusão a existência do espírito e a imortalidade da alma, obra que fundamentaria Sigmund Freud na construção de sua monumental obra psicanalítica. Em seguida, Hartmann escreveria seu livro *Darwinismo, a Religião do Futuro*, matando, para ele, em definitivo, a alma. O russo Alexandre Aksakof lhe daria uma resposta vigorosa, em seu livro *Animismo e Espiritismo*.

A Teoria Evolucionista e a Psicanalítica edificaram sólidos pilares científicos, nos quais o homem construiu o edifício de si próprio. Mas a base espiritual de sustentação dessas duas estruturas reclamou para si o mérito da construção, fazendo com que o espírito, o psiquismo e a evolução material jamais se separassem, não obstante a contestação de alguns.

Na verdade, o estado de sono induzido, provocado por experientes magnetizadores do século XIX, estava produzindo efeitos que não tinham explicações para eles, e por aquelas épocas uma nova categoria de médiuns estava emergindo em vários países do mundo, fazendo coisas inacreditáveis.

Nos Estados Unidos e na Inglaterra, o espiritualismo estava em franca ascensão. Apesar dos esforços obstinados da escola materialista para negar os fenômenos espirituais – porque estes afrontavam as teorias fisiológicas da escola –, o

---

[9] Jo 14,15-26.

PEDRO DE CAMPOS INSTRUÇÕES DE ERASTO

Moderno Espiritualismo, como era chamado naqueles países, emergia, produzindo fenômenos extraordinários. Na França, em particular, recebia o nome de Espiritismo, por iniciativa de seu codificador, Allan Kardec.

Foi nesse clima que apareceu na Inglaterra um notável cidadão, Alfred Russel Wallace (1823–1913), um naturalista acima de qualquer suspeita. O trabalho inovador que Wallace realizara em prol do saber humano fora divulgando pela primeira vez num comunicado conjunto com Charles Darwin, lido na Linnean Society de Londres, a 1º de julho de 1858. Nele, estavam os fundamentos da Teoria Evolucionista. O testemunho de Wallace, em favor dos estudos espíritas, faria uma reviravolta na Inglaterra.

Wallace era um homem de inteligência acima da média. Ele observara que nas coisas do espírito poderiam estar a chave da evolução. Certamente, por sua condição de naturalista descobridor da evolução dos seres vivos, seria ele o último interessado em comprovar a movimentação das mesas, a levitação dos corpos e a materialização dos espíritos. Isso tudo advogava, aparentemente, contra o evolucionismo que ele mesmo houvera lançado em conjunto com Darwin.

Contudo, Wallace tivera a sensibilidade para perceber que nos fenômenos espíritas a personalidade humana não desaparecia após a morte, mas que poderia ser a causa dos fenômenos incomuns observados por ele.

Se fosse assim – ele pensava –, nas manifestações do espírito poderiam estar as provas científicas da sobrevivência da alma. Portanto, seria uma constatação real, positiva, distante da crença vacilante e cheia de dúvida das religiões. Era, com efeito, um acontecimento incomum, com potencial para explicar a vida humana como parte de um processo espiritual muito mais amplo e sem-fim, que transcendia a Teoria evolutiva erguida por ele.

Na Inglaterra, observando os feitos sobrenaturais produzidos por médiuns notáveis, Wallace se dispôs a estudar *O Aspecto Científico do Sobrenatural*[10] e deu sua adesão ao Espiritismo.

---

[10] WALLACE, *The Scientific Aspect of the Supernatural*, Farrad, Londres, 1866.

UNIVERSO PROFUNDO

Embora seu exemplo não tenha convencido muitos de seus colegas, de concreto Wallace persuadiu Sir John Lubboch, presidente da Sociedade Dialética de Londres, a nomear um representante da agremiação para estudar os fenômenos espíritas. Em decorrência das investidas de Wallace, o jovem cientista William Crookes, célebre físico-químico descobridor do Tálio (TI), em 1861, também entraria em cena para pesquisar os fenômenos espíritas.

Nesse clima de pesquisa, além das obras de biologia natural, Wallace publicou em 1875, aos 51 anos, seu famoso livro *Sobre Milagres e Espiritismo*.[11] Ele procurava o insólito componente espiritual que pudesse ser inserido em sua teoria, para completá-la.

Em dezembro de 1892, em carta dirigida a Alfred Erny, Wallace assim descreveu o fenômeno incomum:

— Na época em que escrevi meu livro, eu ainda não tinha visto o fenômeno de materialização, o qual se produzia raramente na Inglaterra. A materialização, como todos os outros fenômenos, chega a diferentes graus de perfeição e se produz provavelmente de diversos modos. Em certos casos, o corpo espiritual do médium sai dele e, desprendido de todos os laços materiais, apresenta-se de tal modo transfigurado em sua fisionomia e no vestuário que pode parecer um ente distinto. Esse gênero de materialização é que serviu de pretexto a tantas pessoas para afirmar que haviam desmascarado médiuns. Contudo, trata-se de um fenômeno maravilhoso, mas um pouco menos espantoso que as formas mais perfeitas de materialização. A minha opinião é que toda materialização é obra de seres espirituais, que fazem o possível para se exibir nas condições ocorrentes no momento da sessão. Às vezes, a forma materializada parece apenas uma máscara, incapaz de falar e de se tornar tangível aos seres

---

[11] WALLACE, *On Miracles and Modern Spiritualism*. Na Inglaterra, por motivos históricos o Espiritismo era chamado de Moderno Espiritualismo. Sir Arthur Conan Doyle, presidente da Aliança Espírita de Londres, do Colégio Britânico de Ciência Psíquica e da Federação Espírita Internacional, intitulou seu célebre livro de *The History of Spiritualism*, não usando o termo Espiritismo, porque o outro já estava consagrado na língua inglesa.

PEDRO DE CAMPOS INSTRUÇÕES DE ERASTO

humanos. Em outras circunstâncias, a forma tem todos os sinais característicos de um corpo vivo real, que pode mover-se, falar e mesmo escrever, e cujo calor do corpo se revela pelo tato. Ela tem, sobretudo, uma individualidade, qualidades físicas e mentais completamente diferentes das do médium. Tenho visto formações desse gênero em casas particulares nas quais o médium vinha como simples visitante, sem aparelhos ou malas de artifício, e qualquer tentativa de fraude, quer do médium quer de comparsas, seria totalmente impossível. Essas entidades, reais durante certo tempo, desaparecem por completo em alguns minutos, e muitas vezes se pode assistir à sua dissolução. Neste caso, é difícil deixar de crer que não esteja presente o espírito senhor dessa personalidade. As aparições e as materializações não são evidentemente senão modalidades ligeiramente diferentes do mesmo fenômeno [Wallace considerou, com muita propriedade, que a materialização é o fantasma fugaz em estado condensado]. Algumas aparições são simples imagens que se manifestam com objetivo determinado, podem imitar tão bem a uma figura fantasiosa como a uma pessoa real.[12]

Cabe aqui fazermos um paralelo ufológico.

Segundo observara Wallace, *a aparição* do fantasma e sua *materialização* são fases distintas de um mesmo fenômeno.

Hoje, quando o ufo se apresenta numa forma embaçada ou brilhante, com imagem de conteúdo indefinido, tal forma é tida uma aparição *sutil*, equivalente ao *fantasma* no Espiritismo.

Uma aparição *física* (densa) do ufo é aquela em que o objeto se mostra bem distinto, com aparência metálica, sólida; mas, por ser temporária, pois pode se dissolver no ar e entrar no nada, assemelha-se à materialização espírita, embora não haja certeza disso em razão dos dispositivos de invisibilidade hoje conhecidos nos artefatos militares. Por essa razão, acredita-se que os ufos possam ser mesmo sólidos na origem, vindos de mundos tridimensionais distantes.

---

[12] ERNY, *O Psychismo Experimental*, p.144-146.

UNIVERSO PROFUNDO

Os relatos de Wallace e, principalmente, os registros de Crookes fundamentaram estudos que viriam estruturar a psicobiofísica moderna. Em épocas recentes, aproveitando-se desses estudos, alguns ufólogos de língua inglesa chegaram a suspeitar que as manifestações espíritas pudessem ser atividades de seres extraterrestres. Ou seja, de entidades sólidas que com suas técnicas avançadas se fariam presentes na Terra, mas ficariam ocultas, atuando apenas na mente das pessoas. Ocorre que as exaustivas pesquisas espiritistas não mostram isso, mas a atuação de entidades suprafísicas no nosso mundo.

É certo que tal cogitação na Ufologia somente ocorreu por falta de conhecimento, porque, quando se conhece a fundo o Espiritismo e seus postulados, a decifração de certos casos ufológicos fica mais sugestiva e harmônica.

Num relato da senhorita Glyn, durante um evento de materialização em sua casa, ficou claro que se tratava de pessoas mortas retornando para se fazerem visíveis.

— O médium Eglington caiu em letargia, e cinco ou seis minutos depois ficamos muito impressionados ao ver uma forma vaporosa passar entre mim e ele. Reconhecendo nessa figura a minha falecida mãe; o meu pai, surpreso, interrogou a forma: 'Sois vós, realmente?' – 'Sim!', exclamou a forma. Enquanto a contemplávamos, outra bioforma menor veio colocar-se entre eu e a primeira. E por diversos sinais íntimos, característicos, eu a reconheci – era um irmão meu, que morrera doze ou 13 anos antes. Vendo as duas formas e, ao mesmo tempo, o médium Eglington, que se achava perto de mim com as mãos presas, era impossível não me convencer da realidade do fenômeno. – relatou a senhorita Glyn.[13]

Um caso fascinante de desmaterialização aconteceu em uma sessão realizada a 9 de dezembro de 1874, na casa do senhor Luxmore. A médium, senhorita Cook, possibilitou,

---

[13] ERNY, p.140-141. Cf. Bibl.

em estado de letargia, tendo mãos e pés amarrados, a materialização do espírito Katie King.

Em meio à sessão, o senhor Volckman abraçou de maneira firme o espírito materializado de Katie. Embora ele fosse um homem forte o suficiente para retê-la em seu amplexo, Katie se desintegrou em seus braços e desapareceu, não deixando traços quer de seu corpo, quer do seu vestuário. O abraço apertado de Volckman se perdera no ar.

Entretanto, querendo observar em detalhes uma desaparição da forma concreta, as pessoas ali presentes pediram isso a Katie e foram atendidas por ela.

Após se materializar, Katie se colocou ao longo da parede do salão, com os braços erguidos, como se estivesse crucificada. Então, a luz foi acesa em três pontos, produzindo uma claridade muito viva, e o efeito foi surpreendente:

— Katie ficou cerca de um segundo como estava. Depois, começou a desagregar-se, lentamente. A princípio, os braços se tornaram incertos, os olhos se afundaram nas órbitas, o nariz desapareceu em seguida, assim como o osso da fronte. Depois, os membros pareceram decompor-se e cair por terra, em pedaços. Por fim, apenas ficaram parte da cabeça e um amontoado de vestido branco; depois, tudo ali desapareceu – registrou Alfred Erny.[14]

Alexandre Aksakof, homem público da Rússia e pessoa de confiança do Czar, tendo observado diversas sessões tornou-se um espírita convicto. Como outros cientistas favoráveis à psicanálise e ao evolucionismo, Aksakof confrontara o alemão Von Hartmann, que queria abolir a existência do espírito e em livros divulgara ao mundo as suas exaustivas pesquisas.

Aksakof assim descreveu o processo de materialização:

— Uma forma materializada apresenta, para a vista, um corpo humano completo, com todas as particularidades de sua estrutura anatômica; assemelha-se, às vezes, mais ou

---

[14] ERNY, p.126-127. Cf. Bibl.

UNIVERSO PROFUNDO

menos ao médium; outras vezes lhe é completamente diferente, mesmo quanto ao sexo e à idade; é um corpo animado, dotado de uma inteligência e de uma vontade, senhor de seus movimentos; um corpo que vê e fala como homem vivo, que é de certa densidade e de certo peso. Esse corpo se forma quando as condições são favoráveis, e no espaço de alguns minutos; está sempre vestido com roupa que é, conforme declara o próprio fantasma, de proveniência terrestre, quer 'transportada' de maneira inexplicável, quer 'materializada' durante a sessão. Esse fantasma, assim vestido, tem a faculdade de desaparecer instantaneamente, à vista dos presentes, como se passasse através do solo ou desaparecesse no espaço, e de fazer seu reaparecimento no decurso da sessão. São maravilhas muito difíceis de aceitar! É, nem mais nem menos, a criação temporária de um corpo humano, de modo contrário a todas as leis fisiológicas. É a manifestação morfológica da vida individual consciente, tão misteriosa quanto real! – disse finalizando.[15]

Quanto ao fenômeno de materialização, o espírito mentor assim se manifestou, explicando:

"A 'materialização do espírito' é certo substrato do médium e da entidade transcendente que a organiza. Essa entidade inteligente é constituída de um princípio individual organizador, ou perispírito, que, manipulando fluidos de maneira inexprimível para vós, plasma em si uma forma material densa, sem ser de carne nem de sua própria composição extrafísica; mas, sim, um *quantum* condensado que assume na Terra uma forma mais ou menos símile à sua no mundo extrafísico, com a qual se mostra concreto a vós, por tempo determinado e sem perecimento algum do corpo espiritual que a formou.

"Por sua vez, a 'materialização do ultraterrestre' obedece a princípio semelhante à do espírito, sem ser igual; contudo, em vez de materializar sua forma perispiritual, que o ultraterrestre não

---

[15] AKSAKOF, 1978, vol.2, p.221-222. Cf. Bibl. (N.A.)

pode fazê-lo porque dela não está dissociado, ele materializa por pouco tempo seu próprio corpo menos material, seu organismo metafísico, composto por feixes de partículas; mas, ao fazê-lo, embora consiga manter certa agilidade nos movimentos, perde parte considerável de suas propriedades vitais, tornando-se fraco, impotente, agenésico e facilmente vulnerável, razão pela qual tem pressa em tudo que executa como ser concreto. Diferente do espírito errante quando materializado, nesta condição o corpo do ultraterrestre pode morrer.

"Em ambos os casos, sem dúvida, a materialização é o fenômeno mais comovente de todos os que podeis presenciar. Aquele de vós que a vir, mesmo estando lúcido e equilibrado, poderá dizer que encontrou seu caminho de Damasco, tal o deslumbramento que ela vos proporciona" – expressou Erasto.

TESTEMUNHO VILLAS BÔAS · CASO TACUMÃ

No início de 1940, as terras da margem oeste do rio Araguaia, uma extensa região compreendida entre a Serra do Roncador e o Alto do Xingu, no norte do Mato Grosso, um trecho selvagem habitado por índios que não conheciam o homem branco, começaram a ser ocupadas por iniciativa do governo brasileiro.

Em 1945, o homem branco estava chegando à aldeia dos índios Kalapalos, no alto do rio Xingu, para realizar ali um trabalho contínuo de civilização do índio, tentando não alterar em demasia sua cultura e seu modo de vida, mas ofertando melhores alternativas a ele. Entretanto, os sertanistas que ali chegaram, viram coisas de estarrecer.

A selva amazônica silenciosa, escura e úmida, povoada por animálculos, aves e feras, confrontava a civilização moderna reduzindo o espírito humano ao embrutecimento natural das matas, juntava os elementos da natureza e fazia o índio retroagir à origem das primeiras civilizações humanas da Terra.

Milagrosos curandeiros, que mal sabiam acender o fogo e se defender das feras agressivas, numa disparidade tamanha

UNIVERSO PROFUNDO

de conhecimento comparado ao do homem civilizado, foram vistos ali produzindo fenômenos intrigantes com a força espiritual da floresta, coisa incompreensível na cultura civilizada e sem explicação, semelhante ao mais insólito fenômeno de abdução.

Fervilhava naquelas matas uma lógica espiritual estranha, a qual o raciocínio civilizado apenas descobre sem compreender, diferente daquilo que algumas religiões ensinam – porque elas não ensinam a abrangência da vida no mundo espiritual, e é disso que o índio mais entende, parece ter nascido com ele, está nas profundezas da alma.

Animais estranhos e nunca vistos, macacos vermelhos com garras de onça, mãos peludas com sete dedos e unhas enormes, seres cabeçudos e de olhar penetrante, gente que respira pelos poros, aberrações animais de outra natureza – todas essas coisas são relatadas pela população ribeirinha; entretanto, naquelas regiões, essas histórias são tidas como manifestações de entidades provenientes de uma dimensão espiritual que o índio sabe bem qual é, mas não sabe explicá-la.

O homem branco tem isso como frutos da imaginação ou elementos de folclore. Talvez seja uma humanidade espiritual cuja evolução retroceda milhares de milênios da nossa. O certo, não se sabe.

Os irmãos Villas Bôas, famosos sertanistas brasileiros, tiveram a oportunidade de trabalhar grande parte da vida com os indígenas do Alto Xingu e testemunharam de perto o comportamento do índio em relação aos fatos sobrenaturais.

Um caso deveras incomum fora narrado por Cláudio Villas Bôas:[16]

— Isso aconteceu na aldeia de Kalapalos. O pai saiu para pescar, levando dois filhos. A certa altura do dia, ele deixou

---

[16] O caso foi publicado em 1975, na *Folha Espírita*, e republicado em página inteira na edição de janeiro de 2003, após o desencarne de Orlando Villas Bôas (amigo do saudoso diretor-fundador do jornal, o ex-deputado Freitas Nobre), ocorrido em 12 de dezembro de 2002, aos 88 anos. Seus dois irmãos, Leonardo e Cláudio, faleceram em 1961 e 1998, respectivamente.

as crianças à beira da lagoa Marivarré, perto do nosso Posto, na sede do Parque. Quando voltou, as crianças não estavam mais lá. Procurou-as por toda parte e depois voltou para a aldeia, pedindo ajuda. Todos auxiliaram na busca, mas foi em vão... No outro dia, um pajé dos Kalapalos disse que um espírito, o Evurá, tinha levado as crianças. O pajé não conseguiu fazer a pajelança toda, e as crianças não voltaram – contou Cláudio.

É preciso saber, caro leitor, que a pajelança é uma ação cerimonial do feiticeiro amazônico para obter fórmulas terapêuticas, ditar regras de vida, definir atos que devem ser praticados e dar aconselhamentos.

Num ritual desses, o pajé pergunta como tratar este ou aquele caso, e os espíritos de homens e os *encantados* de animais (*elementais*) – que vivem nas florestas e nas orlas, no fundo das águas e acima das corredeiras, nas montanhas e nos céus – respondem ao pajé, de uma ou de outra maneira, durante o extenso ritual com danças, cantos, benzeduras e fumaças, para solução de toda demanda apresentada.

Para o índio, as coisas perniciosas não são fatos naturais, mas sim o resultado de uma força contrária que precisa ser anulada por outra mais forte. Depois da pajelança, as instruções dadas pelo espírito devem ser seguidas à risca, para sucesso da façanha.

O pajé dos Kalapalos não terminou o cerimonial naquela primeira ocasião. Então as coisas tomaram novos rumos:

— Eles procuraram outros pajés de outras tribos - Kuicuru, Meinaco, Arueiti - e todos se concentraram na aldeia dos Kalapalos, mas foi tudo inútil. Foi aí que alguém se lembrou de Tacumã. Nesse tempo, ele já era chefe da aldeia, mas não ainda respeitado como grande pajé. Estavam esperançosos, porque Tacumã era filho de um pajé que se tornara famoso e talvez pudesse descobrir as crianças perdidas há cinco dias. Tacumã veio com um grupo de pajés auxiliares e fez toda a pajelança, cantando e realizando a atração. Quando terminou, disse que as crianças iriam aparecer às 10 horas do dia seguinte; que

UNIVERSO PROFUNDO

Evurá, um espírito, as tinha levado, mas que ele conversara com Evurá e elas já estariam de volta. Notável! Às 10 horas houve um grito na mata, e as crianças apareceram na orla do cerrado. Eu estava lá! Não posso duvidar, porque eu e o Orlando assistimos a tudo isso. Quando as crianças apareceram, os parentes correram para pegá-las, mas Tacumã gritava: 'Não vai! Não vai, senão elas não voltam mais...' Mas os parentes correram para pegá-las, e as crianças entraram de novo no mato e sumiram. Tacumã fez outro trabalho com muita pajelança, muita fumaça com aquele cigarro de quase 30 centímetros de comprimento, imenso... fumou um atrás do outro, entrou em transe e falou: 'Amanhã, eles voltam outra vez, mas ninguém vai até lá, eu vou para pegar as crianças'. Às 10 horas, houve grito das crianças na orla do mato e elas apareceram. Tacumã, então, com um chocalho na mão, foi cantando rumo às crianças e, auxiliado por outro pajé, levou-as pelo braço até a casa dos pais. Eram duas meninas, uma de nove, outra de seis anos – relatou Cláudio Villas Bôas à Dr. Marlene Nobre, à artista plástica Sulamita Mareines e a seu filho Ivo em visita ao Parque Nacional do Xingu, em 1975.

A conduta equilibrada do homem da cidade, centrada na pureza das coisas e na categoria civilizada que ele próprio se deu, por certo teria de articular muito sua imaginação e restringir sua lógica de pensamento para considerar possível a reaparição das crianças da maneira como aconteceu.

Todavia, o certo é que um pajé selvagem da Amazônia logrou fazer, com ajuda dos espíritos errantes, aquilo que o homem civilizado não teria feito com toda sua sabedoria. Por essa razão, seria o caso de solicitarmos um esclarecimento ao mentor Erasto sobre essa intrigante questão:

— As crianças teriam sido desmaterializadas e rematerializadas? O que teria acontecido?

"De início, é preciso destacar aqui que não vos falo dos espíritos errantes nem dos seres ultraterrestres, cujos processos distintos

PEDRO DE CAMPOS INSTRUÇÕES DE ERASTO

de materialização já vos descrevi anteriormente, mas sim de seres humanos, espíritos encarnados que são.

"Vosso corpo não comporta desmaterialização com perda de energia vital – pereceria sem ela. Essa força vital de que vos falo, indispensável para a eclosão da vida na matéria, possibilita a ligação do corpo espiritual ao corpo de carne e é obtida com fartura durante o processo gestativo. Vós não sois seres agenésicos e sem ciclo vital, portanto, precisais daquela energia para vos reproduzir e viver. A desagregação da matéria a libera, fazendo-a voltar ao manancial de onde procedeu.

"No Caso Tacumã, 'ilustrativo' ao nosso propósito de esclarecimento, as crianças ribeirinhas se fizeram atraentes ao espírito Evurá, entidade índia sem instrução nem maldade, que viu nelas os antecedentes de sua própria vida na floresta, por isso as levou da orla à mata fechada, para ali viverem como índios.

"Evurá tomou do ectoplasma exalado do corpo carnal das crianças, combinou-o com os seus fluidos espirituais e com outros encontrados na floresta, envolveu-as com esse substrato, tornando-as invisíveis, por assim dizer. Ao mesmo tempo, sempre utilizando desses fluidos imponderáveis para vós, isolou-as da gravidade, tornando seus corpos leves, e, sem desagregação material, transportou-as para dentro da mata.

"Ali, as crianças viveram alguns dias, encontraram alimento e água, facilitados pela ação de Evurá. Por sua vez, o pajé Tacumã tivera ajuda do plano espiritual para conseguir reverter o caso.

"Com os rituais realizados, embora o espírito estivesse contrafeito, conforme mostra a desaparição das crianças quando da primeira entrega, Evurá foi esclarecido e teve de devolver as crianças ao pajé, que as levou aos pais, moradores ribeirinhos."

— Nas antigas sessões de Espiritismo, várias coisas foram desmaterializadas. Como então isso pôde ser feito? Teria sido tudo ilusão?

"As coisas que no vosso mundo podem ser desmaterializadas e rematerializadas por espíritos, sem prejuízo da constituição íntima delas, são todas inanimadas, não têm perispírito nem força vital própria, tais como mesas, cadeiras, roupas, artefatos de metal. O processo empregado para isso é semelhante ao que já vos descrevi anteriormente, sem outras explicações adicionais.

"Quanto à desaparição de seres vivos e de encarnados, existem limitações para operar o fenômeno, que não há como ultrapassá-las. Contudo, dentro desses limites há um campo de atuação. Assim, não se trata de ilusão de ótica, mas de fato real.

"O fenômeno é obtido por uma combinação exaustiva de fluidos, em quantidade proporcional à da massa viva; essa combinação, sob a ação do intelecto espiritual, conforma um vórtice de 'transmutação insólita', um 'portal' com qualidades para converter a massa atômica do corpo em sua cópia correspondente no campo das partículas quânticas. Trata-se de uma conversão rápida e temporária, possível somente num curtíssimo lapso de tempo, e sem desintegração da matéria. Para vós, seria como um rápido mergulho num universo paralelo. Maior desenvolvimento desse raciocínio hoje não vos traria melhor relação de entendimento."

UM EXORCISMO DE POLTERGEIST

Corria o ano de 1928. O bairro da Penha, em São Paulo, é uma região na periferia da cidade. O bonde Praça da Sé faz seu ponto final no Largo da Penha, enquanto o bonde Cara Dura, com preço da passagem mais em conta, deixa o povo na baixada da ladeira, exigindo extensa caminhada até o Largo da Matriz, para depois alcançar a Igreja dos Milagres e, seguindo, o Cine Penha, no qual os melhores filmes são exibidos. A alfaiataria do senhor Lino costura a requintada moda de terno e gravata, enquanto o francês Luiz Dalmont e sua esposa Lucinda, elegantemente vestida, passeiam de braços dados na Rua da Penha.

Os dias de semana são movimentados. A carvoaria do senhor Inácio, com seus entregadores cobertos de pó e puxando carrinho de mão, abastece o fogão das melhores casas do bairro, enquanto o carroção do leite, deslocado à força dos muares, passa vagarosamente nas ruas e badala o sinete num verdadeiro escarcéu – é a hora das compras.

Nesse cenário antigo, vamos encontrar o jornalista Souza Campos, sua esposa Elide Janotti e seus filhos. O mais velho é

PEDRO DE CAMPOS INSTRUÇÕES DE ERASTO

Lúcio, nadador emérito do Clube Esportivo da Penha. Leontina tem 11 anos, Arcílio está com seis, Elza é de colo, Orlando e Paulo ainda não chegaram. Como a maioria das pessoas na Penha, eles moram numa casa simples, mas confortável.

Pegado à casa de Souza Campos, num prolongamento[17] da Rua Caquito, há uma ampla moradia de esquina, com terreno grande e pomar cheio de árvores frutíferas, onde moram Júlio, Marina e filhos – Osvaldo é investigador de polícia e Helena, uma jovem e bonita adolescente. Foi aqui, na casa do senhor Júlio, homem de emoções instáveis, que o *poltergeist* começou.[18]

Era um dia como todos os outros, quando naquela casa de esquina tivera início estranhos acontecimentos, os quais ficariam gravados na mente dos moradores e vizinhos. O senhor Júlio ficara intrigado.

Na verdade, tudo começou com algumas pedras arremessadas sobre o telhado. A princípio, Júlio pensou que fosse coisa de criança, mas as pedradas ficaram cada vez mais intensas, quebrando telhas e mais telhas, como se estivesse chovendo pedra. Não havia, aparentemente, razão nenhuma que pudesse explicar tanta pedrada no telhado.

No terreno, alguns dias após as enigmáticas pedradas, as árvores frutíferas começaram a balançar como se alguém as tivesse agitando com força, em estado de raiva. Ouviam-se, em vezes esparsas, sons estranhos, semelhantes a sussurros e gemidos. O medo se apossou dos moradores e vizinhos. Mas o pior ainda estava para vir.

Todos notaram que na laranjeira, ao balançar sozinha, as laranjas não caiam ao chão – elas levitavam no ar e eram arremessadas com violência para dentro da casa de Júlio, quebrando tudo.

As pedras, anteriormente jogadas no telhado, agora eram materializadas dentro da casa e arremessadas para fora,

---

[17] Trata-se da Rua Mons. Emílio Teixeira, que em 1928 era quase um prolongamento da Rua Caquito.
[18] Vários nomes mencionados no caso são fictícios, salvo os das testemunhas Leontina e Arcílio, os quais, em 2003, completaram 86 e 81 anos.

UNIVERSO PROFUNDO

configurando uma situação rara – parecia que seres invisíveis batalhavam entre si com laranjas e pedras.

Sobre a árvore, a jovem Helena dizia ver estranhos seres, criaturas de pequena estatura e braços compridos, figuras de formas não distintas, parecendo "coisa de outro mundo".

No interior da casa, o colchão de Helena teve combustão espontânea, mas foi logo apagado. A mesa da sala, de modo estranho e diante de todos, aos poucos foi ficando com o centro chamuscado, sem que fogo nenhum fosse percebido, parecendo que o calor vinha de dentro da madeira.

Em meio a esse cenário, Helena não suportou as cenas e desfaleceu, como num ataque de nervos, demorando a voltar a si – os fenômenos pareciam ficar mais intensos quando Helena desfalecia e ficava em estado de letargia.

Além dos donos da casa, os vizinhos ficaram apreensivos, porque viam de perto os fenômenos. No terreno da moradia, próximo ao galinheiro, à noite, ocorreram várias combustões espontâneas.

– Eram atiçamentos de fogo no ar, bolas luminosas que subiam e explodiam pavorosamente, iluminando o quintal quase inteiro –, descreveu Leontina.

Em meio a tais ocorrências, o remédio era rezar, mas parecia em vão, pois a coisa continuou por vários dias. Conforme o entendimento de Souza Campos seria preciso fazer um exorcismo de *poltergeist*.[19]

O padre da Igreja dos Milagres, consultado, recomendou uma missa às almas e mandou acender velas na igreja. Mas não resolveu – os fenômenos voltaram.

Um pastor evangélico veio um dia, rezou por várias vezes o Salmo 91, depois não apareceu mais. Durante o Salmo, os fenômenos ficaram mais intensos. Arcílio, com seis anos, ficou parado na porta da cozinha, enquanto o pastor rezava em meio ao povo que lhe fazia coro. Todos ali viram o santo do altar da cristaleira, levitar por sobre o móvel, e depois descer até quase o solo e deslizar em direção aos pés do menino, que ingenuamente pegou o santo e recolocou-o no móvel.

---

[19] *Para conhecer outros casos*, ver: ANDRADE, *Poltergeist*. Cf. Bibl.

— Mas o santo não se deteve, desapareceu do móvel e reapareceu em cima da mesa, para espanto de todos – contou Arcílio.

Enquanto isso, o pastor (que não gosta de santo) recitava o Salmo. Depois, a coisa acalmou uns dias, mas tudo voltou novamente, parecendo não ter mais fim.

Foi aí que o jornalista Souza Campos, vizinho de Júlio, vendo que nada parava a coisa, com a concordância do dono da casa no dia seguinte pegou o bonde e foi procurar Atílio, seu amigo, morador no bairro do Brás, homem sério e respeitado, que certa vez lhe contara caso semelhante.

Atílio, ao tomar conhecimento do fenômeno, levou Souza Campos ao bairro do Bom Retiro, na residência de Casimiro, e ali conversaram com ele e sua esposa Verônica, espíritas de longa data, que conheciam caso do gênero, com experiência no assunto.

Durante a conversa, Verônica explicou a Souza Campos que o exorcismo, como ele imaginava, seria algo ineficaz. No mais das vezes, quando praticado por gente sem experiência, um ritual assim tende a piorar as coisas. O ato exterior do exorcismo é apenas uma formalidade. O importante seria uma reforma moral dos habitantes da casa, capaz de afastar de vez os espíritos inferiores que ali estavam. Essa conduta deveria ser iniciada de imediato, logo após os trabalhos de desobsessão que ali precisariam ser feitos.

No término da longa conversa, Souza Campos ficara de transmitir as considerações de Verônica para Júlio e sua família, mas como tinha autorização do dono da casa, combinou para o dia seguinte, no final da tarde, uma visita de todos ao local dos fenômenos. Estariam na casa de Júlio cinco pessoas: os médiuns espíritas Casimiro e Verônica e os auxiliares, Atílio e dona Nenê, com sua irmã Sofia.

Conforme o aprazado, no dia seguinte todos chegaram à insólita casa, para realizar ali uma sessão de desobsessão.

Verônica presidia o grupo. Ela entrou no recinto e logo fez a preparação do ambiente. Solicitou, antes, a compreensão de todos os presentes, pedindo que apenas os moradores da casa ali permanecessem para os trabalhos que seriam iniciados. As demais pessoas, que ali estavam por estar, compreendendo a importância da ocasião, embora curiosas, aos poucos deixaram o local.

Embora houvesse manifestações físicas, Verônica providenciou para que todos se acomodassem, pedindo calma e equilíbrio. Os benfeitores espirituais, no plano extrafísico, já haviam adotado as medidas necessárias. Verônica sabia disso e lembrou-se do quanto houvera aprendido sobre o valor da prece, principalmente numa ocasião como aquela, e valeu-se de seu conhecimento espírita.

— Meus irmãos – disse Verônica em tom firme –, essas manifestações, que todos estão vendo nesta casa, reclamam por nossas preces, nosso entendimento e nossa determinação para cessá-las. Os espíritos que delas participam, embora debochem do quanto estamos fazendo neste momento, conforme se nota por essas manifestações físicas, ainda assim, no interior de suas consciências, sem que eles próprios se deem conta, a amargura e o sofrimento deles se mostram aos nossos olhos, reclamando a nossa compaixão. São espíritos infelizes, que precisam de luz para deixar as trevas em que estão mergulhados. Vamos dar a eles essa luz, para que encontrem seu caminho de redenção. A prece, meus irmãos, desata das alturas celestiais um jato de luz que desce e ilumina as almas. É a nossa rogativa amorosa e fecunda, nosso refúgio supremo para eliminar toda espécie de perturbação e amargura. Nas horas de desespero, é na prece que encontramos alívio e reconforto. Um diálogo misterioso se estabelece entre quem sofre e o poder de Deus. Com a prece expomos ao Altíssimo os nossos medos, as nossas angústias e as nossas aflições, implorando a Deus que venha ao nosso socorro e nos proteja. Então, meus irmãos, no santuário da nossa consciência, uma voz secreta responde e acode – ela é a voz de Deus! É a voz daquele que nos dá forças para vencer as lutas deste e do outro mundo, do mundo espiritual, cujas manifestações todos têm presenciado nesta casa. Perdão a eles, meus irmãos, e fé em Deus, porque tudo que pedirmos ao Altíssimo, acreditando firmemente, nos será dado por Ele. Toda essa perturbação será afastada e terá fim. A voz silenciosa de Deus, a calar no fundo da alma, nos consola e reanima. Ela nos dá coragem, paciência e força para vencermos qualquer batalha. Ela é o raio de luz que abrasa e ilumina todas as almas, fazendo brotar nos corações a paz e a esperança no futuro. A prece, meus irmãos, é a elevação da alma acima das coisas terrenas e a ardente invocação das potências superiores para os trabalhos de desobsessão que ora iniciamos com esta prece de abertura:

'Pai nosso que estais nos céus, santificado seja o vosso nome, venha a nós o vosso reino, seja feita a vossa vontade, assim na terra como no céu. O pão nosso de cada dia nos dai hoje. Perdoai as nossas ofensas, assim como nós perdoamos a quem nos tem ofendido. Não nos deixeis cair em tentação, mas livrai-nos do mal. Porque vosso é o reino, o poder e a glória para sempre – que assim seja!'.

Por instruções do mentor espiritual, aquelas entidades obsessoras não estavam autorizadas a falar durante a sessão; estavam ali represadas para escutar. Em razão disso, Verônica, que não obstante espírita ensinava catecismo e as coisas do Cristo às meninas do Colégio Santa Inês, no bairro do Bom Retiro, com sua experiência evangélica procedeu a uma doutrinação, em forma de prece.

Então, elevando o pensamento, numa atitude de profunda concentração, enquanto os guias espirituais trabalhavam na esfera extrafísica, Verônica iniciou a doutrinação do *poltergeist*:

— Pai amado, eu vos rogo, em nome de Jesus, que coloqueis em mim a vossa armadura de proteção, o cinto da verdade e a couraça da justiça, as sandálias da paz e o escudo da fé, para que com essa proteção e com a luz do Espírito Verdade eu possa enfrentar todo aquele que vos confronta.

UNIVERSO PROFUNDO

Rogo-vos a intercessão dos benfeitores espirituais para que os trabalhos de esclarecimento, de ajuda e de afastamento que ora se iniciam, possam beneficiar encarnados e desencarnados aqui presentes. Suplico a vós, Senhor, que do vosso trono celestial me abençoe, para que eu possa redimir os vossos opositores. Julgai vós, Senhor, com a vossa justiça, aqueles que nos ameaçam e aqueles que nos combatem. Que eles sejam confundidos e envergonhados, e que sejam desmascarados porque praticam o mal. Que sejam como a palha, levados pelo vento, quando soprar o Espírito da Verdade em seus corações. Que sejam os caminhos tenebrosos que traçaram escorregadios a eles próprios, quando escutarem a vossa voz. É que por maldade e ambição prepararam armadilhas, cobriram de mentiras e enganaram a pessoa humana, espalhando o mal na terra e nos céus. Que por sobre eles, ao vosso comando misericordioso, a mesma rede que estenderam ao próximo os apanhe de improviso. Pois, ao caírem na mesma armadilha que prepararam, estarão experimentando o mesmo mal que praticaram, para trilharem assim a estrada que redime e faz avançar o espírito através da experiência. Senhor, a minha alma se eleva aos céus para agradecer a vossa Divina Providência: '*Gloria ao Pai, ao Filho e ao Espírito, assim como era no princípio, agora e sempre*'. Arcanjo Miguel, espírito príncipe das milícias celestes, defendei-nos no combate e na luta contra os principados, as potestades e os dirigentes do mundo das trevas; protegei-nos contra os espíritos inferiores que infestam os ares e se escondem nas entranhas da terra. Vinde vós, ao nosso socorro, ó Pai Celestial, para resgatar as verdades ensinadas por Jesus Cristo, que as escreveu à custa do próprio sangue, diante da tirania das trevas e da incompreensão dos homens, para promover a redenção da humanidade inteira. Senhor, acreditamos na Sagrada Escritura que diz: '*Se caminharmos na luz, como Deus está na luz, estaremos juntos uns dos outros e o poder de Jesus Cristo, seu filho, nos purificará dos pecados e dos males do mundo*'. Por isso nós vos pedimos, ó Pai Eterno, em nome de Jesus, que toda espécie de mal realizado para prejudicar esta casa, para violar a sua paz e a sua abençoada família, que seja imediatamente limpo! Que seja quebrado todo poder das trevas e dos espíritos do mal. Que trabalhos de feitiçaria, de magia e de encantamento sejam todos desfeitos. Que todo cativo verdadeiramente arrependido seja liberto e que a ele seja dado tratamento, conforto espiritual e escola de instrução. Que todo mal, agora, seja reparado com o bem. Que o vício e as drogas sejam dissipados. Que todo fanatismo seja abolido com a luz da verdade. Que o ódio, o egoísmo e a vingança sejam eliminados. Que a doença desapareça, surgindo a cura e o corpo revigorado. A partir deste instante, em nome de Jesus Cristo, todo mal está desfeito nesta casa, nestes corpos e nestas almas. Portanto, que vá e se afaste tudo que aqui foi limpo e desfeito, seja levado ao seu lugar de matéria, de energia e de espírito, e que fluido pernicioso algum aqui permaneça. *'Faça-se a luz!'*– disse Deus no princípio – e a luz se fez. Esta luz espiritual, formosa e forte, que ora ilumina este recinto, que seja o princípio de uma nova e virtuosa vida para todo aquele que dela queira desfrutar de coração. Jesus – nosso amado mestre e redentor –, abençoa esta casa inteira e a cada um de seus habitantes, como também a morada desses espíritos que aqui estão se manifestando, porque são eles os mais necessitados. Que o caminho de cada um deles seja cada vez mais iluminado, para conhecerem a grandiosidade da vida que hoje lhes está ofuscada. Ó Pai Celestial, Deus eterno, verdadeiro e justo, estamos aqui hoje diante de vós, mas somos pequeninos, iguais às plantas e aos passarinhos; somos um cisco de terra e uma fagulha das estrelas; estamos seguindo avante nesta evolução da vida, mas somente vós sabeis aonde poderemos chegar nesta nossa caminhada; mostrai-nos o seu caminho, ó Pai Celestial, porque *'vosso é o reino, o poder e a glória para sempre – que assim seja!'*.

Por solicitação de Verônica, seguiu-se um período de quase três minutos de profundo silêncio e meditação, com

UNIVERSO PROFUNDO

todos os presentes voltando o pensamento firme às alturas e rogando a Deus os fluidos salutares para que as pessoas daquele recinto pudessem refazer-se.

Em seguida, os médiuns se posicionaram em círculo, formando corrente, e Verônica chamou os moradores da casa para receberem o passe mediúnico.[20]

Sob o comando do mentor espiritual, um impacto de choque anímico desatou a ligação das entidades trevosas; em seguida, uma sequência de fluidos restauradores, ministrados em cada morador da casa, restabeleceu a normalidade. Com o ambiente saneado e as energias refeitas, na mais profunda calma interior, Verônica pronunciou a Prece de Encerramento:

— Glória a Deus nas alturas e paz na Terra aos homens. Jesus, bom e amado Mestre, sustenta os teus humildes irmãos pecadores nas lutas deste mundo. Anjo bendito do Senhor abre sobre nós as tuas asas brancas, abriga-nos do mal, eleva os nossos espíritos à majestade do teu reino e infunde em nossos sentidos a luz do teu imenso amor. Jesus, pela tua sagrada paixão, pelos teus martírios na cruz, dá a esses que se acham ligados ao pesado fardo da matéria orientação perfeita no caminho da virtude, único percurso pelo qual poderemos te encontrar. Jesus, paz a eles e misericórdia aos nossos inimigos; e recebe no teu seio bendito esta prece, feita pelo último de teus seguidores. Bendita estrela, farol das imortais falanges, purifica-nos com os teus raios divinos, lava-nos de todas as culpas, atrai-nos para junto do teu seio, santuário bendito de todos os amores. Se o mundo, com seus erros, paixões e ódios, alastra o caminho de espinhos escurecendo o nosso horizonte com as trevas do pecado, rebrilha ainda mais na tua misericórdia, para que seguros e apoiados no teu Evangelho possamos trilhar e vencer as escabrosidades do caminho e chegarmos às divinas moradas do teu reino. Amiga estrela, farol dos pecadores e dos justos, abre o teu seio divino e recebe a nossa súplica pela humanidade inteira – que assim seja!

---

[20] Para fundamentos, ver: MICHAELUS, *Magnetismo Espiritual*. Cf. Bibl.

PEDRO DE CAMPOS INSTRUÇÕES DE ERASTO

Os trabalhos de desobsessão do 'poltergeist' seguiram no curso de uma semana, sempre no mesmo horário, e no início do quarto dia as manifestações cessaram, não mais retornando.

Helena, filha de Júlio e Marina era médium, sem que disso tivesse consciência, e sem perceber fora usada por aquelas entidades que lhe sorviam energia para realização dos efeitos físicos ostensivos ali presenciados. Estava esgotada física e psicologicamente, precisando de assistência para se recompor.

Ao findar os trabalhos na Penha, Helena foi levada por Verônica à sua Casa Espírita, onde teve orientação, tratamento e desenvolveu, tempos depois, mediunidade de incorporação, realizando belíssimos trabalhos espirituais ao longo de sua vida.

O senhor Júlio, pai de Helena, em razão dos próprios atos, tinha conhecimento de que aquelas entidades estavam ligadas a ele por vingança; porém, por mais que Helena e a família insistisse, Júlio não se modificou e nunca chegou a frequentar religião nenhuma, preferindo outros caminhos; por conseguinte, não se reequilibrou. Alguns anos mais tarde, Júlio foi internado num hospital psiquiátrico, permanecendo ali por longo tempo, depois desencarnou.

O jornalista Pedro de Souza Campos, por sua vez, veio a falecer em julho de 1941, de câncer no estômago, deixando esposa Elide Janotti e filhos Lúcio, Leontina, Arcílio de Campos (pai deste autor), Elza, Orlando e Paulo, o filho mais novo, então com seis anos.

ARTEFATOS PARASITAS E IMPLANTES ALIENÍGENAS

O médico doutor José Lacerda de Azevedo, atuando no Hospital Espírita de Porto Alegre, por volta de 1965, ao observar uma técnica usada alguns anos antes pelo psiquista Luiz Rodrigues, procurou experimentá-la utilizando os recursos paranormais de sua esposa, médium de grande sensibilidade e longa experiência, e obteve excelentes resultados. Após aprimorar a técnica, chamou-a de Apometria.

UNIVERSO PROFUNDO

Trata-se de uma prática espiritual desenvolvida dentro dos fundamentos espíritas,[21] que vem ganhado cada vez mais adeptos na área médica, onde teve início, pois procura associar um tratamento médico especializado, realizado em hospital, com práticas mediúnicas.

Consiste em provocar um desprendimento espiritual no médium, emancipando seu perispírito para interagir na dimensão extrafísica, na qual observa e relata os procedimentos da equipe médica-espiritual responsável por atender o paciente.

A equipe médica-espiritual, por sua vez, é previamente formada e composta por médicos, enfermeiros e outros trabalhadores do além-vida, os quais atuam num complexo hospitalar extrafísico, que segundo os relatos do doutor Lacerda denomina-se Hospital Amor e Caridade. Ao mesmo tempo, a mesma equipe dá auxílio e cobertura aos trabalhos do médico encarnado, atuando com ele no plano físico.

O paciente, devidamente preparado pelo médico, recebe dos trabalhadores espirituais pulsos magnéticos concentrados e progressivos, de modo que as sugestões aplicadas pelo médico terreno provocam no paciente o desdobramento do perispírito.

Amparado na outra esfera pelos benfeitores, o corpo espiritual do paciente possibilita aos médicos extrafísicos um atendimento especializado, com uso de modernas técnicas e equipamentos ultrafísicos, permitindo a eles intervir de modo aparelhado para benefício do assistido.

Após certo tempo de tratamento, os resultados são vertidos à carne e o paciente sente os benefícios. Entretanto, nem sempre é possível o restabelecimento total, porque tudo funciona segundo as possibilidades atuais do paciente e suas experiências em vidas passadas, fazendo-se presente a Lei de Causa e Efeito com os seus limites.

O doutor Vitor Ronaldo Costa, médico divulgador da Apometria, em seu prestigioso livro[22] destaca o tratamento da

---

[21] *O Livro dos Médiuns*, cap. XIV – Médiuns Sonâmbulos; *O Livro dos Espíritos*, P.425.

[22] Apometria – *Novos Horizontes da Medicina Espiritual*. Cf. Bibl.

Síndrome dos Aparelhos Parasitas atada por inteligências malignas do mundo espiritual, cujo objetivo, por esta ou aquela razão, é sempre desorganizar o sistema nervoso da vítima, fixando em seu corpo espiritual artefatos eletromedianímicos. O doutor Lacerda, entrevistado pelo doutor Vitor, argumenta:

— Constatamos, há alguns anos, com surpresa, a presença de certos aparelhos parasitas colocados com muita precisão e cuidado no sistema nervoso central de grande número de pacientes. Observamos que os portadores de tais aparelhos eram obsidiados de longa data e que, aparentemente, sofriam muito com os mecanismos parasitas. Os responsáveis por tais engenhos são sempre obsessores das sombras, verdadeiros técnicos dedicados unicamente ao mal.

O doutor Lacerda explica a técnica empregada pelos obsessores para causar perturbação nervosa às vítimas, provocando paralisias progressivas, atrofias, hemiplegias, síndromes dolorosas etc., e faz questão de frisar que os artefatos são plantados no mundo espiritual e ali, também, retirados, com os pacientes desdobrados, durante a *Apometria*. Ele relata:

— Uma vez fixado o aparelho nos ossos do crânio — explica o doutor Lacerda — através de 'parafusos' especiais, fazem ligação por meio de filamentos finíssimos às diversas áreas e núcleos do sistema nervoso central e ao longo da medula. Depois de fixado o aparelho, eles começam por emitir regularmente cargas vibratórias de natureza eletromagnética para perturbar a área desejada, causando esgotamento e fadiga. Quando o limiar da resposta fisiológica a determinado estímulo já está alterado, dão ordem de comando, por exemplo, para as áreas auditivas, sugerindo atitudes estranhas ou sugestões para autodestruição; enfim, toda gama de ação nefasta é injetada diretamente no cérebro da vítima.

Segundo o doutor Lacerda, que prossegue explicando:

— Essas ações provocam um estado de pânico e de terror que ela [a vítima] não sabe a quem recorrer para debelar situação

UNIVERSO PROFUNDO

tão esdrúxula. Em pouco tempo, se entrega desamparada à mercê de seus algozes, uma vez que a medicina é totalmente impotente para sanar mal tão exótico. Os médicos pouco podem fazer, nem mesmo um consolo podem lhe dar, porque não acreditam nas vozes que os enfermos dizem ouvir, definindo o quadro clínico como a clássica 'alucinação auditiva'. Melhoram os sintomas de certa forma, sedando fortemente o sistema nervoso atingido, embotando assim a ação nefasta, mas não resolvendo em absoluto a causa – argumenta o doutor Lacerda.[23]

Em situações como esta, os nervos da vítima ficam à flor da pele e sua imaginação superexcitada, agravando o quadro. Os espíritos obsessores, quando compelidos a retirar os artefatos, dizem que o intuito é prejudicar as vítimas, por uma razão ou por outra.

Apenas um dos obsessores disse ter instalado mais de 900 artefatos, procurando transformar suas vítimas numa espécie de robô humano. O tratamento espiritual, complementar ao do médico convencional, indicado por Lacerda, é promover a atração do obsessor e fazer sua doutrinação, depois efetuar a remoção do artefato espiritual e a recomposição do paciente, utilizando nesses procedimentos a técnica de *Apometria*.

Diante dessas disposições, é preciso fazer aqui alguns paralelos com a Ufologia para outros entendimentos.

Inúmeras testemunhas relatam que sofreram algum desconforto ufológico em mãos de seres alienígenas que se materializam e fazem o serviço.

Tais seres materializados em contatos ufológicos são relatados como responsáveis por procedimentos invasivos ao corpo humano e por implantes de objetos estranhos. As vítimas trazem marcas e cicatrizes no corpo, pequenos objetos físicos retirados em cirurgias e relatam experiências insólitas tanto em estado consciente como em transe hipnótico.

---

[23] COSTA, p.149-161. Cf. Bibl.

PEDRO DE CAMPOS INSTRUÇÕES DE ERASTO

Diante da similaridade dos "implantes alienígenas" (por seres que se materializam) e os "artefatos parasitas" (praticados por obsessores espirituais), nos encontramos frente a uma situação intrigante. E somos compelidos a pensar se ambos não teriam uma só origem (ou espiritual, ou ultraterrestre – já que ambos os seres se materializam); por esta razão, nos convém recorrer ao mentor espiritual, solicitando sua ponderação.

— Indagado sobre o caso, Erasto assim se manifestou:

"A esfera espiritual terrestre está povoada de espíritos errantes, postados em diferentes graus de evolução. Embora os círculos elevados façam uso de modernos aparelhos para benefício dos encarnados, alguns espíritos de regiões inferiores possuem relativa capacidade de produzir singelos artefatos extrafísicos e de fixá-los parasitariamente no corpo espiritual do obsidiado.

"Contudo, embora a reversão do processo obsessivo, pela própria característica deste, seja proporcional ao esclarecimento das entidades e possa estender-se por longo tempo, segundo cada caso, ainda assim, qualquer implante indevido no perispírito a Casa Espírita está perfeitamente habilitada para extraí-lo e dar assistência ao encarnado.

"Pode haver casos em que o encarnado, desprendido de seu corpo físico, descreva no mundo espiritual a atuação de seres estranhos, porque os espíritos inferiores podem tomar formas exóticas, as mais variadas, e delas fazer uso no processo de obsessão.

"Por outro lado, no mundo físico, alguns daqueles artefatos, os mais consolidados no corpo, poderão, sob irradiação de ondas e resolução sutil, ser detectados esporadicamente em exames clínicos.

"Tais imagens, por vezes indefinidas, embora possam sugerir a existência de algum implante alienígena no organismo, são formações que não se concretizam, diferentes de qualquer aparelho implantado.

"Os 'intrusos de outra dimensão' são muito inteligentes e possuem técnica refinada, deixando longe o pretenso saber dos obsessores espirituais da esfera terrestre. De modo geral, embora não seja regra, porque as esferas invisíveis são muitas, enquanto os artefatos parasitas são fixados no corpo espiritual, os implantes alienígenas são inseridos no corpo de carne.

UNIVERSO PROFUNDO

"Todavia, trata-se de caso raríssimo e difícil de ser aceito como verdadeiro, mas isso não altera o fato já constatado positivamente no corpo físico das vítimas, onde, através de exames clínicos e de relatos obtidos por regressão sob sono hipnótico, os implantes foram encontrados.

"O microconjunto 'extrafísico' é implantado no organismo através de processo indolor, permanece quase imperceptível e é facilmente absorvido pelo corpo. Funciona por um período curto de tempo, transmitindo dados vitais para estudo, após o que é 'desmaterializado' ou absorvido pelo organismo.

"Com os dados captados, o 'ultraterrestre' pretende melhorar seu próprio corpo, aperfeiçoando-o geneticamente. Ao contrário dos artefatos espirituais, os implantes alienígenas não visam danificar o organismo humano, mas estudá-lo.

"Embora sejam casos semelhantes, ainda assim há diferenças e são protagonizados por seres distintos. O intruso é mais um aproveitador científico do que um obsessor; melhor seria classificá-lo de 'pesquisador intruso e perturbador', porque é indesejável, desorganiza o intelecto e está muito mais adiantado cientificamente do que os obsessores da esfera terrestre".

[Note que na resposta o espírito se refere apenas ao que fora indagado: fala sobre os implantes de UTs (coisas ultrafísicas que se materializam), não de artefatos de supostos ETs, cujos corpos seriam de natureza física e os implantes,absolutamente sólidos].

— Tal como os espíritos, esses alienígenas podem ser atraídos, doutrinados e afastados pelo benfeitor espiritual, objetivando cessar as experiências?

"Trata-se de outra civilização de seres inteligentes. Os ultraterrestres são espíritos renascidos num corpo diferente do vosso e numa outra dimensão. Quando morrem, assim como vós, retornam à sua esfera espiritual correspondente. Embora sejam invisíveis para vós como os espíritos, diferente destes não podem ser atraídos magneticamente, assim como os obsessores o são para desfazer um mal praticado. São criaturas de outra esfera vibratória. O benfeitor espiritual pode cortar os laços que ligam os seus pensamentos aos dos seres humanos, mas não pode tolher-lhes o livre-arbítrio, impedindo-lhes de realizar a vontade própria. Por comparação, se diria que são como vós o sereis quando empreenderdes viagens espaciais futuras, por assim exemplificar."

— Se recebesse ferimento mortal o UT poderia morrer?

"As limitações corporais a que fica ele submetido quando materializado e as leis naturais da Física que o constrange, causam-lhe extremo receio, porque fica ele vulnerável à ação do homem. Enquanto pulsar vida em seu corpo pode desmaterializar-se facilmente, mas, em sua dimensão, caso ferido na Terra, sofreria as consequências no corpo. Em última análise, as limitações impostas pela natureza terrestre e o procedimento defensivo do homem são fatores que refreiam sua atuação na Terra e também dificultam o contato formal."

APARELHOS LUMINOSOS E TRANSFIGURAÇÃO

Em fevereiro de 1948, o delegado R. A. Ranieri, homem público sério e acostumado a lidar com todo tipo de caso pela sua profissão, teve seu primeiro contato com fenômenos de materialização. Isso ocorreu na casa do doutor Rômulo Joviano, alto funcionário do Estado de Minas Gerais, na cidade de Pedro Leopoldo, onde estavam presentes os médiuns Francisco Cândido Xavier, como assistente, e Francisco Lins Peixoto, ou Peixotinho, como era chamado por todos, que servia aos espíritos para produzir os fenômenos de materialização. Os eventos ali presenciados seriam repetidos muitas vezes, em outros lugares, possibilitando a Ranieri escrever seu prestigioso livro.[24]

A produção de fenômenos físicos para estudo sério e propósito definido requer o trabalho de espíritos especializados, de médium com fluidos especiais, de ambiente preparado e de pessoas selecionadas. É preciso registrar tudo e absorver das reuniões todo conhecimento possível, para dele fazer uso na divulgação da imortalidade da alma e na realização de obras fraternas. Tudo é sempre feito sob uma rigorosa organização.

[24] RANIERI, *Materializações Luminosas*. Cf. Bibl.

UNIVERSO PROFUNDO

Em uma dessas reuniões, em local onde se reunia o grupo Scheilla, o médium Ênio Wendling descreveu um enorme engenho espiritual, semelhante a um Zepelim, no qual os espíritos eram transportados para participar da reunião. Eles desciam do engenho por um grande tubo, algo parecido a uma chaminé, e penetravam no recinto.

Aqui é preciso destacar que esse veículo nada tem com a nave tipo *nuvem charuto*, conhecida na Ufologia, trata-se de um engenho de transporte típico das colônias espirituais próximas à Terra.

Naquelas reuniões, Ranieri registra:

— Tivemos conhecimento de coisas maravilhosas, assim como de coisas medonhas, horríveis, existentes no mundo espiritual.[25]

De fato, certa noite, em sessão realizada no Centro Espírita André Luís, no Rio de Janeiro, sociedade em que trabalhava Peixotinho, houve uma demonstração de que o mundo espiritual realmente dispõe de aparelhos capazes de produzir no corpo humano uma verdadeira recuperação da saúde; são aparelhos completamente desconhecidos na Terra e de efeitos fantásticos. Após iniciar a sessão, descreve Ranieri:

— Uma entidade resplandecente aproximou-se de uma senhora e colocou-lhe um aparelho que parecia um bolo, feito numa forma semelhante à concavidade de um prato fundo; portanto, quase um disco – era gelatinoso, de cor verde-clara e transparente. Colocou o estranho aparelho no tórax da senhora e pudemos ver-lhe o interior do corpo como se contemplássemos peixes num aquário. Lá dentro palpitava o coração, arfavam os pulmões e corria o sangue nas artérias e nas veias. Tudo era visto com perfeita nitidez. Ainda não voltáramos do nosso assombro, quando a entidade mergulhou uma mão através do aparelho, ficando parte da mão no interior do corpo da senhora e o resto para fora. Em gestos compassados, o espírito retirava a mão e tornava a mergulhá-la. Cada vez que a retirava, trazia nos dedos certa

---

[25] RANIERI, p.166. Cf. Bibl.

PEDRO DE CAMPOS INSTRUÇÕES DE ERASTO

matéria escura, que lançava no ambiente e se dissolvia. O espetáculo durou longos minutos.[26]

Diante desse espetáculo de materialização, seria o caso de indagarmos para reflexão:

— A ciência tem algum aparelho como esse? E o mergulho da mão dentro do corpo? E a entidade resplandecente?

Com efeito, fora um evento espiritual grandioso, usando aparelhos desconhecidos, materializações e desmaterializações rápidas e parciais, inclusive das mãos do espírito. O propósito fora restaurar um corpo humano doente e mostrar aos participantes a grandiosidade do mundo invisível descortinado nos eventos espíritas.

Em 7 de dezembro de 1950, as pessoas do grupo André Luís estavam reunidas para um novo evento. Após o início da sessão, começaram a penetrar no salão entidades materializadas, todas muito luminosas, com a finalidade de tratar os doentes que ali se achavam. No decorrer dos trabalhos, Ranieri se aproximou da cabina onde estava Peixotinho em estado de letargia e teve uma grande surpresa. Ele conta:

— Um globo de luz vermelha do tamanho de uma laranja estava cerca de 80 centímetros do corpo de Peixotinho. A luz, incidindo sobre ele, iluminava-o frouxamente. Aproximei-me. O globo de luz girava no ar e fazia evoluções lentas. Cheguei perto da cama em que estava o médium e comecei a dar-lhe passes; então a luz vermelha, flutuante, iniciou um giro em torno de mim. Passava em volta de minha cabeça e em frente aos meus olhos, enquanto eu dava passes.

E a evolução do globo prosseguiu, fazendo outro percurso. E a testemunha conta:

— Passava entre os meus braços, evolucionando pela frente do meu peito e, contornando-me as costas, voltava a passar entre os meus braços, penetrando pela frente. Nessas condições, estando eu com as mãos apoiadas nas mãos do Peixotinho, privando-o de qualquer movimento, a luz vinha e

---

[26] RANIERI, p. 34. Cf. Bibl.

UNIVERSO PROFUNDO

se intrometia entre nós. Não havia um espírito materializado, mas um globo de luz materializado; e se era um espírito em forma esférica ou um aparelho movimentado por espírito, eu não sei – não me disse nada.[27]

Quando as luzes do salão foram acesas, o globo vermelho, materializado, extinguiu-se lentamente no ar, desaparecendo à vista de todos.

Nos relatos de Ranieri, em que fora constatada a existência de espíritos operando os fenômenos, encontramos similaridade com outros relatos de aparições semelhantes em todo o mundo, tidas como fenômeno ufo, mas cuja origem provável é espiritual. Por essa razão, convém conhecer os fenômenos espíritas para, ao menos, tentar distingui-los.

Um caso impressionante fora testemunhado pelo mesmo grupo, de modo a não deixar dúvida sobre a veracidade da transfiguração de Jesus, porque um fenômeno físico real e semelhante ao descrito nos Evangelhos, guardando as devidas proporções, fora obtido ali, pelos espíritos, numa reunião que tivera como médium a figura de Peixotinho. Ranieri assim o descreve:

— Deitado na cama, em nossa frente, estava o médium Peixotinho, como se estivesse morto. Seu corpo, porém, estava todo iluminado interiormente. Víamos a superfície de suas mãos, de seus braços e de sua barriga, embora estivesse vestido de pijama, como se o pijama fosse de vidro; e dois ou três centímetros abaixo dessa superfície, interiormente, nós víamos uma luminosidade igual à de vaga-lume, saindo de dentro de seu corpo para fora. Na região do plexo solar, a luz era intensíssima, e nas mãos notavam-se os clarões verdes interiores. A cabina se transformara numa doce claridade de luar. Ordenou-nos uma voz forte de espírito que pegássemos no médium e o examinássemos. Tomei as suas mãos e examinei-as de perto, observando detidamente a luz interior. Esfreguei-as com força e demoradamente para ver

---

[27] RANIERI, p.150. Cf. Bibl.

se a luz saía, desaparecia ou passava para as minhas mãos, caso fosse tinta fosforescente, mas não havia dúvida – não só não consegui nada, como a superfície semelhante ao vidro, dada pela luz, que se esparramava por dentro da carne, era realmente fato incontestável. Na barriga, o fenômeno era o mesmo – explicou Ranieri, e concluiu com firmeza: — Para iluminar um homem interiormente, da maneira como nós o vimos, ainda não há na Terra aparelho capaz de fazê-lo.[28]

A transfiguração corporal de Peixotinho, operada pelos espíritos diante do grupo, fala por si só como fenômeno espiritual, mas nos remete aos tempos de Jesus, para refletirmos hoje sobre a grandiosidade daquele momento, ainda pouco compreendido.

— Recorremos a Erasto e indagamos para saber mais do intrigante fenômeno presente também nos Evangelhos:

"Quando Jesus rezava no Tabor, estando consigo Pedro, João e Tiago vencidos pelo sono (evento noturno), seu rosto tornou-se resplandecente como o Sol e suas vestes fizeram-se brilhantes como a luz, ao mesmo tempo em que gloriosamente apareceram os espíritos Moisés e Elias, falando a Jesus de sua morte. Os apóstolos quiseram providenciar acomodação para os dois espíritos, porque os viram materializados. Em seguida, uma nuvem os envolveu, e da névoa saiu uma voz, dizendo: *'Este é o meu filho bem--amado; ouvi-o'*. Logo após, os apóstolos não viram mais ninguém, senão Jesus, que ficara com eles.[29]

"Por essa passagem evangélica, nota-se que houve primeiro a transfiguração de Jesus, depois a materialização dos dois espíritos, em seguida a voz do Pai, e com o passar da nuvem fluídica somente restaram aqueles que eram seres absolutamente materiais, ou seja: Jesus e os apóstolos; os demais, que eram espíritos, desapareceram.

"Além dos fenômenos espirituais apontados, os quais puderam ser repetidos de maneira natural com o Espiritismo [conforme observado por Ranieri e seu grupo, além de outros grupos], isso vos demonstra que Jesus não tinha um corpo 'agênere', como pretendera

---

[28] RANIERI, p.46. Cf. Bibl.
[29] Lc 9,28-36; Mt 17,1-13; Mc 9,2-13.

Roustaing; não era um ser não gerado e improdutivo, como o são os ultraterrestres materializados que já vos descrevi, mas sim um ser de carne e osso como vós, um espírito puro encarnado na Terra para cumprir missão redentora: aquela a que Ele se propôs, a que ficara registrada nos Evangelhos e a qual conheceis bem, sem outras interpretações.

"Aquela noite, fora mesmo providencial!"[30]

AGÊNERES · SERES NÃO GERADOS

Kardec chamou de "agêneres" os espíritos materializados que se apresentam como pessoas de aparência normal, mas indicou que sua origem não é o resultado de uma geração de mulher.

Quando o agênere se apresenta, não revela sua natureza aos nossos olhos, mas passa por ser humano comum, como qualquer outro. Sua aparição corpórea tem duração relativa, geralmente curta, segundo o propósito da aparição e a permissão que lhe é dada para fazê-la.

Ao surgir, o espírito toma a aparência de um corpo sólido, a ponto de produzir uma ilusão completa e fazer crer a presença de um ser corporal como o homem. A tangibilidade se torna real: pode ser tocado, apalpado, oferecer resistência, exalar calor corporal, andar e falar. Tudo isso como ser animado, apesar de poder dissipar-se com rapidez. Embora de aparência normal, o agênere possui limitações, tem curta duração e não poderia se tornar hóspede permanente em casa alguma.

Quem vê o agênere, tem a impressão de ver um ser humano normal, mas não passa ele de um vapor momentaneamente solidificado; não é de carne e osso, embora tenha tal aparência. Não é preciso ser médium para vê-lo, sua aparição é tangível, concreta, densa. Trata-se de caso raro e incomum, explicado pela Doutrina Espírita.

---

[30] Sobre "Transfiguração e "Agêneres", ver: *O Livro dos Médiuns*, Cap. VII:122-125; *A Gênese*, Cap. XIV, parte II:35-39, Cap. XV:43-44; *Obras Póstumas*, Cap. Transfigurações e Invisibilidade.

PEDRO DE CAMPOS INSTRUÇÕES DE ERASTO

Em 1859, Kardec publicou em sua revista[31] o Caso Duende de Bayonne, relatando o conteúdo de sete cartas que lhe chegaram às mãos. Era de estarrecer – um espírito se apresentava à própria irmã encarnada e produzia estranhos fenômenos.

A princípio, a menina escutava vozes que lhe davam conselhos e diziam para nada temer; depois, por ação do espírito, fora presenteada com moedas e brinquedos, que facilmente os encontrava nos locais por ele indicados. As cadeiras da casa moviam-se sem que ninguém as tocasse. Durante o dia, a menina ouvia sempre a mesma voz e, à noite, via uma luz rósea que não iluminava. No transcorrer dos dias, aos poucos, ela perdeu completamente o medo e passou a tratar normalmente com o espírito, dizendo à mãe:

— Mamãe, é um anjo que me fala.

Aconselhada pela mãe, indagou ao espírito, e foi informada por ele que era seu irmão, morto 12 anos antes. A criatura invisível então lhe disse que se apresentaria tangível, sem causar medo.

Numa tarde, às portas do templo religioso, um rapazinho se apresentou à menina e disse-lhe:

— Sou teu irmão.

E para ela mesma constatar, prosseguiu, dizendo:

— Abraça-me, porque não posso conservar por muito tempo a forma que tomei.

Certa ocasião, o agênere ajudou a menina a levitar; e em outras, tomou a forma de pessoas da família. Certa vez, materializou-se e foi com ela à loja fazer compras. A dona da loja contou o fato à mãe da menina, dizendo que o garoto acompanhante (o agênere) era de pouca timidez e de respostas fáceis. Portanto, a lojista tomou-o por ser humano normal.

Diante do insólito episódio, que Kardec apenas ficara sabendo por carta e publicara em sua revista, ele decidiu realizar uma sessão na Sociedade e fazer a evocação do espírito.

Durante o evento, o senhor Adrien, médium vidente, distinguiu a fisionomia de um menino de dez a 12 anos, descrevendo-o em

---

[31] Relato fundamentado na *Revista Espírita*, jan. e fev. de 1859. (N.A.)

UNIVERSO PROFUNDO

detalhes. O remetente das cartas estava então presente e, pela descrição do médium, confirmou a exatidão dos traços do menino.

Kardec fez várias perguntas à entidade e obteve respostas, mas não ficou satisfeito de todo. Então, pediu ao espírito São Luís para esclarecer diversos pontos, ao que foi atendido.

Durante a entrevista, foi esclarecido por São Luís de que o agênere poderia se apresentar em outros lugares, se quisesse e lhe fosse permitido. Informou-lhe que as manifestações físicas são numerosas e geralmente produzidas por espíritos inferiores. Vamos observar alguns pontos dessa entrevista, com perguntas de Kardec e respostas do espírito São Luís:

P – O que aconteceria se ele se apresentasse a um desconhecido?
R – Tê-lo-iam tomado por uma criança comum. Dir-vos-ei, entretanto, uma coisa: por vezes existem na Terra espíritos que revestem essa aparência e são tomados como homens.
P – Tais seres pertencem à categoria de espíritos superiores ou inferiores?
R – Podem pertencer a uma ou a outra. São fatos raros, de que há exemplos na Bíblia.

Cabe aqui um comentário:
"No Antigo Testamento, escrito no transcurso do milênio anterior a Cristo, e mesmo no Novo, mais recente, há exemplos desses seres insólitos, os quais podem ser facilmente tomados por outras controvertidas figuras, mas que, pelo relato de São Luís, são agêneres – espíritos materializados. De fato, a criatura que se apresentara a Josué, dizendo-se o comandante do exército do Eterno, que já comentamos neste livro, tratava-se de um agênere. Assim como este, há muitos exemplos na Bíblia", ressalta Erasto.

P – O que aconteceria se lhe fizessem um ferimento mortal? Seria morto?
R – Desapareceria subitamente.
P – Eles têm paixões?
R – Sim. Como espíritos, têm as paixões dos espíritos, conforme a sua inferioridade; se tomam um corpo aparente é, por vezes, para gozar das paixões humanas; se são elevados, é com um fim útil.

PEDRO DE CAMPOS INSTRUÇÕES DE ERASTO

Cabe aqui outro comentário:

"Nas esferas espirituais da Terra há espíritos inferiores cujas paixões extrapolam os limites da normalidade, principalmente quanto ao sexo e outras viciações que podem causar grave obsessão aos encarnados. Esses espíritos podem mesmo se fazer passar por seres intrusos em busca de paixões carnais", registra Erasto.

P – Podem procriar?
R – Deus não o permitiria. Isto é contrário às leis por Ele estabelecidas na Terra, e estas não podem ser contrariadas.
P – Se tal ser se nos apresentasse, teríamos um meio de reconhecê-lo?
R – Não, a não ser pelo desaparecimento inesperado.
P – Podem tornar-se visíveis à vontade?
R – Sim, desde que podem desaparecer quando querem.
P – Têm necessidade de alimento?
R – Não. Seu corpo não é real.

Kardec faz uma descrição interessante dos agêneres, que nos possibilita conhecer melhor os seres que aportam à Terra:
— Existe no seu todo, em seus modos [dos agêneres], alguma coisa de estranho e insólito que participa ao mesmo tempo da materialidade e da espiritualidade; seu olhar, vaporoso e penetrante ao mesmo tempo, não tem a nitidez da vista pelos olhos da carne; sua linguagem concisa e quase sempre sentenciosa não tem o timbre e a voluntariedade da linguagem humana; sua aproximação faz experimentar uma sensação particular indefinível, de surpresa, que inspira uma espécie de temor e, tomando-os por indivíduos iguais a toda gente, diz-se involuntariamente: Eis um ente singular.[32]
Nota-se pelos relatos que o agênere é um ser estranho, pode tomar formas variadas e, às vezes, até mesmo um aspecto hediondo quando excitado por más paixões; apresenta-se geralmente sozinho e desaparece com a velocidade de um raio; com tais características, bem poderia ser confundido com o ser ultraterrestre, quando, na verdade, se trata de um espírito materializado. É preciso diferenciá-los.

---

[32] A Gênese, cap. XIV, parte II:36. (N.A.)

UNIVERSO PROFUNDO

Diferente dos agêneres, os intrusos alienígenas são outra civilização, "eles" têm um corpo menos material e um ciclo de vida – nascem, desenvolvem-se, procriam, envelhecem e morrem. Usam engenhos de transporte que são vistos nas cidades e nos campos. Têm capacidade para materializar e desmaterializar. Em geral, não se apresentam sozinhos. Realizam atividades científicas e outros procedimentos característicos já mencionados.

Mas essa entidade tem limitações para realizar suas atividades científicas na Terra. A perda de fluido vital de seu próprio corpo, durante o processo de *transmutação insólita*, o impede de materializar-se na Terra com todas as suas propriedades; assim como, também, na desmaterialização das substâncias vivas que colhe na Terra, a perda de fluido vital delas, na desmaterialização, o impede de obter uma criatura híbrida plena de vigor em seu mundo menos material, mas um símile de aparência elementar. Esse insucesso o faz perseverar no intento, com desespero de causa para melhorar o próprio corpo em decadência. Os intrusos ultrafísicos carecem ainda de ciência e desenvolvimento moral para concretizar os seus intentos, o que não ocorre com outras entidades já mais evoluídas.

9

EMANCIPAÇÃO DA ALMA NÃO É ABDUÇÃO

O aeróbus parou logo acima da crosta, não podia prosseguir em razão da atmosfera densa do umbral. Do veículo desceram muitos espíritos, compondo equipes distintas de quatro membros. Uma das equipes era formada por Ana Beliunas, Manoel Shina, Suan Maria do Deserto e Sudão. Estavam ali para continuar um trabalho iniciado por eles há anos.

Quando encarnada, Ana Beliunas houvera chegado ao Brasil em janeiro de 1926, com 15 anos de idade, após uma viagem de dois meses de navio. Procedente das terras frias da região Báltica, na Lituânia, a família houvera deixado para trás os horrores da Primeira Grande Guerra e buscava realizar o sonho de viver em paz num mundo melhor. Não demorou muito para a ilusão dar lugar à realidade de uma nova vida.

Ana logo se casou com imigrante de sua terra natal, mas o marido desencarnou cedo. Então o sustento se tornou difícil para ela e os quatro filhos. O excesso de trabalho e as

UNIVERSO PROFUNDO

condições de vida não ajudaram sua saúde. Assim como o marido, a tísica ceifou-lhe as forças aos 37 anos. No além da vida terrena, por razões distanciadas no pretérito, Ana se tornou uma samaritana, trabalhando em missão de socorro nas esferas espirituais inferiores, para delas retirar milhares de criaturas desesperadas, cujos graves delitos na carne exigiam reparos de consciência e de conduta moral.

Ao descer do aeróbus, Manoel Shina foi ao campo denso e preparou seu veículo submergível para recolher as entidades necessitadas. Cada criatura recolhida naquelas regiões, durante o transporte no submergível, tem a oportunidade de rever os lances principais de sua vida pretérita, como num filme; então, para ela, se desenrolam na tela mental as várias situações vividas que lhe determinaram a estada naquelas regiões de penúria; o procedimento visa uma retomada parcial da consciência, antes de adentrar ao aeróbus e seguir rumo às organizações regeneradoras da colônia espiritual socorrista.

Ao desembarcar do aeróbus, Suan Maria do Deserto se dirigiu ao sítio próximo e ali pegou os seus enormes cães farejadores, cuja sensibilidade desempenha naqueles círculos espirituais a importante tarefa de encontrar entidades infelizes, escondidas de si mesmas nas mais insólitas reentrâncias do umbral.

Sudão, entidade especializada em manipulações fluídicas, dentro da equipe é responsável por desfazer os vínculos de ligação magnética das entidades e por queimar os miasmas aderentes a seus corpos enfermiços.

Algumas entidades malfazejas, ocupando posições de comando nas esferas inferiores, construíram ali câmaras assombrosas para realização de práticas invasoras ao corpo. Com a mente em completo desalinho ético, antigos profissionais da ginecologia e da obstetrícia, operadores inveterados do aborto delituoso,[1] juntaram-se ali e ergueram laboratórios experimentais, colocando seus serviços à disposição

---

[1] Estimativa do Guttmacher Institute dá conta que no mundo, em 2003, a gravidez indesejada provocou 41,6 milhões de abortos (4.746 por hora), ocasionando a morte de 70 mil mulheres (8 por hora) nas complicações.

PEDRO DE CAMPOS INSTRUÇÕES DE ERASTO

de milhares de seres abortados com sede de vingança. Materialistas contumazes no crime, ao falso pretexto de aliviar os tormentos alheios, estabeleceram naquelas entranhas da terra bases vigorosas de atuação, com o fito de conturbar a vida humana que tanto desprezam.

Algumas vítimas abortadas de outrora, agora em mãos de espíritos embrutecidos, se transformaram em algozes. Nas incursões que fazem à superfície da Terra, procuram levar à loucura suas antigas genitoras, aquelas que no passado lhes expulsaram de maneira violenta do ventre.

Nesse cenário dantesco, milhares de mulheres sofrem diariamente inoculações espirituais em seus corpos, práticas invasoras configuradas por manipulações uterinas, martírios obsessivos que muitas delas experimentam em estado de vigília, com sensações inexplicáveis de invasão corporal; e em estado de sono, com arrebatamentos da alma a outras esferas e lampejos de um acontecimento insólito, tal como a inserção de algo estranho em seus órgãos, culminando, assim, por se transformarem em espécies de vasos de ensaio, onde estranhas experiências são operadas por espíritos obsessores.

O submergível estacionou sobre uma clareira em meio à densa neblina, ambiente sombrio em que se estendia imensa câmara fetal. Ao redor, agitavam-se estranhas figuras, seres de baixa estatura apresentando corpos deformados, criaturas medonhas, semelhantes a enormes fetos: tronco longo, braços compridos e pernas curtas; cabeça volumosa, desprovida de cabelos; nariz pequeno, colado à face; boca pequena e cerrada; face rasgada por olhos estranhos, imobilizados e penetrantes. Criaturas cinéreas, escuras, que ao verem o veículo pairar na clareira, rapidamente desbarataram, sumindo no nevoeiro.

Do engenho desceram três espíritos, enquanto Manoel Shina permanecera no interior do veículo, operando instrumentos. Ao entrar em uma câmara sombria, Ana observou a presença de uma figura de mulher, que tinha constituição física normal. Estava deitada sobre uma mesa cirúrgica, tendo, em seus ovários, implantes espirituais de artefatos parasitas.

UNIVERSO PROFUNDO

A samaritana examinou detalhadamente o corpo da mulher e seus vínculos magnéticos. Constatou que se tratava de uma alma encarnada, que ali estava por imantação, extraída que fora de seu leito durante o sono físico, por espíritos obsessores, e levada ali por vingança de uma entidade ligada a ela no passado.

A alma entorpecida da mulher estava recebendo implantes que lhe dariam a sensação de estar gerando um feto incomum, que jamais prosperaria por ser apenas uma insuflação abdominal, dando a ela a impressão de carregar no ventre um volume vazio. Essa inserção espiritual a levaria ao descontrole psíquico e à loucura.

Percebendo o propósito dos obsessores, a médica de almas desfez os laços magnéticos que ligavam a mulher à criatura dementada, desatou os artefatos ligados ao perispírito e fez a restauração do corpo com fluidos especiais. O socorro à alma encarnada, naquele local, estava terminado, mas a extática deveria ser reconduzida ao leito de onde viera. Ana assim procedeu.

Enquanto o restante da equipe realizava seus trabalhos, Ana levou a encarnada de volta ao lar. Examinando a casa, encontrou ligações magnéticas no ambiente, inseridas ali para fortalecer os vínculos de atração entre a encarnada e os obsessores. A benfeitora desfez as ligações e restaurou as energias do local.

Ao término do trabalho, num lance rápido, a alma desprendida da mulher recuperou a lucidez e indagou surpresa:

— Em nome de Deus, quem és tu?

— Irmãzinha – respondeu Ana com bondade –, eu sou aquela que Deus enviou ao escutar as tuas preces, quando pedias alívio para os teus males e perdão para as tuas faltas. Acalma-te, irmãzinha, porque chegou a hora em que poderás renovar o teu próprio destino. Tua atitude impensada da juventude, a qual te atormenta hoje, poderá ser reparada ainda nesta encarnação, porque o filho que expulsaste do ventre será filho de tua filha. Então, como teu neto, tu poderás ressarcir a falta cometida. A misericórdia Divina ouviu as tuas preces. Aguarda, pois, e sejas agradecida à tua filha, cuja bondade de coração tratará de redimir a ti e à criatura que desarticulaste no passado. Em pouco tempo, o filho que expulsaste da vida estará com ela e contigo de novo. Irmãzinha – prosseguiu Ana – as preces de um coração materno, verdadeiramente arrependido, operam 'milagres' no mundo maior. Enganam-se os que pensam ser preciso morrer para recomeçar de novo, pois para recomeçar na mesma vida é preciso arrepender-se do passado e esquecê-lo; é preciso perdoar os inimigos e fazer apenas o bem no que resta da vida. Um novo caminho se abre à tua frente. O amor à criança que há de nascer invadirá o teu coração amargurado, e um recomeço promissor do netinho beijará o teu rosto. O trabalho para criar o netinho e os esforços redobrados que terás de ter, serão a tua recompensa e a tua renovação. Querida irmã – finalizou Ana – para o teu bem, esta mensagem te ficará gravada na alma e dela não te lembrarás; mas, em lampejos de lucidez, ela te voltará à memória, quando dela precisares para o teu reconforto; ao acordares, terás a lembrança de haver tido um sonho bom. Deus te abençoe! – finalizou a benfeitora.

Ao retornar à esfera obscura, Ana encontrou os afazeres terminados na câmara fetal. A entidade que haveria de renascer em breve fora conduzida, juntamente com outras, ao interior do submergível. Manoel Shina preparou o engenho para regressar ao ponto de onde partira e dali, no aeróbus, levar as entidades recolhidas à colônia espiritual.

Caro leitor, não é o propósito aqui prosseguir narrando os demais acontecimentos socorristas e os preparativos da reencarnação das entidades. O acontecimento narrado é apenas um caso dentre milhares de outros. Trata-se de um arrebatamento da alma provocado por espíritos obsessores, que atraíram a obsidiada, fazendo-a passar através das paredes do quarto enquanto o corpo físico dormia no leito. O propósito do chefe da legião obsessora é sempre descontrolar o organismo físico da encarnada, para satisfazer o desejo de

UNIVERSO PROFUNDO

vingança do espírito a ela vinculado e mantê-lo em suas fileiras para outras incursões infelizes.

Alguns esclarecimentos são aqui oportunos. Vamos observar o parecer de Erasto sobre as questões:

—Sabemos que o aeróbus é veículo de transporte usado na colônia espiritual de Nosso Lar.[2] Esse engenho é usado também em outras colônias?

"Sim, em várias outras."

— Esse veículo poderia ser materializado na Terra?

"Não seria permitido."

— O submergível operado no umbral é um transporte diferente do aeróbus?

"É veículo para operar em atmosfera densa."

— Que diferença tem um do outro?

"Um engenho humano convencional, capaz de transpor velozmente os espaços siderais, teria dificuldade em pousar num orbe gasoso e dele decolar, porque uma atmosfera densa é mais resistente que o vácuo por onde viajara o engenho, e as substâncias existentes interferem no funcionamento do veículo; este teria de ser adequado ao meio denso em que vai operar. Assim, algo semelhante ocorre na passagem de uma para outra esfera espiritual."

— Poderia dar um quadro geral do caso da mulher arrebatada em alma?

"A encarnada, em estado de sono, encontrava-se deitada no leito. Sua mente permanecera ligada, através de laços magnéticos, ao espírito que ela rejeitara como filho no passado. A expulsão do feto não desfaz os laços de natureza espiritual,[3] os quais permanecem ligados e podem estreitar-se, por iniciativa das entidades. No caso em questão, enquanto a primeira rezava arrependida, a segunda arremessava-lhe dardos de cólera; assim, ambas estreitavam laços, mas a segunda tinha os seus anseios de vingança

---

[2] XAVIER, *Nosso Lar*, p.184. Cf. Bibl.
[3] Para aprofundar estudos, ver XAVIER: *Nosso Lar*, cap. 31-33; *Evolução em Dois Mundos*, capítulos —Aborto Criminoso; Gestação Frustrada.

patrocinados por outras entidades infelizes, relativamente inteligentes e interessadas em funcionar os seus artefatos parasitas no corpo espiritual da encarnada, para lhe causar desconforto físico e desequilíbrio psíquico.

"A prece da mulher arrependida, a bondade da filha doando-se a si própria para renovar a mãe e o espírito por ela rejeitado, e a necessidade de o obsessor renascer para evoluir, formaram um conjunto harmônico que possibilitou à samaritana desvincular os artefatos implantados, restaurar o corpo da obsidiada e iniciar o preparo de retorno à carne do espírito enjeitado.

"A lei de causa e efeito articulou seus mecanismos, proporcionando expiação para uns e prova para outros. No futuro, a mesma lei deve entrar em vigor para enquadrar as entidades obsessoras que comandaram a operação maléfica, regenerando-as inapelavelmente."

— O arrebatamento da alma imantada ao obsessor pode ser confundido com o evento de abdução?

"São fenômenos diferentes, como já vos disse anteriormente. O arrebatamento é um fenômeno espiritual relativamente comum; trata-se de uma emancipação da alma por força do magnetismo dela com outra, enquanto a abdução é um fenômeno físico raro, provocado em geral por um ser 'ultraterrestre'. Quem não considera o primeiro, há de considerar o segundo ou algum desequilíbrio psíquico; todavia, desconsiderando o fenômeno espiritual, o observador não poderá concluir a questão com acerto."

De fato, o ser humano em estado de sono hipnótico pode externar parte do conteúdo gravado em sua mente, quer no estado de vigília, quer no de sono, além de poder externar impressões de vidas passadas; portanto, não obstante as dificuldades há que se fazer distinção entre o arrebatamento da alma e a abdução.

Recordemos Kardec, quanto aos procedimentos do sonâmbulo e do extático:

— É ele quem se aproxima do objeto [...] – transporta-se para lá. Seu corpo, nesse momento, parece extinto, a palavra lhe sai mais surda e o som de sua voz apresenta qualquer coisa de singular; a vida animal também parece que se extingue; a vida espiritual está toda no lugar onde o transporta o seu próprio pensamento; somente a matéria permanece onde estava. Há, pois, certa parcela do ser que se lhe separa do corpo e se transporta instantaneamente através do espaço, conduzida pelo pensamento e pela vontade. Essa parcela é evidentemente imaterial, porque, a não ser assim, produziria alguns dos efeitos que a matéria produz. É a essa parcela de nós mesmos que chamamos de alma.[4]

A alma evoluída para se refazer desprende-se do corpo, emancipa-se dele e transporta-se às esferas superiores. Ali, como extática, encontra aqueles com quem se afina e é auxiliada quando preciso for. Contudo, o mesmo não se dá com a alma moralmente endividada, porque esta, quando emancipada do corpo, pode se imantar ao inimigo e confrontar-se com ele para solução de alguma vivência mal-acabada, até haver o reatamento entre ambos.

No sonambulismo magnético (provocado artificialmente por hipnotizador), a alma se desprende do corpo físico e transporta-se para outras paragens, interage com espíritos desdobrados e pode confundi-los com seres corpóreos. Quando o estado sonambúlico fica mais apurado, o grau de emancipação da alma aumenta e ela, desprendida, torna-se mais independente ainda, entrando em estado de êxtase; então, como extática, põe-se em contato com os espíritos errantes e com eles interage.

Levada pela corrente de suas próprias ideias, construídas por atos praticados nas existências corpóreas, a alma, quando em desalinho, torna-se joguete de espíritos inferiores que dela se aproveitam para realizar os seus propósitos.

O extático vê por toda parte e grava em sua memória espiritual tudo que viu e passou no mundo dos espíritos. Sob um sono hipnótico, é natural que dessas vivências tenha recordações e relate suas experiências, podendo, inclusive, confundir o que se passou, porque espíritos inferiores podem tomar

---

[4] KARDEC, *Obras Póstumas*, Primeira Parte - Ciência: A Clarividência Sonambúlica, Explicação do Fenômeno da Lucidez. Ver também *O Livro dos Espíritos*, P. 435, 439, 444, 445.

formas diversas e argumentar segundo os seus propósitos. Disso decorre a dificuldade (mas não a impossibilidade) de distinguir através de hipnose se o ocorrido fora um arrebatamento da alma ou uma abdução física.

Para concluir, a abdução praticada por seres ultraterrestres é de natureza física (sequestro do corpo de carne), enquanto a praticada por espíritos inferiores é de natureza extrafísica (arrebatamento da alma).

Os espíritos da esfera terrestre, por seus laços de imantação aos encarnados, podem ser atraídos e intimados a desfazer os próprios males praticados, enquanto os ultraterrestres são de outra esfera vibratória, estão encarnados, por assim dizer, e não estão sujeitos à mesma atração (não podem ser atraídos).

O mentor da Casa Espírita, conhecedor desses laços magnéticos, sabe distinguir um caso de outro, pode dar assistência espiritual adequada, além de orientação e outros procedimentos necessários.

10

PROJETO CONTATOS IMEDIATOS

Os fantásticos eventos se passaram na Papua, Nova Guiné – conjunto de ilhas da Oceania, ao norte da Austrália.

A Papua é uma terra de formação vulcânica, cujos mares rasos podem ser vistos do alto refletindo belíssimas formações de corais submersos. A ilha toda está coberta por bosques que desfilam desde o nível do mar até os cimos das montanhas mais altas. Suas florestas de vegetação rasteira, umedecidas o ano todo pelas chuvas constantes, estão salpicadas de árvores altas, em que afloram acácias, sândalos e eucaliptos.

Acredita-se que os nativos da Papua sejam oriundos das ilhas do Pacífico, uma raça que prosperara naqueles quadrantes antes de as inundações terem formado o belíssimo Mar de Coral, a leste da Austrália, época em que se poderia passar facilmente de uma ilha à outra. Os papuas são povos dos mais antigos da Terra.

PEDRO DE CAMPOS INSTRUÇÕES DE ERASTO

Nessa região distante, inúmeras missões religiosas foram constituídas por missionários com o propósito de converter os nativos à sua religião, levar conforto, instrução e atendimento médico a milhares de pessoas.

O retiro das missões está constituído por um conjunto de edificações em estilo europeu, composto por alojamento para missionários, igreja, hospital, escola, campo de esportes e ancoradouro de pequenas embarcações; à beira-mar e no interior da aldeia, os nativos fazem a sua morada e algum comércio; depois se sobressaem os descampados para lavoura e, além do povoado, as montanhas e as selvas da Papua.

A vida simples dos missionários, que renunciaram aos prazeres materiais da vida para se dedicarem ao bem-estar dos outros em terras distantes, sua bondade no ensino religioso, dedicação na caridade médica e na instrução escolar persuadiram os nativos da Papua a considerarem os missionários uma dádiva dos céus. Para eles, é um verdadeiro benefício Divino poder contar com gente tão boa em todas as tribulações da vida.

Foi nesse cenário que tudo começou, no início da noite de 26 de junho de 1959, logo após o jantar.

O reverendo William Booth Gill[1] era um sacerdote anglicano, formado na Universidade de Brisbane. Estava chefiando uma missão em Boianai, na Papua, Nova Guiné. Era um homem extremamente calmo, daqueles que faz tudo de maneira pensada, com dedicação e método. Não era de modo algum uma pessoa excitada. Sem ser frio, era um religioso que podia presenciar as cenas mais agudas de qualquer acontecimento, sem se abalar.

Conversando com o doutor Hynek, mais tarde, padre Gill relataria o caso insólito que houvera presenciado naquela noite inesquecível:

---

[1] O Caso Papua ou Padre Gill está registrado nos livros de J. Allen Hynek: OVNI – Relatório Hynek, p.78-84; Ufologia, uma Pesquisa Científica, p.163-167, 256-259. Cf. Bibl.

UNIVERSO PROFUNDO

— Eu tinha acabado de jantar, saí dos aposentos e estava passeando no quintal. Quando contornei o canto da casa, uma luz brilhante atraiu a minha atenção. Olhei para cima, na direção do poente. Avistei ali o planeta Vênus. Ao lado, num ângulo de 45 graus, divisei uma luz branca muito intensa, descomunal. É claro que naquele momento não imaginei que fosse um disco voador. Até então, para mim, isso poderia acontecer a outras pessoas sugestionáveis, mas não comigo. Entretanto, lá estava ele! – exclamou o padre.

Rapidamente, o reverendo mandou chamar Eric, um dos membros da missão, e com seu farolete apontou em direção ao objeto, perguntando:

— Eric, o que você está vendo lá em cima?

— Acho que há uma luz, padre – respondeu Eric.

— Está bem. Então entre e vá chamar o professor Steven Moi; diga-lhe para que venha aqui, depressa.

Em pouco tempo, entre nativos e componentes da missão, contavam-se 38 pessoas, sendo 25 adultos e 13 crianças. Todos com os olhos presos naquela estranha luz que vinha do céu.

Em busca de vista panorâmica, o pessoal se dirigiu ao campo de jogos, cuja elevação permitia ampla visibilidade. Ali os avistamentos continuaram de maneira mais intensa.

Foi então que o padre Gill, com sua calma sacerdotal, resolveu pegar um caderninho de notas e um lápis para registrar os acontecimentos. Ele pensava:

— Amanhã, após dormir e despertar, talvez eu ache tudo isso um sonho. Mas se escrever agora o que for avistado, saberei ao menos que não estava sonhando e que a coisa é real.

As anotações que fizera o reverendo, as cartas que escreveu posteriormente e as gravações em fita magnética foram entregues ao Adido da Força Aérea na Austrália, que se encarregou de encaminhar formalmente à Força Aérea dos Estados Unidos – USAF.

O Caso Padre Gill entrou então para o Projeto Livro Azul, passando a ser um dos casos clássicos de contatos imediatos de terceiro grau na Ufologia.

PEDRO DE CAMPOS INSTRUÇÕES DE ERASTO

Observando o caderno de notas e os relatórios posteriores do padre, podemos constatar que aquela noite fora mesmo muito especial para ele e para as demais testemunhas. Ele relata:

18h45 As nuvens estavam baixas e esparsas em alguns pontos. Avistei uma forte luz branca, na direção noroeste. Então, cinco minutos depois, chamei Eric e Steven para verem aquilo.

18h52 Quando Steven chegou, olhou e confirmou que não era uma estrela. A luz tinha uma cor alaranjada e estava cerca de 150 metros de altura.

18h55 Mandei Eric chamar os demais membros da missão. O objeto movimentou-se. Com espanto, vimos surgir na parte superior do objeto uma figura. 'Será um ser humano?', indagamos. Em seguida, três homens se moveram, brilhando, fazendo qualquer coisa no convés, depois foram embora.

Mais tarde, padre Gill explicaria:

— À medida que observávamos, saíram homens do interior do objeto e apareceram no topo da nave, no que parecia ser um convés. Havia ao todo 4 homens, ocasionalmente 2, depois 1, depois 3, depois 4. Anotamos as várias vezes que os homens apareceram. Mais tarde, as pessoas do nosso grupo que viram aquilo, assinaram seus nomes como testemunhas do avistamento. Julgamos tratar-se de atividade humana ou de seres de alguma outra espécie, dentro do próprio objeto.

A luz estava sempre acesa e as criaturas apareciam e desapareciam no convés. Às 19h10, surgiu uma camada de nuvens com cerca de 600 metros de altitude, calculados pelo reverendo ao tomar como base a altura de uma montanha próxima. Padre Gill calculou posteriormente que o disco pairava abaixo das nuvens, mantendo-se a uma altitude de 90 a 120 metros do solo.

Estudos posteriores, realizados pelo doutor Allen Hynek, principal astrônomo e consultor da Força Aérea para o Projeto

UNIVERSO PROFUNDO

Livro Azul, e sua equipe, confirmaram que o objeto não poderia ser o planeta Vênus, tampouco outro corpo celeste ou qualquer fenômeno natural. Hynek contrariou o parecer do relatório Menzel, que procurara encobrir a verdade alegando coisas descabidas, dizendo inclusive que o padre era míope, que os nativos eram simplesmente fiéis ao padre em suas visagens e a tal nave, apenas a imagem do planeta Vênus.

Seguiram-se os avistamentos:

19h12   O céu ficou todo encoberto.

19h20   O ufo se intrometeu por dentro das nuvens, desaparecendo por completo.

20h28   O céu começou a limpar, então avistei novamente o ufo sobre a nuvem e tornei a chamar o pessoal da missão. O ufo desceu um pouco mais e ficou maior. Era uma nave-mãe. Os ufos menores iam e vinham por entre as nuvens, que já estavam esparsas. Desciam por entre elas e o brilho dos discos refletia-se na base das nuvens, dando a impressão de estarem se divertindo muito com aquelas manobras. Um minuto depois, sobre o mar, um segundo ufo foi localizado, planando.

20h35   Outro ufo avistado sobre a aldeia Wadobuna.

20h50   Surgiu o ufo maior, ficando estacionário, enquanto outros apareciam e desapareciam por entre as nuvens. Todos os ufos estavam muito nítidos. A nave-mãe continuava grande, nítida, estacionária.

21h05   Com as nuvens esparsas apareceram 2 ufos, depois 3, depois 4, e desapareceram.

21h10   Um ufo desapareceu no meio das nuvens.

21h20   A nave-mãe voltou a ficar visível.

21h30   A mesma nave-mãe desapareceu, foi embora por sobre o mar, na direção de Giwa.

21h46   Um ufo reapareceu, pairando acima de nós, e ficou flutuando, estacionário.

22h10   O ufo planando colocou-se atrás da nuvem.

PEDRO DE CAMPOS INSTRUÇÕES DE ERASTO

22h30   Um ufo ficou planando muito alto, num pedaço de céu limpo.

22h50   O céu ficou totalmente encoberto, sem qualquer objeto voador visível.

23h04   Uma chuva pesada varreu o local.

Das 18h45 às 23h04 foram quatro horas e 19 minutos de relatos, com 3 horas de avistamentos reais. As 25 testemunhas fizeram desenhos, descrevendo em detalhes o avistamento, assinaram os originais e entregaram-nos ao padre Gill.

Os nativos e o pessoal da missão passaram a noite inteira e parte do dia seguinte falando dos acontecimentos. Não se falava outra coisa. Após o almoço, o falatório amainou, parecia encerrado. No entanto, as coisas não pararam aí.

Sobressaía-se o final de tarde, por volta das 18 horas do dia seguinte, 27 de junho, quando um fato magnífico e ainda mais incomum ocorreu.

Na missão, uma das enfermeiras do hospital, Annie Laurie Brown, entrou correndo e agitada no gabinete do padre, pedindo a ele que fosse lá fora ver a "coisa". O padre conta:

— Apesar de o Sol já ter apenas se posto atrás das montanhas, ficamos ali ao ar livre, observando o que se passava. Houve luz suficiente durante os 15 minutos que se seguiram. Parecia-me ser o mesmo objeto que houvera visto na noite anterior: a nave-mãe. Estávamos caminhando, e a coisa desceu a uma altura que calculamos a mais baixa até aquele momento. O objeto deixou-se cair até a altura de uns 90 ou 150 metros. Não estava escuro, podíamos vê-lo com nitidez. Continuava brilhante e faiscante, parecia muito perto e bem nítido. E lá estava uma pessoa no convés, como o denominei, na parte superior da nave. A professora, ao meu lado, comentou: "Fico imaginando se ele vai aterrissar no campo de jogos". E eu disse: — Por que não!? Dentro da nave, no convés, havia nitidamente quatro figuras; não há dúvida de que eram humanas. Também estavam visíveis dois outros discos menores, parados, um sobre as montanhas e outro exatamente sobre nós. Na nave-mãe, duas figuras visíveis pareciam fazer algo no centro do convés. Ocasionalmente, curvavam-se para frente, como se estivessem mexendo em qualquer coisa.[2] Uma das figuras parecia de pé, olhando para nós, que éramos um grupo de 12 pessoas – relatou o reverendo.

E o missionário considerou que aquele suposto olhar do tripulante teria de ser correspondido com alguma saudação. Então, num repente amistoso, o padre estendeu o braço e acenou, dizendo:

– Ei! Alô!

Aí, então, a surpresa foi geral:

– A figura que estava olhando para o grupo acenou, correspondendo ao meu aceno. O Eric, então, acenou com os dois braços. A figura também fez o mesmo, com os dois braços. Outro rapaz, que estava com o Eric, também acenou com ele. Em seguida, todas as quatro figuras do convés da nave acenaram. Nossos movimentos todos foram correspondidos. As 12 pessoas da missão ficaram absolutamente pasmas e, com satisfação, ruidosamente, soltaram os pulmões. À medida que a noite ia caindo, mandei Eric buscar umas tochas e acenei com elas em direção ao ufo, num movimento largo de braço. Um minuto depois, o ufo acusou a recepção do sinal, movimentando-se de um lado para outro, como pêndulo no ar. Continuamos acenando e agitando as tochas com euforia. O ufo, então, começou a aumentar de tamanho, devagar, dirigindo-se aparentemente para nós. Após um minuto, parou sua marcha; ao final de dois ou 3 minutos, as criaturas perderam o interesse por nós e desceram do convés para a parte inferior do objeto – relatou o padre Gill.

---

[2] O relato de movimentação dentro do convés tem semelhança com a descrição dada pela senhora Moreland, cujo caso está narrado aqui no capítulo *Ensaio sobre Extraterrestres*, ocorrido na Nova Zelândia, naquele quadrante ao sul da Papua, 14 dias antes do Caso Padre Gill.

PEDRO DE CAMPOS INSTRUÇÕES DE ERASTO

Os acontecimentos pareciam cessados. E o padre, numa atitude metódica, entrou para jantar. Essa sua atitude, descontraída, intrigou os investigadores do Projeto Livro Azul.

— Afinal, como é possível — perguntavam os mais céticos —, que no meio de tanta agitação o padre tenha ido jantar calmamente?

Alguns anos depois, essa mesma pergunta o doutor Hynek teria a oportunidade de fazer pessoalmente ao padre Gill, em Melbourne, na Austrália. E teve como resposta:

— Às vezes, quando me lembro do que fiz, pergunto-me, por quê?

De fato, com os acenos correspondidos, o padre não acreditara no que vira:

— Eu pensava também que se tratasse, talvez, de um dos vossos novos aparelhos da Força Aérea dos Estados Unidos – USAF – considerou o reverendo.

Segundo os apontamentos, após o jantar, às 19 horas, o ufo ainda estava no mesmo local, mas parecia menor em tamanho. Considerando mais importante a rotina religiosa, o padre e seu pessoal foram à igreja cantar os hinos e orar, enquanto a visibilidade piorava, não se avistando mais o objeto.

Foi aí que algo incomum novamente aconteceu.

Eram 22h40, quando houve uma enorme explosão junto à casa da missão. O padre saltou da cama assustado e saiu correndo para ver o que era. A explosão tinha acordado todo mundo. Todos queriam ver o que havia acontecido. Para surpresa geral, nada, em absoluto, fora observado no local. Não se soube se a explosão fora coisa da natureza ou algo produzido pelos discos voadores que ainda poderiam estar ali ocultos. Tudo permaneceu um mistério.

A indagação chave sobre o caso é a seguinte:

— Que conclusões poderiam ser tiradas dessas manifestações?

Fica claro que as espaçonaves eram reais, que podiam parar no ar e produzir um balanço pendular. Eram objetos luminosos e faiscantes. Por vezes, desapareciam e reapareciam, denotando operar processos de materializar e desmaterializar quando preciso fosse. Havia, no mínimo, uma nave-mãe em operação, lançando várias aeronaves menores.

Isso indica um grau de desenvolvimento técnico-científico deveras avançado, muito além do nosso. A velocidade dos objetos era algo fantástico e parecia não expandir a massa ou afetá-la. A materialização e a desmaterialização eram realizadas em pleno voo, sem impedimento na maneira de agir dos objetos menores. Se de fato for assim, a Teoria da Relatividade está subjugada no universo profundo de onde tais objetos emergem e não nos seria possível formular qualquer raciocínio positivamente científico para explicá-los.

À bordo da nave-mãe e das naves menores por certo deveria haver operadores qualificados e tripulação científica. Apenas no que seria o convés da nave-mãe, apareceram quatro seres. O tipo físico era tão semelhante ao humano a ponto de confundir os observadores em terra que, depois de avistá-los, tomaram-nos por homens e deles se desinteressaram, achando que os veículos fossem da Força Aérea, quando não eram.

Tal fato denota que as criaturas eram semelhantes às descritas pelo general Uchôa, no Caso Alexânia, e pela senhora Moreland, na aparição da Nova Zelândia, próxima àqueles quadrantes, verificada duas semanas antes. Portanto, embora haja relatos de haver alienígenas com características diferentes das nossas, por aquelas aparições o tipo humano parece não ser exclusivo do nosso planeta.

Com as evoluções de voo produzidas pelas aeronaves menores, seus operadores "pareciam se divertir", dando a impressão de que faziam tudo para "aparecer" aos olhos dos observadores em terra.

Esse procedimento parece denotar certo tipo de emoção dos operadores, sensações semelhantes às nossas. Se for assim, os tais ocupantes não poderiam ser robôs.

PEDRO DE CAMPOS INSTRUÇÕES DE ERASTO

Fica claro também que se aquelas criaturas quisessem fazer mal ou atacar os humanos, elas o teriam feito, sem dificuldade. Todavia, foram amistosas, respondendo aos sinais de terra com acenos de mão e, em seguida, aos acenos de tocha, com movimento pendular da nave.

Sem dúvida, tais procedimentos indicam disposição para novos contatos, mais efetivos, para entendimento mútuo.

Quando os acenos do pessoal em terra se tornaram repetitivos e vulgares, sem propósito de diálogo lógico, as figuras perderam o interesse, considerando, talvez, que um contato mais produtivo naquele momento não haveria.

Tudo leva crer que se tivesse ocorrido novas tentativas do padre para contatar as criaturas, em vez de ir jantar e de cantar os hinos na igreja, atitude da qual ele mesmo, depois, se arrependeria, as comunicações teriam prosseguido, porque a nave ficara ali estacionada, visível, até depois do jantar.

Considerando essas aparições e milhares de outras, inclusive os mais de 12 mil casos do Projeto Livro Azul, fica evidente que os investigadores oficiais do governo norte--americano eram homens de gabinete, trabalhadores com pilhas de papéis em suas mesas para dar uma solução cientificamente válida para cada caso.

Esses pesquisadores, quando em campo, faziam perguntas e mais perguntas, medições e mais medições, colhiam todo material possível para elaborar relatórios, formular teses e firmar posições cientificamente válidas, para com elas fazer valer as suas ideias nas reuniões e conferências de Ufologia, tanto na área militar quanto na civil.

Nos casos investigados pelos militares (talvez fosse melhor dizer "coletados"), não há indícios de ação prática que pudesse redundar em novo contato imediato. Em outras palavras, eram pesquisadores de casos ocorridos, mas não motivadores de novos casos. Ouviam as testemunhas e registravam os fatos. O laudo assim elaborado passava para outra mesa de trabalho e era completado por especialistas científicos que não se envolviam no caso prático. Finalmente, chegava à mesa de uma alta patente militar e, no mais das vezes, seguia depois para o arquivo morto, ficando à disposição das baratas do órgão militar pesquisador.

Em suma, não era um trabalho que visava aproveitar as informações para com elas tentar produzir um novo encontro de terceiro grau, tendo investigadores presentes para contatar os alienígenas. De fato, o objetivo não era esse. Numa linguagem do sítio – examinavam bem o galinheiro, mas não esperavam a raposa!

Além do Caso Padre Gill, em Boianai, houve na Papua mais 18 avistamentos e contatos. Nas proximidades, em Baniai, foram mais 13 casos; em Ruabapain, mais sete; em Dagura, mais seis; em Dabora, mais cinco; em Giwa, mais quatro; e outros oito casos distribuídos na parte oriental da Papua. Ao todo, foram 61 casos mais ou menos semelhantes ao do padre Gill, contendo detalhes preciosos, todos registrados nos documentos da USAF.

Hoje, conforme mostram as evidências, novos contatos poderão ser realizados quando nós, humanos, nos dispusermos a fazê-los. Para isso, é fundamental um novo entendimento do tema. Não se trata de modificar as pesquisas, mas de viabilizar contatos. Por certo, os resultados aparecerão quando novos métodos para isso forem implantados.

Dir-se-ia que, em vez de pesquisar casos ocorridos e na prática quase não sair disso, melhor seria tentar prover novos contatos com as informações das testemunhas, inclusive com a participação delas. Afinal, muitas delas fazem mais de um contato com os alienígenas. São exemplos disso os Casos Padre Gill, Mirassol, Alexânia e centenas de outros não tratados aqui. Estava certo quem disse: – a verdade está lá fora.

O *Contato de Primeiro Grau* está caracterizado por avistamento de relativa proximidade, geralmente à distância inferior a 200 metros, quando a testemunha observa o ufo com

PEDRO DE CAMPOS INSTRUÇÕES DE ERASTO

chance reduzida, quase desprezível, de estar vendo um fenômeno natural ou algo feito por tecnologia humana, como, por exemplo, satélite artificial, avião, balão, corpos celestes.

No primeiro grau, alguns pormenores do ufo podem ser vistos e relatados com segurança, mas o ufo não interage com a testemunha ou com o meio ambiente próximo, pelo menos de maneira evidente. Os Casos Kenneth Arnold e Exeter, relatados anteriormente, são exemplos de primeiro grau.

O *Contato de Segundo Grau* está caracterizado também por avistamento de proximidade. O ufo, de maneira variada, atua de modo evidente na natureza ou na testemunha. Nos encontros de segundo grau, o ufo deixa sinais físicos inequívocos no solo, em geral com depressões na vegetação, incineração da ramagem, marcas de mecanismos de pouso no solo, principalmente anéis ou triângulos, denotando atividade física de pairar próximo ao solo ou efetiva aterrissagem.

Nesses contatos, o engenho ufo, por efeito magnético ou radioativo, pode ocasionar: imantação nos metais; interferência nas ondas de rádio e televisão, na ignição de veículos com bateria, na fonte geradora de energia, na rede de transmissão, além de produzir efeitos radioativos ou ter essa capacidade.

Em seres animados, como os humanos e os animais, de acordo com algumas constatações médicas e relatos de testemunhas o contato de proximidade com o ufo pode ocasionar queimaduras, náuseas, alergias, paralisias temporárias, perdas de visão, tonturas, dores de cabeça, desidratação, perdas de cabelo, baixa contagem de linfócitos, suor, inchação. Quase todos os sintomas são descritos como passageiros, embora casos de exposição à radiação[3], presumivelmente térmica, de micro-ondas, tenham sido registrados como graves, incluindo efeitos secundários.

Exemplo típico ocorreu em 4 de novembro de 1957, no Brasil, por ocasião da descida de um ufo sobre o Forte Itaipu,

---

[3] Detalhes em BONDARCHUK, *UFO: Observações, Aterrissagens e Sequestros*, capítulo – Reações Físicas às Observações, p.39-59. Cf. Bibl.

UNIVERSO PROFUNDO

em Praia Grande, São Paulo. Nesse evento, dois soldados do Exército sofreram queimaduras e tiveram necessidade de socorro médico. Não obstante o segredo com que o caso fora tratado, a Embaixada dos Estados Unidos foi acionada. Oficiais do Exército e da Força Aérea vieram ao Brasil, ficando, segundo o major Donald Keyhoe,[4] caracterizado um evento alienígena com queimaduras graves nos dois soldados.

Os encontros de segundo grau interessam muito à ciência, porque podem ser estudados de maneira positiva em laboratório. São de grande interesse das Forças Armadas e das Universidades porque com eles, pelos efeitos físicos deixados, é possível estudar eventuais causas e associá-las às técnicas empregadas para produzi-los. Com isso, alguma visão científica pode ser obtida de seus protagonistas. Até agora, os efeitos físicos são muitos, mas não há uma peça de origem alienígena autenticada pela ciência oficial, à disposição do público.

É possível notar, pelas características apresentadas, que quando o contato adquire a posição de segundo grau, os efeitos físicos são intensos, podendo, inclusive, ser prejudiciais à saúde. Em razão disso, o assunto é sério e ele não permite cogitações levianas, investigações inábeis e posições místicas pré-concebidas, destituídas de lógica racional.

O *Contato de Terceiro Grau* está caracterizado pelo avistamento não somente do objeto voador, mas, também, do operador do objeto, dentro ou fora da nave.

Quando fora do engenho, trata-se de ocasião insólita, na qual o ser humano se defronta com a entidade alienígena, sem nada saber dela. Quando isso acontece, a testemunha está consciente e fica perplexa. Uma hesitação de espanto paralisa seu corpo até ela cair em si e pensar o que fazer, enquanto o alienígena a observa com frieza, porque planejara o encontro, realizando-o segundo as suas próprias condições. Embora não seja uma regra, o terceiro grau acontece em área isolada, distante dos aglomerados.

---

[4] KEYHOE, *A Verdade Sobre os Discos Voadores*, p.30-32. Cf. Bibl.

PEDRO DE CAMPOS INSTRUÇÕES DE ERASTO

Mesmo preocupado com os relatos ilusórios do tipo que se assemelha ao lunático, o doutor Hynek considerava de terceiro grau os casos em que o contatado, após o evento, dizia ter sido "convidado" a viajar na nave alienígena, tendo aceitado por vontade própria. Seria ele uma espécie de "amigo" do alienígena, um "escolhido" para outros contatos, cuja missão seria divulgar ao mundo tudo o que vira, já que as autoridades acobertam as ocorrências.

De modo geral, nesse tipo de contato a comunicação é conduzida por "eles", mas com plena interação do contatado. E quase sempre a conversa se faz por telepatia, embora entre "eles" possa haver comunicação verbal, conforme mostram os relatos. É exemplo de terceiro grau o Caso Padre Gill.

Em razão dos relatos de outros casos variantes, diferentes do clássico terceiro grau, decidiu-se fazer estudo detalhado a partir da década de 80. Então se considerou que os casos em que surgia a figura do alienígena praticando abdução e os casos em que "ele" se fizesse oculto, fazendo apenas contato psíquico, tais casos deveriam ser estudados em separado; assim, surgiram os contatos de quarto e quinto graus.

O *Contato de Quarto Grau* é chamado abdução, um tipo de sequestro praticado por seres alienígenas contra a vontade da pessoa. Não se trata de soltura da alma, mas de evento físico, em que a vítima é levada de corpo à nave. No mais das vezes, a abdução se processa em local isolado, em lugar ermo ou até mesmo dentro de casa. O abdutor adentra ao ambiente por teleportação e leva a vítima pelo mesmo processo.

Na nave, revela-se uma criatura estranha, indiferente, destituída de emoções e de sentimentos, aparentando não ser amigável nem hostil. A abdução tem sido relatada por pessoas sérias e conscientes; e quando se verifica apenas lampejos de abdução na testemunha, mas ela não se recorda plenamente dos fatos, trabalhos de regressão hipnótica são empregados, visando alcançar a suposta verdade.

Quase todos os abduzidos relatam ter sofrido, contra sua vontade, enquanto na nave, algum tipo de intervenção no corpo. O propósito alienígena é examinar a pessoa, coletar amostras corporais, realizar implantes e monitorar a vida do indivíduo, para saber mais sobre ele e a espécie humana.

Embora haja versões variadas quanto ao propósito das investidas, o fato é que os ufólogos ainda não concluíram o verdadeiro motivo delas. O que os aliens dão a entender, durante o evento, pode ser apenas uma dissimulação.

O trauma que advêm da abdução é intenso, sendo necessário tratamento médico, psicológico e assistência espiritual. Inúmeras pessoas já amargaram esse dissabor. É exemplo de abdução o Caso Hill, vivido nos Estados Unidos.

O *Contato de Quinto Grau* carece de consenso no meio ufológico quanto à sua precisa definição. Para nós, está caracterizado exclusivamente por atividade paranormal, um evento psíquico, podendo ou não ocorrer o aparecimento da nave nos céus durante o evento.

Geralmente, tais contatos são obtidos pela iniciativa de um canalizador (nome dado ao médium nos círculos contatistas) e o concurso de entidades alienígenas. No Espiritismo, pode ser chamado de Contato de Entidades Menos Materiais, ultrafísicas (UTs); caso em que o médium sintoniza por telepatia, clarividência ou clariaudiência uma entidade encarnada em outra esfera vibratória.

A canalização pode derivar também para o contato através de emancipação ou projeção da alma; evento em que a alma vai, mas o corpo fica. A soltura da alma não é abdução, mas artifício para contatar outras entidades, geralmente suprafísicas. Nesse evento, o corpo espiritual pode adentrar à nave e interagir com os alienígenas.

São exemplos do quinto grau: o Caso Alexânia, em seu período de canalização, com aparição da nave; os contatos com entidades suprafísicas tipo Ashtar Sheran, geralmente sem aparição da nave; as emancipações da alma em que o ser humano ou o alienígena esteja com a alma projetada.

Ressalta-se que a manifestação de espírito de um ser "falecido" em outro orbe, que vem à Terra e incorpora médium

PEDRO DE CAMPOS INSTRUÇÕES DE ERASTO

para cumprir missão, seria preferível chamar tal prática de comunicação de "espírito de outro orbe", para não confundi-la com o contato psíquico de entidade "encarnada" em corpo menos material. Chamar o "falecido" de "ET" e o contato de "extraterrestre" é a pior e mais anticientífica de todas as opções – cria indisposição, pois, no meio acadêmico, por definição, o ET seria físico como o homem, um astronauta. É preciso lembrar que o Espiritismo não contraria a ciência.

Dentre os cinco tipos de contatos mencionados, há que se fazer distinção entre o de *seres intrusos* e o de *seres visitantes*, independente da forma corpórea que possa ter o alienígena.

Os *intrusos* seriam aqueles que praticam atos contrários à nossa vontade, por isso não seriam bem-vindos, e com eles não poderíamos compactuar em nada. Esses são os responsáveis pelas abduções.

Durante o período denominado Guerra Fria, as bases militares russas e norte-americanas detectaram inúmeras vezes no radar a presença de estranhos objetos voadores no espaço de seus territórios. Os pilotos de jato avistaram os ufos e tentaram contato. Em razão da falta de resposta e da realização de manobras arrojadas, que denotavam facilidade dos ufos em subjugar os jatos, "eles" foram tomados como inimigos. Por inúmeras vezes o comando militar ordenou a derrubada dos intrusos; contudo, ao menos publicamente, não houve sucesso.

Os *visitantes*, ao contrário, seriam aqueles que não confrontam a nossa vontade; deveriam ser amistosos, assim como nós o seríamos com eles, caso fôssemos nós os visitantes; sendo assim, poderia haver contato amigável, para troca de experiências ou para sabermos da existência deles.

Com essas considerações, poderíamos dizer, por exemplo, que os operadores dos Casos Mirassol e Exeter seriam intrusos, enquanto os do Caso Alexânia, visitantes. Os operadores dos Casos Moreland e Padre Gill seriam, pelas características apresentadas, enquadrados sugestivamente

UNIVERSO PROFUNDO

como seres visitantes, enquanto os do Caso Kenneth Arnold ficariam indefinidos.

Contudo, em todos os casos de ufos, não seria possível atribuir qualificação absoluta, porque desconhecemos por completo as suas reais intenções – somente os contatos oficiais e ostensivos é que poderiam qualificá-los no futuro, de acordo com o que "eles" próprios venham a ofertar.

Aproveitando-nos de uma conferência em Los Angeles, dada pelo professor Vallee – "*A natureza psicofísica do ufo, uma estrutura especulativa*"–, vamos construir o nosso edifício, utilizando aquele alicerce para traçarmos as linhas gerais de um Projeto Contato, com o qual a Teoria do Universo Profundo (teoria ultraterrestre), talvez pudesse ser demonstrada.

Trata-se de estabelecer quatro alicerces para serem estudados, pesquisados e levados em consideração numa atividade científica, com emissão formal de três laudos ufológicos: o *científico*, o *médico-psíquico* e o *parapsíquico*.

Para elaboração desses laudos, quatro fundamentos distintos devem ser observados: o caráter *físico*, o *extrafísico*, o *fisiológico* e o *parapsicológico*.

Há que se considerar que a sociedade, de modo geral, embora dê atenção aos casos ufológicos, tende a rejeitar explicações com desequilíbrios psíquicos, fantasias, fraudes, posturas místicas pré-concebidas e tudo que não seja lúcido. Isso também nos cabe afastar de início.

Embora na Ufologia o comum esteja distante de acontecer, ainda assim as explicações de cunho científico devem prevalecer sobre as demais. Contudo, quando a ciência se revela insuficiente para explicar de maneira positiva a questão, então não nos resta alternativa senão explicar as ocorrências de natureza extrafísica, incomuns, lançando mão da filosofia, como hipótese, até que o positivismo da ciência se desenvolva e tenha condições de fornecer a sua contribuição.

O primeiro alicerce para estudo científico denomina-se *Fundamento Físico*.

De modo geral, o ufo é descrito pelas testemunhas como objeto de constituição material. É sólido e consistente. Aparenta ser metálico. Pode ser filmado e fotografado. Ocupa um local no espaço e desloca-se nele numa escala de tempo. Voa em altíssima velocidade. Faz manobras arrojadas e é detectado por radar. Ao aterrissar, deixa sinais na vegetação, queimando ou derrubando a ramagem. Quando pousa, gera depressões acentuadas no solo e deixa marcas do mecanismo de pouso. Produz sinais de luz, som e turbulência no ar. Interfere nas ondas de rádio e televisão. Interrompe a transmissão da eletricidade. Impregna de magnetismo o metal e produz radiação. Os operadores dos ufos são descritos como criaturas físicas, concretas, inteligentes e presentes no contato.

O segundo alicerce para estudo científico denomina-se *Fundamento Extrafísico*.

Embora as testemunhas relatem, num primeiro momento, o ufo como coisa física, como descrita no primeiro fundamento, num segundo instante a coisa passa a ter caráter extrafísico.

O que era material, no primeiro momento, em seguida desmaterializa. O inicialmente metálico e sólido, passa depois a faiscante e luminoso. O sólido e consistente desaparece e reaparece. O que era fotografado e filmado deixa de sê-lo. O visível no radar some instantaneamente, embora o objeto continue visível no ar. O que era objeto, não é mais – passa a ser "coisa". O que voava, não voa mais – simplesmente aparece e desaparece num lugar e outro.

Assim, as testemunhas relatam que os ufos mergulham nas águas e afundam no solo; são absorvidos por outros objetos em pleno voo; ficam nebulosos, sendo envolvidos por uma espécie de névoa; tornam-se transparentes; desaparecem num ponto e instantaneamente aparecem em outro.

Os operadores dos ufos, criaturas físicas e concretas, estranhamente parecem respirar a nossa atmosfera; adaptam-se a ela com incrível facilidade e podem até andar entre nós;

UNIVERSO PROFUNDO

mas, repentinamente, numa atitude incomum, param de respirar, passam a comunicar-se por telepatia, a volitar e desaparecem no ar misteriosamente.

Nessa descrição insólita, as leis da Física ficam subjugadas por completo e os ufos parecem mergulhar e emergir de um mundo desconhecido do nosso, mas efetivamente existente; um mundo novo, desconhecido, misterioso; algo como de antimatéria ou de matéria pelas avessas; invisível, mas absolutamente real; para nós, seria uma não localidade onde vivem seres de outra natureza, menos material que a nossa.

Trata-se, pelo menos, de uma constituição física subatômica, ainda desconhecida por nós, que enfeixaria ondas e partículas formando seres vivos e objetos funcionais, todos numa outra vibração da matéria, a qual precisaria ser teorizada para visualizarmos o insólito e iniciarmos pesquisas científicas para detectá-los positivamente.

O terceiro alicerce, para estudo científico, denomina-se *Fundamento Fisiológico*.

As testemunhas relatam reações no corpo, que podem ou não ser encontradas em exames de laboratório.

Trata-se de queimaduras, às vezes ligeiras, outras vezes sérias e graves. Os engenhos produzem sons intermitentes, podendo ser ensurdecedores. Vibrações no corpo são relatadas. Sensações de calor, formigamentos, náuseas, mal-estar, sonolência, dificuldade de respirar. Há casos de paralisia momentânea, perda temporária da memória ou da visão, quando exposta à forte luz do engenho.

Em casos de abdução, há relatos de implante de pequenos objetos no corpo da vítima, às vezes consistentes, podendo ser extraídos por ato cirúrgico. A abdução, em geral, produz desequilíbrio psíquico. Inúmeras sessões de regressão hipnótica em abduzidos revelaram que os relatos, embora "absurdos", eram verdadeiros para a vítima. Verificou-se também que os alienígenas, durante o período de abdução, executam exames e experiências procriadoras. Às vezes, seres híbridos são mostrados. Marcas sutis de práticas invasivas ao corpo são às vezes encontradas em exames específicos.

Não há dúvida de que as marcas físicas e as sugestões psíquicas exigem perícia e laudo médico oficial, para decifração do quebra-cabeça ufológico.

O quarto alicerce para estudo científico denomina-se *Fundamento Parapsicológico*.

Algumas testemunhas relatam que recebem, por telepatia, comunicação alienígena, mesmo não vendo a nave.

Em casos de abdução, a testemunha sempre relata que seu corpo físico levitou até a nave. Há relatos, inclusive, de que viram animais levitarem no céu, adentrando ao engenho.

São comuns relatos de emancipação da alma, que nesse estado adentra ao engenho e ali interage com os ocupantes.

Em certas ocasiões, ocorrem efeitos físicos ostensivos, tais como sons inexplicáveis, deslocamento de objetos pelo ar dentro e fora da nave, combustão espontânea etc.

Os ufos, às vezes, produzem movimentos que há pouco, quase instantaneamente, foram pensados pela testemunha.

De modo incrível, certas vezes, há relatos de que os aliens fazem curas inexplicáveis de doenças e até da deficiência física do contatado ou de pessoa ligada a ele.

Ao examinar tais características, fica claro que os avistamentos e contatos não podem ser explicados com os recursos da ciência convencional. Sendo assim, outras hipóteses, não convencionais, devem ser formuladas e debatidas, na tentativa de encontrarmos uma luz no fim do túnel, com a qual pudéssemos iluminar os enigmas do fenômeno ufo.

Caso seja encontrada uma teoria plausível, que possa explicar o insólito de maneira ampla e racional, mesmo que a teoria seja incomum valeria a pena testá-la, para sabermos se com ela poderíamos produzir contatos imediatos.

A Teoria do Universo Profundo, exarada em capítulo específico, tem o propósito de explicar filosoficamente a questão.

UNIVERSO PROFUNDO

Não se pretende com ela fazer do espírita um ufólogo nem do ufólogo um espírita, mas dar *uma visão espírita da Ufologia* para que outra matriz do mote seja alcançada.

A transformação dessa teoria em ciência experimental com desenvolvimento de método apropriado, somente seria possível por meio da ação prática de profissionais experientes, capacitados e com suporte técnico-científico capaz de detalhar e executar a tarefa. A isso damos o nome de Projeto Contato.

Um intento desse tipo não poderia ficar em mãos inábeis. O ideal seria que o comando da operação estivesse em mãos de órgão oficial com suporte de universidade, para possibilitar estudos de Astronomia, Astronáutica, Física, Química, Biologia, Psicologia, Psicobiofísica, Psiquiatria,laboratórios e recursos materiais necessários às investidas de campo. Qualquer intento fora de uma concepção científica organizada, ao menos de modo semelhante ao delineado, seria apenas tentativa de contato com características arrojadas de aventura, podendo tornar-se perigosa ou desgastante.[5]

Para execução dessas atividades, seria ideal uma equipe permanente de cinco pessoas: um representante oficial (para detalhamento, segurança, patrocínio e comando do Projeto), um especialista em ciências exatas (para elaborar o laudo científico), um especialista em ciências médicas (laudo médico e psicológico), um médium-parapsicólogo espiritista (laudo parapsíquico) e um ufólogo (conhecedor de campo e de técnicas de contato).

Por critério da equipe, a publicação dos resultados práticos na mídia especializada, formando inclusive um catálogo eletrônico, poderia dar conhecimento público em escala mundial sobre as operações realizadas no Projeto, além de dar subsídios para outras equipes investigativas, inclusive em outros países.

É óbvio que uma pesquisa de campo apenas poderia ser feita em local com história recente de avistamento, com ajuda da testemunha e com todo equipamento necessário.

---

[5] Observar considerações anteriores sobre Contatos de Segundo Grau, de Terceiro Grau e Fundamento Fisiológico neste capítulo. Além de que, sem a ciência para dar suporte, o desgaste moral poderia ser apenas decorrente.

Uma equipe somente poderia trabalhar com pequena quantidade de casos, levando a cabo um trabalho completo: vigília, investigação de campo, laboratório, laudos, divulgação.

A participação da testemunha e as técnicas conhecidas da Ufologia, como, por exemplo, as emissões de luzes da terra aos quatro pontos cardeais nos céus, seria um bom começo para tentar um contato oficial, cuja técnica teria de ser desenvolvida e aprimorada, segundo os resultados.

Fora de uma ação científica semelhante, ficaria difícil, como está sendo desde há muito, elucidar e desenvolver a intrigante questão ufológica.

A grandeza dos tempos atuais não comporta mais dizer que os operadores de ufos são seres angélicos, espíritos, criaturas do centro da Terra ou discípulos desse ou daquele mestre. A sociedade já não está mais propensa a aceitar histórias contando que Moisés, Elias e Jesus Cristo foram seres extraterrestres – isso é tido popularmente como obsessão e desequilíbrio daqueles que as contam.

Não dá mais para as pessoas ficarem sempre enxergando em cada pintura de caverna pré-histórica uma figura de astronauta. Não é mais possível ficar vendo no solo, em cada resquício de construção antiga, uma pista de pouso de espaçonave, quando nem mesmo o homem, para descer na Lua, precisou de uma pista de pouso. Apenas os encontros de terceiro grau poderiam alterar a história, não mais outras tentativas. Assim, estamos perfilando com o professor Hynek, considerando tudo isso insustentável. Por isso é preciso mudar.

Em linhas gerais, na Teoria do Universo Profundo foi postulado a eclosão da vida e o evolucionismo espiritual dos seres em mundos menos materiais, postados em outras dimensões do espaço-tempo.

Seguramente, há quem possa considerar essa Teoria apenas ficção. Todavia, se assim fosse, com certeza ela não seria ficção maior do que as outras hipóteses já formuladas sobre o tema. Porque considerar os extraterrestres viajantes do espaço exterior, seres que operam à velocidade da luz, viajantes do tempo ou moradores permanentes de estações espaciais errantes, enfim, todas as outras hipóteses incomuns – acaso seria isso menos ficção? Certamente, não! Portanto, a questão ultraterrestre, desenvolvida na Teoria do Universo Profundo, é, no mínimo, uma possibilidade que um Projeto Contato, talvez, pudesse certificar, mas ele não precisaria ficar restrito a ela.

Estamos perfilando com o célebre astrônomo e pesquisador de ufos doutor Allen Hynek, que após anos como principal consultor da Força Aérea dos Estados Unidos sentenciou:

— Os ufos podem ser oriundos de 'universo paralelo' ou de 'outra dimensão' em que penetram na nossa. Seja qual for a sua origem, a facilidade com que vêm à Terra nos sugere que podem fazer o que quiserem sem ter de estabelecer contato formal conosco.

Assim, somos nós que teremos de tentar um contato formal com "eles".

Estamos perfilando também com o conceituado pesquisador de ufos doutor Jacques Vallee, quando, em seu *The Invisible College*, registrou:

— Os objetos que chamamos de ufos não são objetos nem voam. Têm condições para se materializar como mostram as últimas fotos, e desobedecem às leis do movimento como nós as conhecemos... Eles poderiam ser oriundos de um local no tempo. E no caso da consciência poder manifestar-se fora do corpo, o campo para hipóteses tornar-se-ia ainda mais amplo.

No compasso evolucionista da vida, que não admite a criação instantânea de uma entidade inteligente colocada pronta em qualquer mundo do universo sem ter evoluído, etapa por etapa, estamos perfilando com Alfred Russel Wallace, quando na carta encaminhada a Alfred Erny, concluiu:

— A minha opinião é que toda materialização é obra de 'seres espirituais', os quais fazem o possível para se exibir nas condições ocorrentes no momento da sessão.

A Teoria do Universo Profundo nasce dentro do conceito evolucionista da vida, tendo como suporte a Teoria das Supercordas ou outra que melhor defina as várias dimensões do universo invisível, talvez paralelo ao nosso.

O naturalista que não perfilar conosco, certamente contestará o evolucionista Wallace, que viu a existência de outra vida além da matéria nos seres espirituais que se exibiam a ele.

Com a Teoria do Universo Profundo estamos perfilando com a Doutrina Espírita, considerando o renascimento do espírito nos mundos menos materiais, conformando corpos constituídos de antimatéria ou de matéria pelas avessas, como preferem outros, ou mesmo de subpartículas da matéria conhecida.

O espiritista que não perfilar conosco, é porque não está pronto para compreender o alcance dessa vida "encarnada" no mundo invisível e, por conseguinte, ainda precisa de tempo para marchar com Kardec no postulado da Pluralidade dos Mundos Habitados.

A questão dos discos voadores é realmente um tema intrigante. O disco, por si só, de certa forma nos é bem tolerado. Contudo, quando adicionamos a ele os seres operadores do engenho, com os quais poderíamos nos comunicar, as coisas começam a se complicar. E complicam-se muito mais quando vemos a possibilidade desses operadores serem humanoides, ou seja, criaturas cinzentas, homenzinhos verdes, homens de preto e outras denominações estranhas.

À medida que as possibilidades se vão tornando mais incomuns, mais difícil nos é a aceitação do extraterrestre, até que chegamos a um ponto-limite, a partir do qual avulta a desconfiança e, rapidamente, tudo caminha para o descrédito, independente de serem verdadeiros os relatos de aparições e contatos. Os nossos valores científicos, culturais, religiosos e ainda outros, arraigados em nós desde há muito, repelem o fato incomum, porque o insólito não se enquadra no modelo racional por nós idealizado.

Enquanto os discos e seus ocupantes são considerados coisas sólidas e criaturas físicas, assim como nós, o nosso

UNIVERSO PROFUNDO

entendimento deles se faz mais fácil e a hipótese extraterrestre parece viável. Contudo, à medida que raciocinamos e verificamos que a nossa ciência nos diz ser impossível existir seres como nós nos demais planetas do Sistema Solar, então a hipótese extraterrestre começa a ficar débil, difícil de ser aceita, porque a distância que nos separa de outros planetas do espaço exterior é monumental.

Essa distância não poderia ser superada por seres humanos de carne e osso como nós, nem mesmo utilizando as mais potentes máquinas voadoras que o nosso bom senso é capaz de idealizar, porque precisaríamos viajar milhares de anos para alcançá-los, sem saber se naqueles planetas extrassolares haveria vida inteligente. De lá para cá, deles para nós, o mesmo aconteceria se "eles" fossem seres da nossa mesma natureza física. Aí surge a pergunta inevitável:

— Se é assim tão difícil essa viagem, então quem são os seres que nos visitam?

Afinal, segundo os relatos, muitos deles são iguais a nós na aparência e respiram a nossa atmosfera. E outras questões são levantadas:

— Será que milhares de testemunhas de ufos estão loucas? Será que é tudo uma grande mentira? Será que há no mundo uma insanidade geral e descabida? Um micróbio chamado ufo que ataca crianças, adultos, trabalhadores, donas de casa, motoristas, guardas, padres, fazendeiros, médicos, generais e outros?

Por certo, caro leitor, não é isso!

Não podemos duvidar assim de gente séria, honesta e em estado de plena saúde. Algo verdadeiro de fato acontece. É preciso saber o quê.

Outra questão poderia ser levantada:

— Seria, então, o fenômeno ufo uma manifestação inconsciente da mente? Algo como nos estudos do renomado psicólogo doutor Carl Gustav Jung (1875–1961), discípulo e admirador da obra de Freud? Ou será que existe por parte das autoridades uma dissimulação planejada para encobrir tudo o que existe sobre os ufos?

Vejamos como o próprio doutor Jung se expressou em carta encaminhada por ele ao major Donald E. Keyhoe, militar norte-americano que durante 13 anos foi diretor do Comitê Nacional de Investigação sobre Fenômenos Aéreos – NI-CAP.Como ufólogo adepto da escola extraterrestre, Keyhoe defendia a hipótese de que astronautas de outros planetas podiam chegar à Terra; e se insurgiu contra os organismos oficiais norte-americanos, deixando claro em seus livros que as Agências responsáveis pelo assunto ufo não estão interessadas em tornar públicas suas descobertas. Vejamos a carta:

Caro major Keyhoe

Sou grato pelas muitas coisas corajosas que o senhor tem feito para esclarecer esse espinhoso problema da realidade dos ufos... Se for verdade que a Força Aérea Americana ou o Governo esconde os fatos do público, então se pode dizer que essa política é a mais estúpida e a mais contrária à psicologia que se poderia inventar. Nada favorece mais os boatos e o pânico do que a ignorância. É óbvio que o público deveria saber a verdade...
Sou, caro major, atenciosamente,

C. G. Jung[6]

Em uma conversa do doutor Allen Hynek, quando ainda cético, com o antigo Secretário Geral das Nações Unidas, doutor U Thant, o assunto ufo foi tratado abertamente.

— O que o senhor pensa sobre os extraterrestres? Eles poderiam possivelmente visitar o nosso mundo? – indagou o supremo mandatário das Nações Unidas.

— Como astrônomo, acho as distâncias e o tempo necessário para a viagem tão grande que isso exclui por completo essa ideia – respondeu o consultor da Força Aérea dos Estados Unidos.

U Thant, então, olhou para Hynek, arqueou as sobrancelhas e disse calmamente:

---

[6] KEYHOE, Donald E: A Verdade Sobre os DVs, p.304. Cf. Bibl.

UNIVERSO PROFUNDO

— O senhor sabe que eu sou budista e que nós acreditamos na vida em outro lugar?

— Como astrônomo, eu também acredito que haja, mas as condições físicas e, especialmente, o tempo que deve ser gasto numa viagem ao espaço exterior me parecem insuperáveis, considerou Hynek.

Diante da dificuldade alegada, o Secretário-Geral parou, recostou-se na cadeira e disse:

— Ah, mas o que nos pode parecer anos, pode ser apenas um dia ou dois para outros...

Mais tarde, Hynek escreveria sobre essa conversa:

— De fato, o que dissera U Thant, assim pode ser. Nós sabemos tão pouco sobre o vasto universo, pousados assim como estamos sobre o nosso pequeno ponto vantajoso, a Terra, que as coisas muito além da nossa imaginação podem na verdade ser possíveis.[7]

O professor Hynek, quando deixou o ceticismo de lado e admitiu a hipótese dimensionalista, chegou a considerar a teoria extraterrestre quase descartável, a ponto de qualificá-la como insustentável:

— Há visitas demais à Terra para que os ufos possam ser veículos extraterrestres, de matéria sólida.[8]

Ainda que a extensão da vida humana fosse aumentada três vezes e a velocidade de viagem fosse dramaticamente alta, ainda assim, o nosso corpo seria de carne, a distância monumental e o tempo conspirariam contra nós, impedindo-nos de qualquer viagem tripulada ao espaço exterior.

O raciocínio de lá para cá deve ser o mesmo. Por ter os pés no chão e a cabeça raciocinando, Hynek e seus seguidores teriam de buscar outra hipótese plausível.

Levando em conta que os discos e seus operadores continuam a fazer as suas aparições, de algum local seguramente devem vir. Por exclusão, não nos restaria alternativa senão pensar na hipótese mais difícil de todas – a de que os operadores sejam originários de um mundo paralelo, invisível para

---

[7] HYNEK, J. Allen: *OVNI – Relatório Hynek*, p.7. Cf. Bibl.
[8] STRIGFIELD. *Situação Alerta...*, p.45. Cf. Bibl.

PEDRO DE CAMPOS INSTRUÇÕES DE ERASTO

nós, ou de outra dimensão do espaço-tempo, explicada pela Teoria Ultraterrestre.

Considerando algo semelhante, Hynek e Vallee vislumbraram a oportunidade da escola dimensionalista, que nasceu por insuficiência[9] da hipótese extraterrestre.

A dimensionalista é a mesma de que falara veladamente o budista U Thant, na conversa que tivera com Hynek. De fato:

— Em 1975, Hynek demonstrou uma tendência para se referir aos ufos com sendo 'uma coisa' ou 'uma forma de pensamento' de outro reino ou de outra dimensão.[10]

Com certeza, podemos dizer que ultraterrestre (UT) é termo vindo do latim. Está composto de duas partes: *ultra*, "que está além", + *terrestre*, "da terra ou a ela referente como matéria, denso e transitório". Assim, por definição, o UT seria uma criatura cuja densidade corpórea estaria além da matéria terrestre, fora dos limites da matéria densa, mas ainda constituído de corpo transitório, dotado de ciclo vital limitado.

Considerando que os planetas do universo se formaram com praticamente os mesmos elementos fundamentais existentes na Terra, esse tipo de vida menos material estaria presente nas esferas suprafísicas, segundo os postulados espiritistas, numa vibração além da matéria densa dos mundos tridimensionais.

As características de tais criaturas foram relatadas nos contatos ufológicos. O UT é tido como entidade alienígena de outra dimensão, seja deste universo ou de outro paralelo ao nosso. Trata-se de uma criatura diferente do espírito – embora tão invisível quanto ele aos nossos olhos, mas, diferente dele, estaria encarnada numa esfera não espiritual.

Assim como o homem, o UT teria um ciclo vital: nasce, cresce, reproduz, envelhece e morre. Poderia viajar pelas várias dimensões do espaço-tempo e materializar seu corpo ultrafísico de modo semelhante ao espírito; contudo, enquanto o

---

[9] VALLE, 1979, p178-180, pontua sobre a "pobreza de hipóteses", e mais tarde desenvolveria o tema em *The Invisible College*.

[10] STRIGFIELD, *Situação Alerta...*, p.41. Cf. Bibl.

UNIVERSO PROFUNDO

espírito se materializa por um efeito de ectoplasmia, usando os fluídos corpóreos do médium, o UT o faria por teleplastia, adensando seu corpo menos material.

O corpo ultrafísico do UT seria formado por uma espécie de energia, um plasma luzente postado numa oitava acima da vibração sólida; tal bioforma lhe permitiria agregar outros substratos, manipular a luz com a qual poderia fazer quase tudo e adensar seu corpo, deixando-o tangível na terceira dimensão. A isso damos o nome de teleplastia.

Foi o astrônomo e espiritista francês Camille Flammarion (1842-1925), quem grafou pela primeira vez o nome ultra-terrestre em obra literária. Ele o fez no livro *Récits de l'infini*, editado na França, em 1872. No Brasil, a obra foi publicada em 1938, pela Federação Espírita Brasileira (FEB), com o título *Narrações do Infinito*. Traduzida do francês para o inglês recebeu o título *Lumen*, e é encontrada nas livrarias da Europa, concentrando a atenção dos aficionados.

A entidade UT, descrita na Primeira Narrativa de Flammarion, causou impressão positiva. Hoje, o termo é usado para definir entidades "menos materiais", encarnadas em esferas sutis de outros mundos. Chico Xavier registrou a existência de tais criaturas (sem citar o nome), no livro *Cartas de uma morta*.

Quem examina as obras da Doutrina Espírita nota que Kardec registrou nelas um cosmos de composição quântica, por assim dizer, composto de várias dimensões, dentre as quais: a dimensão do foco inteligente [espírito], a do molde biológico semimaterial [perispírito], a do corpo menos material [encarnação ultraterrestre], a do corpo material sólido [encarnação terrestre e extraterrestre], a do corpo mais material [encarnação em organismos semelhantes aos cristais e aos vírus], e ainda outras estratificações distantes do saber humano. Se no século XIX essas dimensões eram inconcebíveis, hoje, porém, elas repontam como possibilidade científica, considerando-se que o mundo da ciência fala na existência de onze ou mais dimensões.

Nelas, segundo os postulados espiritistas, podemos dizer que haveria uma "química sutil" e uma "física de partículas" juntando estruturas numa oitava acima da nossa, as quais formariam mundos e entidades vivas numa vibração de requinte apurado. Nessas esferas, os espíritos poderiam formar novas composições corpóreas, plasmar corpos daquele tipo de luz e deles fazer uso para evolucionar em ambiente sublimado.

Com os avanços da Física teórica, tal hipótese reponta como algo pensável, corroborada, inclusive, pelos argumentos incomuns das *Escrituras Sagradas*, as quais registram que a Terra fora visitada por entidades sutis com evolução em grau avançado. Se na Antiguidade era impossível entender cientificamente a questão, o mesmo não se pode dizer hoje.

Segundo os espíritos codificadores, os UTs estão presentes nas dimensões de planetas do Sistema Solar, conforme registrou[11] Kardec. É dito que nessa bioforma incomum o espírito encarna, por assim dizer, para cumprir um ciclo de vida e adquirir experiência numa "ordenação de vida"[12] sem as dificuldades que a matéria densa proporciona. Hoje, embora se cogite desse tipo de vida, trata-se ainda de algo totalmente alheio ao saber científico.

Essa entidade incomum, segundo os espíritos, usa de nave etérea, por assim dizer, a chamada "morada de pássaros",[13] conforme publicou Kardec, um engenho construído no mundo das partículas. Viaja num hiperespaço, composto de várias dimensões. Pelos testemunhos, sabe-se que pode converter, por tempo relativo, seu próprio corpo e seus engenhos em massa similar à terrestre, ficando tangível no mundo tridimensional.

Seria essa a razão do controle aéreo registrar em vários países a presença de tráfego ufo, quase sem chance de positivação concreta, motivada, talvez, pela rápida desmaterialização do objeto e pelo controle eficaz do alienígena em seu processo.

Na Terra, a comunicação do UT com o homem é geralmente por telepatia, por clarividência e, também, materializado; em

---

[11] *O Livro dos Espíritos*, P.188ndr; *A Gênese* VI:61; XIV:8.
[12] *O Evangelho Segundo o Espiritismo*, III:8-18; XXVII:77.
[13] Revista Espírita, ago.1858, *Habitações em Júpiter*. Cf. Bibl.

UNIVERSO PROFUNDO

estado normal, a entidade não incorpora médium, mas poderia fazê-lo ocasionalmente, de modo não ostensivo, caso estivesse emancipada do corpo; na nave, geralmente, comunica-se com a alma humana projetada; pode também se manifestar por meio de aparelhos, como na chamada TCI-Alien.

Deve ter-se em mente que o UT não é o extraterrestre procurado pelos pesquisadores científicos, mas sim uma inteligência suprafísica.

O ET procurado pela ciência seria uma criatura de corpo sólido, evoluído num ambiente tridimensional como a Terra, sem necessidade de ser igual ao homem na aparência e na constituição orgânica. Sendo biologicamente denso, para vir a Terra precisaria fazer uso de nave espacial, praticar algum tipo de teleportação e vencer as monumentais distâncias interestelares. Não seria um tipo que se materializa, varando dimensões, como o UT, mas que se transporta para vir à Terra, pois seu corpo é denso.

Na Ufologia, admite-se que os ETs poderiam chegar à Terra pelos *Warmholes* (Buracos de Minhoca), uma formação de tubos no espaço-tempo que permitiria viagens quase instantâneas no cosmos, mas ainda não se sabe como fazê-las.

Os esforços científicos financiados pela tributação do povo são feitos para encontrar ETs de natureza sólida, criaturas que estariam muito distantes do Sistema Solar; mas, até agora, nenhum planeta com vida inteligente foi achado.

Por lógica, a casuística ufológica de ETs seria raríssima. Mas a verdade é que estamos diante de uma fartura de casos, de incontáveis testemunhos de contato e relatos numerosos de abdução. Diante disso, ao examinarmos as hipóteses, vemos que a ultraterrestre leva nítida vantagem sobre as demais. Na atualidade, para a maior parte dos aficionados, os nossos visitantes seriam, na sua maioria, entidades suprafísicas: UTs.

A Teoria ultraterrestre é a mesma da do corpo menos material de Kardec. As dimensões do espaço-tempo da Teoria, que abrigam vida invisível, são chamadas de "mundos menos materiais" por Kardec, e as esferas mais sutis são os "mundos espirituais". O codificador espiritista registrou também a existência de "mundos como a Terra", habitados por seres como nós, hoje chamados extraterrestres. Assim, para o Espiritismo, a Ufologia é integral (ultra e extraterrestre).

Pode ocorrer comunicação tanto com UTs, em aparições enigmáticas, quanto com ETs, por meio de tecnologia capaz de operar longas distâncias. Todavia, seja o contato com esta ou aquela criatura, somente a questão filosófica não resolve o enigma dos ufos.

Se ao avistar um ufo for possível identificá-lo como engenho não terrestre, então não é demais considerar que todo efeito inteligente tem uma causa inteligente, sendo preciso contatar o intelecto causador do fenômeno para entender a questão. Por certo, sendo inteligente, "ele" falaria por si próprio. Não se trata de ilusão ou retórica, mas de ciência articulada com Projeto de Contato, ciência prática na mais pura acepção da palavra, não mais filosofia, ainda que de início, talvez, pudéssemos ficar apenas na observação.

É preciso recordar que os fatos espíritas surgiram nos Estados Unidos espontaneamente. Uma década depois, os espíritos batedores estavam na Rússia e em outros países da Europa produzindo efeitos físicos fantásticos: pessoas levitavam a 20 metros de altura, transportes de objetos sólidos realizados sem causa aparente, sessões fantásticas de materialização e desmaterialização, sem fraude, obtidas por médiuns diversos, sob os olhares perplexos de centenas de pessoas.

Somente após essa casuística incomum os espíritos batedores começaram a movimentar cestas e dar sinais mais efetivos de comunicação. O mundo dos mortos veio então à tona. O que era inexplicável, fantástico e medonho, com a codificação espírita começou a ser corriqueiro.

Os espíritos então se puseram em comunicação com mais frequência. Hoje, conversar com eles é fato comum. Diariamente são realizadas milhares de manifestações mediúnicas nas Casas Espíritas.

UNIVERSO PROFUNDO

Por sua vez, também hoje, o contato com entidades UTs está ocorrendo de modo semelhante ao dos espíritos na época da codificação. Isso, por certo, tem um propósito definido. É preciso notar que o mundo invisível não é composto apenas por espíritos de falecidos, mas também por espíritos encarnados em corpos menos materiais. Ambos podem se comunicar na Terra.

Os ultraterrestres, de modo rotineiro, não se comunicam em ambiente fechado, mas o fazem em campo aberto, exibindo os seus objetos voadores. Não poderiam fazê-lo de maneira brusca, materializando a nave no centro de uma cidade grande, porque talvez houvesse um descontrole e uma convulsão geral.

As aparições ufológicas de hoje, segundo Erasto, são preparativos para contatos mais efetivos com o homem no futuro, sem tempo marcado, quando a humanidade estiver preparada para o encontro. Até que um dia, no porvir, os contatos poderão ser regulares, assim como hoje o são os contatos espirituais que no passado causavam tanto temor e desconforto ao homem.

A grandeza dos tempos atuais comporta o evolver de uma ciência experimental com fundamento espírita que pode ser aplicada no campo ufológico. Porque o espírito não é oriundo desta ou daquela nação, deste ou daquele orbe, mas um intelecto cósmico que pode evolucionar nos mundos físicos, gasosos e radiantes, nas várias dimensões do espaço-tempo e nas esferas espirituais de todos os mundos. Novos tempos estão apenas começando. Finalizando:

> "Este livro é uma nova janela aberta para o estudo dos fenômenos invisíveis. É uma voz de união e de concórdia que se levanta delineando para vós uma visão espírita da Ufologia. Em nome do 'Espírito Verdade', eu vos abençoo! – *Erasto*."

* * * * *

APÊNDICE

SEMELHANÇAS E CONTRASTES

QUESTIONAMENTOS	ESPÍRITO	ULTRATERRESTRE
Qual a sua composição corporal?	Quintessência psíquica	*Antimatéria ou plasma ultrafísico*
São normalmente visíveis por nós?	Não	Não
A nossa alma emancipada poderia vê-los?	Sim	Sim
Vivem em colônia espiritual?	Sim	Não
Vivem em mundo menos material?	Não	Sim
São habitantes de mundo espiritual transitório?	Sim	Não
Onde moram há nascimento e morte?	Não	Sim
Podem procriar em seu mundo?	Não	Sim
Podem materializar-se na Terra?	Sim, por ectoplasmia	Sim, por teleplastia, adensando o plasma corpóreo

Quando materia-lizados, podem procriar?	Não	Não – falta genética compatível
Quando mate-rializados, pode perecer?	Não	Sim
Podem ficar ma-terializados por muito tempo?	Não	Não
É possível fazerem contato?	Certamente	Provavelmente
O que deve ser feito para contatá-los?	Evocação mediúnica	Projeto Contato
Em que estado de percepção se dá o contato?	Mediúnico	Natural de vigília
Comunica-se com o homem por telepatia?	Sim	Sim
No mundo em que habitam, estão encarnados?	Não	Sim, estão renascidos
Incorporam médium em sessão espírita	Sim	Não
Podem ser atraídos para desfazer o que fizeram?	Sim	Não
De onde "eles" vêm?	De esfera espiritual	De mundo menos material
Para virem à Terra usam algum ufo?	Não	Sim

Por que há abundância nas manifestações?	Mediunidade fácil	Viagem e transmutação fáceis
Podem fazer bem ou mal ao homem?	Relativamente	Relativamente
Em que corpo do homem "eles" atuam?	No corpo espiritual	No corpo carnal, principalmente
Em que estado corpóreo atuam na Terra?	Perispiritual	Materializado
Podem levitar e transportar um corpo físico?	Sim	Sim
Praticam abdução física e transportam ao ufo?	Não	Sim – os de fraca mora-social
Interferem para arrebatar a alma no sono?	Sim	Não podem por si sós
Há algo que os impede de ficar na Terra?	Não, estão entre nós	Sim, leis físicas e receio
Como se livrar deles?	Prece, conduta moral	Despedi-los com firmeza
Como ficar em segurança?	Ter fé, amor, moral	Não compactuar com a ação
O que Jesus Cristo fora quando na Terra?	Espírito puro encarnado	Não era ultrafísico materializado

NOTAS

1 – As respostas estão reduzidíssimas, são apenas *flashes*; nem todas devem ser entendidas em sentido absoluto, já que outros desenvolvimentos ainda caberiam. O conteúdo do livro deve ser observado para melhor entendimento de cada uma delas.

2 – A hipótese ultraterrestre considera a vinda à Terra de outra civilização de seres inteligentes do espaço, de uma dimensão além da terceira, seres formados de um plasma de matéria sutil, ao nível das subpartículas, ou, talvez, de antimatéria, a qual está além do mundo físico, postada no ainda imponderável.

3 – A hipótese extraterrestre – ou seja, a vinda à Terra de seres de matéria densa e facilmente perecíveis, oriundos de planetas extrassolares, está afastada pela ciência oficial, em razão da monumental distância-tempo que nos separa. Mas se supõe que tais seres poderiam ser contatados à distância, por meio de tecnologia apropriada. Na Ufologia, em razão da casuística, ficou mais harmônico considerar que ETs sólidos poderiam chegar à Terra viajando através dos Buracos de Minhoca (teoria científica dos *Warmholes*), supostos tubos abertos artificialmente no espaço-tempo que permitiriam viagens interestelares sem quase gastar tempo, quase instantâneas.

4 – Os contrastes dados no quadro ajudam a diferenciar as entidades, mas é preciso destacar que Ufologia é estudo do objeto voador não identificado – do ufo. O que identifica

inequivocamente o alienígena é o seu ufo e "ele" mesmo como criatura física ou materializada. Enquanto ele não materializar sua nave e disser por si próprio a que veio, qualquer comunicação psíquica seria considerada como de espírito errante, até outros vestígios em contrário, pois, sem a nave, não há Ufologia. E sem o ufo, não há certeza de a criatura ser de fato alienígena.

BIBLIOGRAFIA

AKSAKOF, Alexandre. *Animismo e Espiritismo*. 4 ed. Rio de Janeiro: Federação Espírita Brasileira, 1987,2 vols.

ANDRADE, Hernani Guimarães. *Poltergeist*. 2 ed. São Paulo: Pensamento, 1993.

―――.*Parapsicologia, uma visão panorâmica*. Bauru: FE, 2002.

―――.*Morte, renascimento, evolução*. 6ed. São Paulo: Pensamento, 1995.

―――.*Espírito, perispírito e alma*. 7 ed. São Paulo: Pensamento, 1998.

―――.*PSI quântico*. Votuporanga: Didier, 2001.

―――.*Você e a reencarnação*. Bauru: Ceac, 2002.

ATLAS VISUAL – O universo. São Paulo: Círculo do Livro, 1996.

BÍBLIA – de Jerusalém. São Paulo: Edições Paulinas, 1986.

BÍBLIA – de referência Thompson. Flórida: Vida, 1995.

BONDARCHUK, Yurko. *UFO – Observações, aterrissagens e sequestros*. 2 ed. São Paulo: Difel, 1982.

BRIAZACK, Norman J. & MENNICK, Simon. *O guia dos UFOs*. São Paulo: Difel, 1979.

BUTTLAR, Johannes von. *O fenômeno UFO*. 10ed. São Paulo: Círculo do Livro, 1987.

CAMPOS, Pedro de. *Colônia Capella – A outra face de Adão*. 10 ed. São Paulo: Lúmen Editorial, 2003.

CAPRA, Fritjof. *O tao da física*. 20 ed. São Paulo: Cultrix, 2000.

―――.*O ponto de mutação*. 23 ed. São Paulo: Cultrix, 2002.

COSTA, Vitor Ronaldo. *Apometria, novos horizontes da medicina Espiritual*. 2 ed. Matão: O Clarim, 2000.

DAVIES, Paul. *Outros mundos*. Lisboa: Edições 70, s.d.

DOYLE, Arthur Conan. *História do Espiritismo*. São Paulo: Pensamento, s.d.

DURRANT, Henry. *Primeiras investigações sobre os humanoides extraterrestres*. São Paulo: Hemus, 1980.

ERNY, Alfred. *O psychismo experimental*. Rio de Janeiro: Garnier, s.d. Originais de 1894.

FLAMMARION, Camille. *Urânia*. 4ed. Rio de Janeiro: Federação Espírita Brasileira, 1979.

GOMIDE, Fernando de Mello. *Impacto histórico e inteligência extraterrestre*. Petrópolis: Vozes, 2000.

GOSWAMI, Amit. *O universo autoconsciente*. 4 ed. Rio de Janeiro: Rosa dos Tempos, 2001.

HAWKING, Stephen. *O universo numa casca de noz*. 6 ed. São Paulo: Arx, 2002.

_____ & MLODINOW, L. *Uma nova história do tempo*. Ediouro: Rio de Janeiro, 2005. Trata-se de revisão e atualização do livro de Hawking: *Uma breve história do tempo*, 1988.

HOPKINS, Budd. *Intrusos*. Rio de Janeiro: Record, 1991.

HYNEK, J. Allen. *OVNI – Relatório Hynek*. Lisboa: Portugália, s.d.

– – – .*Ufologia: uma pesquisa científica*. Rio de Janeiro: Nórdica, s.d.

História do homem nos últimos dois milhões de anos. 4 ed. Porto: Reader's Digest, 1978.

JACOBS, David M. *A ameaça*. Rio de Janeiro: Rosa dos Tempos, 2002.

KARDEC, Allan. *O livro de Allan Kardec*. São Paulo: Opus. s.d. Contém biografia de Allan Kardec e as obras: *O Livro dos Espíritos*, *O que é o Espiritismo*, *O Livro dos Médiuns*, *O Evangelho Segundo o Espiritismo*, *O Céu e o Inferno*, *A Gênese*, *Obras Póstumas*.

– – – .*Revista Espírita – jornal de estudos psicológicos*. Período de 1858-1869. São Paulo: Edicel, s.d.

KEYHOE, Donald E. *A verdade sobre os discos voadores*. São Paulo: Global, 1977.

MICHAELUS. *Magnetismo espiritual*. 5 ed. Rio de Janeiro: Federação Espírita Brasileira, 1989.

MOURÃO, Ronaldo R. F. *Explicando astronáutica: o homem e a conquista do espaço.* Rio de Janeiro: Ediouro, 1984.

OPÁRIN, Alexander. *Habitantes extragalácticos.* São Paulo: Hemus, s.d. Original *La vie dans l'univero.*

Os Pré-socráticos. São Paulo: Nova Cultural, 1991,série: Os Pensadores.

OWEN, Robert Dale. *Religião em litígio entre este mundo e o outro.* Rio de Janeiro: FEB, 1938.

PEREIRA, Guilherme & BÜHLER, Walter K. *Livro branco dos discos voadores.* Petrópolis: Vozes, 1985.

PRANTZOS, Nicolas. *Viagens no futuro.* Lisboa: Piaget, 1998.

RANIERI, R.A. *Materializações luminosas.* São Paulo: Feesp, s.d.

RAULIN, François. *A vida no cosmos.* Lisboa: Piaget, 1993.

RICHET, Charles. *Tratado de metapsíquica.* São Paulo: Lake, s.d. vol. I e II.

RINALDI, Sonia. *Contatos interdimensionais.* 2 ed. São Paulo: Pensamento, 2000, com CD.

RUPPELT, Edward J. *Discos voadores: relatório sobre os objetos aéreos não identificados.* São Paulo: Difel, 1959.

SAGAN, Carl. *A civilização cósmica.* Brasil: Artenova, 1976.

SCOTT, Andrew. *A criação da vida, do químico ao animal.* Lisboa: Terramar, 1986.

STEIGER, Brad. *Projeto livro azul.* 3 ed. Lisboa: Portugália, 1976.

STRINGFIELD. Leonard H. *Situação alerta, o novo cerco dos ovnis.* Rio de Janeiro: Nórdica, s.d.

UCHÔA, A. Moacyr. *A parapsicologia e os discos voadores.* 3 ed. Brasília: Horizonte, 1981.

———.*Mergulho no hiperespaço.* 3 ed. Brasília: Horizonte, 1981.

VALLEE, Jacques & Janine. *Desafio à ciência: o enigma dos discos voadores.* São Paulo: Global, 1979.

VIEIRA, Waldo. *Projeções da consciência.* 2 ed. São Paulo: Lake, 1982.

XAVIER, Francisco Cândido. *Cartas de uma morta*. 8 ed. São Paulo: Lake, 1981.

———.*Nosso lar*. 24 ed. Rio de Janeiro: Federação Espírita Brasileira, 1982.

———.*Pinga fogo*. 5 ed. Sobradinho: Edicel, 1997.

———.& VIEIRA, Waldo. *Evolução em dois mundos*. 6 ed. Rio de Janeiro: Federação Espírita Brasileira, 1958.

WANTUIL, Zêus. *As mesas girantes e o Espiritismo*. 1 ed. Rio de Janeiro. Federação Espírita Brasileira. s.d.

ZÖLLNER, J.K. Friedrich. *Provas científicas da sobrevivência, física transcendental*. 6 ed. Sobradinho: Edicel, 1996.

Leia os romances de Schellida!
Emoção e ensinamento em cada página!
Psicografia de **Eliana Machado Coelho**

O Brilho da Verdade
Samara viveu meio século no Umbral passando por experiências terríveis. Esgotada, consegue elevar o pensamento a Deus e ser recolhida por abnegados benfeitores, começando uma fase de novos aprendizados na espiritualidade. Depois de muito estudo, com planos de trabalho abençoado na caridade e em obras assistenciais, Samara acredita-se preparada para reencarnar.

Um Diário no Tempo
A ditadura militar não manchou apenas a História do Brasil. Ela interferiu no destino de corações apaixonados.

Despertar para a Vida
Um acidente acontece e Márcia, uma moça bonita, inteligente e decidida, passa a ser envolvida pelo espírito Jonas, um desafeto que inicia um processo de obsessão contra ela.

O Direito de Ser Feliz
Fernando e Regina apaixonam-se. Ele, de família rica, bem posicionada. Ela, de classe média, jovem sensível e espírita. Mas o destino começa a pregar suas peças...

Sem Regras para Amar
Gilda é uma mulher rica, casada com o empresário Adalberto. Arrogante, prepotente e orgulhosa, sempre consegue o que quer graças ao poder de sua posição social. Mas a vida dá muitas voltas.

Um Motivo para Viver
O drama de Raquel começa aos nove anos, quando então passou a sofrer os assédios de Ladislau, um homem sem escrúpulos, mas dissimulado e gozando de boa reputação na cidade.

O Retorno
Uma história de amor começa em 1888, na Inglaterra. Mas é no Brasil atual que esse sentimento puro irá se concretizar para a harmonização de todos aqueles que necessitam resgatar suas dívidas.

Força para Recomeçar
Sérgio e Débora se conhecem a nasce um grande amor entre eles. Mas encarnados e obsessores desaprovam essa união. Conseguirão ficar juntos?

Lições que a Vida Oferece
Rafael é um jovem engenheiro e possui dois irmãos: Caio e Jorge. Filhos do milionário Paulo, dono de uma grande construtora, e de dona Augusta, os três sofrem de um mesmo mal: a indiferença e o descaso dos pais, apesar da riqueza e da vida abastada. Nesse clima de desamor e carência afetiva, cada um deles busca aventuras fora de casa e, em diferentes momentos, envolvem-se com drogas, festinhas, homossexualismo e até um seqüestro.

Obras da médium Maria Nazareth Dória
Mais luz em sua vida!

A SAGA DE UMA SINHÁ (espírito Luiz Fernando - Pai Miguel de Angola)
Sinhá Margareth tem um filho proibido com o negro Antônio. A criança escapa da morte ao nascer. Começa a saga de uma mãe em busca de seu menino.

LIÇÕES DA SENZALA (espírito Luiz Fernando - Pai Miguel de Angola)
O negro Miguel viveu a dura experiência do trabalho escravo. O sangue derramado em terras brasileiras virou luz.

AMOR E AMBIÇÃO (espírito Helena)
Loretta era uma jovem nascida e criada na corte de um grande reino europeu entre os séculos XVII e XVIII. Determinada e romântica, desde a adolescência guardava um forte sentimento em seu coração: a paixão por seu primo Raul. Um detalhe apenas os separava: Raul era padre, convicto em sua vocação.

SOB O OLHAR DE DEUS (espírito Helena)
Gilberto é um maestro de renome internacional, compositor famoso e respeitado no mundo todo. Casado com Maria Luiza, é pai de Angélica e Hortência, irmãs gêmeas com personalidades totalmente distintas. Fama, dinheiro e harmonia compõem o cenário daquela bem-sucedida família. Contudo, um segredo guardado na consciência de Gilberto vem modificar a vida de todos.

UM NOVO DESPERTAR (espírito Helena)
Simone é uma moça simples de uma pequena cidade interiorana. Lutadora incansável, ela trabalha em uma casa de família para sustentar a mãe e os irmãos, e sempre manteve acesa a esperança de conseguir um futuro melhor. Porém, a história de cada um segue caminhos que desconhecemos.

JÓIA RARA (espírito Helena)
Leitura edificante, uma página por dia. Um roteiro diário para nossas reflexões e para a conquista de uma padrão vibratório elevado, com bom ânimo e vontade de progredir. Essa é a proposta deste livro que irá encantar o leitor de todas as idades.

MINHA VIDA EM TUAS MÃOS (espírito Luiz Fernando - Pai Miguel de Angola)
O negro velho Tibúrcio guardou um segredo por toda a vida. Agora, antes de sua morte, tudo seria esclarecido, para a comoção geral de uma família inteira.

Dois romances emocionantes do espírito Daniel!

Psicografia de Vanir Mattos Torres

PLANTANDO O AMOR

Portugal, 1792. Em meio a mudanças políticas em Lisboa e ainda vivendo sob os ecos da Inquisição, uma pacata cidadezinha interiorana é o cenário da história de Leopoldo, um humilde jardineiro que possui um dom especial: o poder da palavra. Sem perceber, elas fluem de sua boca e enchem os corações com amor e renovação.

Mas seus dias estavam contados. Perseguido por suas "pregações criminosas", Leopoldo desaparece, deixando a família sob a responsabilidade do filho mais velho, Adolfo. Também jardineiro por ofício, o rapaz desdobra-se para dar o sustento necessário à mãezinha e à irmã, Amaralina.

DOIS CORAÇÕES E UM DESTINO

Ricardo, um estudante de Direito prestes a se formar, vai passar férias na fazenda do pai, o austero e rústico senhor Augustus. Em sua companhia leva Lídia, a namorada da cidade que vê em Ricardo uma grande oportunidade de realizar um excelente casamento. O que Ricardo não sabia é que Tereza, sua amiga de infância na fazenda, estava agora uma bela e graciosa moça, despertando nele sentimentos até então esquecidos.

Leia estes emocionantes romances do espírito Alexandre Villas

Psicografia de Fátima Arnolde

Memórias de uma Paixão

Mariana é uma jovem de 18 anos, cursa Publicidade e, à tarde, trabalha na agência de seu pai, Álvaro. Na mesma Universidade, por intermédio da amiga Júlia, conhece Gustavo, estudante de Direito, um rapaz bonito, mais velho que ela, alto, forte e com expressões marcantes. Nasce uma intensa paixão que tem tudo para se transformar em amor... Até Gustavo ser apresentado para Maria Alice, mãe de Mariana, uma sedutora mulher, rica, fútil, egoísta e acostumada a ter seus desejos satisfeitos. Inicia-se uma estranha competição: mãe e filha apaixonadas pelo mesmo homem.

Uma longa espera

Laura, moça de família humilde, envolve-se com Rodrigo, rapaz rico e apaixonado. Ela sabia que jamais os pais dele, preconceituosos e materialistas, aceitariam esse namoro. Para piorar a situação, Laura engravida e, iludida por julgamentos precipitados e pensamentos confusos, termina seu romance com o namorado. Rodrigo, sem nada entender e sem saber da gravidez, muito desiludido, resolve morar no exterior. O tempo passa e Laura tem uma gravidez tumultuada, o que a leva a ter complicações durante a gestação e a desencarnar assim que seus filhos gêmeos nascem. Depois de algum tempo, Rodrigo retorna ao Brasil e descobre a existência dos filhos. Um envolvente enredo que nos mostra os conflitos vividos por relacionamentos conturbados, a falta de amor ao próximo e as grandes lições de provas e reparações que terão de ser experimentadas por todos os personagens a fim de encontrarem seus verdadeiros sentimentos rumo ao perdão.

Enquanto houver amor

Santiago, médico, e sua esposa Melânia, formam um casal feliz de classe média alta. Juntos, eles têm um filho: Domênico. Mas um acidente leva a esposa de volta ao plano espiritual e a família começa a viver momentos tormentosos. Sentindo-se sozinho, apesar da companhia do filho e da mãe Luiza, Santiago se afunda no alcoolismo e vive momentos de tristeza e provação. Mas em meio a tanto sofrimento, eles conhecem Cristal, uma jovem moradora de uma comunidade do Rio de Janeiro, que em seu coração carrega o amor e a vontade de ajudar. O destino de todos vai mudar.

LÚMEN
EDITORIAL

Rua dos Ingleses, 150 – Morro dos Ingleses

CEP 01329-000 – São Paulo – SP

Fone: (0xx11) 3207-1353

visite nosso site: www.lumeneditorial.com.br
fale com a Lúmen: atendimento@lumeneditorial.com.br
departamento de vendas: comercial@lumeneditorial.com.br
contato editorial: editorial@lumeneditorial.com.br
siga-nos no twitter: @lumeneditorial